全国建设行业中等职业教育推荐教材

物 业 财 务 与 会 计

（物业管理专业适用）

主编　李　晶　张翠菊
主审　徐佳芳

中国建筑工业出版社

图书在版编目(CIP)数据

物业财务与会计/李晶，张翠菊主编. —北京：中国建筑
工业出版社，2005

全国建设行业中等职业教育推荐教材. 物业管理专业适用

ISBN 978-7-112-07194-4

Ⅰ. 物…　Ⅱ.①李…②张…　Ⅲ.①物业管理：财务管
理—专业学校—教材②物业管理—会计—专业学校—教材

Ⅳ. F293.33

中国版本图书馆 CIP 数据核字(2005)第 019364 号

全国建设行业中等职业教育推荐教材

物业财务与会计

（物业管理专业适用）

主编　李　晶　张翠菊

主审　徐佳芳

*

中国建筑工业出版社出版、发行(北京西郊百万庄)

各地新华书店、建筑书店经销

北京建筑工业印刷厂印刷

*

开本：787×1092 毫米　1/16　印张：14¾　字数：354 千字

2005 年 5 月第一版　2010 年 1 月第二次印刷

定价：21.00 元

ISBN 978-7-112-07194-4

(13148)

本书是根据中等职业学校"物业财务与会计"课程教学大纲编写的，经建设部中等专业学校建筑与房地产经济管理专业指导委员会评审推荐。

本书内容包括：物业财务与会计概论，货币资金和应收项目，存货，固定资产，无形资产与其他资产，对外投资，负债，成本费用，收入利润，所有者权益，财务会计报告，筹资管理，资金运用的管理，财务分析。本书着重阐述了物业财务与会计的基本理论方法及实用操作技术。每章后附有思考题和习题。

本书可作为中等职业学校物业管理专业教材，也可作为干部和职工的培训教材和自学参考书。

* * *

责任编辑：张　晶
责任设计：刘向阳
责任校对：李志瑛　刘　梅

教材编审委员会名单

（按姓氏笔画排序）

王立霞　甘太仕　叶庶骏　刘　胜　刘　力

刘景辉　汤　斌　苏铁岳　吴　泽　吴　刚

何汉强　邵怀宇　张怡朋　张　鸣　张翠菊

邹　蓉　范文昭　周建华　袁建新　游建宁

黄晨光　温小明　彭后生

出 版 说 明

　　物业管理业在我国被誉为"朝阳行业"，方兴未艾，发展迅猛。行业中的管理理念、管理方法、管理规范、管理条例、管理技术随着社会经济的发展不断更新。另一方面，近年来我国中等职业教育的教育环境正在发生深刻的变化。客观上要求有符合目前行业发展变化情况、应用性强、有鲜明职业教育特色的专业教材与之相适应。

　　受建设部委托，第三、第四届建筑与房地产经济专业指导委员会在深入调研的基础上，对中职学校物业管理专业教育标准和培养方案进行了整体改革，系统提出了中职教育物业管理专业的课程体系，进行了课程大纲的审定，组织编写了本系列教材。

　　本系列教材以目前我国经济较发达地区的物业管理模式为基础，以目前物业管理业的最新条例、最新规范、最新技术为依据，以努力贴近行业实际，突出教学内容的应用性、实践性和针对性为原则进行编写。本系列教材既可作为中职学校物业管理专业的教材，也可供物业管理基层管理人员自学使用。

建设部中等职业学校

建筑与房地产经济管理专业指导委员会

2004 年 7 月

前　言

本教材是根据中等职业学校物业管理专业的"教育标准"、"培养方案"和本课程的教学大纲编写的。

本教材共分14章，包括物业财务与会计概论，货币资金和应收项目，存货，固定资产，无形资产与其他资产，对外投资，负债，成本费用，收入利润，所有者权益，财务会计报告，筹资管理，资金运用的管理，财务分析。在编写中，以中等职业素质教育为着眼点，坚持从教学的实际需要出发，紧密结合财政部门颁发的新的财经政策法规和条例，力求体系完整，内容全面，结构清晰合理，语言精炼，通俗易懂，举证贴切，所涉及的时间段力求具有前瞻性，适合中职学生阅读。

本教材由攀枝花市建筑工程学校李晶、北京城建学校张翠菊主编，第一章由李晶、张翠菊编写，第二、三章由李晶编写，第四、五章由张翠菊、吴晓鹏编写，第六章由李光军、杨业君编写，第七章由李光军编写，第八章由王春强、杨业君编写，第九、十章由王春强编写，第十一章由黄玲、李晶编写，第十二章由杨业君、黄玲编写，第十三、十四章由黄玲编写。

本教材由四川省建筑职业技术学院徐佳芳主审，主审对书稿提出了许多宝贵意见，在此致以衷心的感谢。

由于编写时间及编者的水平所限，本教材难免有疏漏之处，望读者给予批评指正。

目　录

第一章 概　　论

第一节　物业管理概述

物业管理起源于 19 世纪 60 年代的英国，当时一位名叫奥克维亚希尔（Octawia Hill）的女士，为在其名下出租的物业制定了一套行之有效的管理办法，要求租户严格遵守。自此以后，物业管理工作逐渐被业主和政府有关部门重视，被广泛应用于世界各国。迄今为止，物业管理作为现代化城市管理和房地产经营管理的主要组成部分，在国际上十分流行并获得了蓬勃发展，被人们视作现代化城市的朝阳产业。

一、物业与物业管理

（一）物业

1. 物业的涵义

"物业" 一词，英语为 "Property" 和 "Estate"，是指以土地以及土地上的建筑物形式存在的不动产。国内理论界和实物界普遍认为，物业一般包括以下几个要素：

（1）物业是已建成并具有使用功能的各类供居住和非居住的房屋，即指一个单元性的相对独立的房地产；

（2）物业包括与这些房屋相配套的设备和市政、公用设施；

（3）物业包括房屋的建筑（包括内部的各项设施）和相邻的场地、庭院、停车场、小区内的非主干交通道路等。

"物业" 一词与 "房地产" 的概念在使用上有所差别。房地产是指一个国家、一个地区、一个城镇、一个单位所拥有的房产和地产的总称。包括房地产从开发、营销到使用管理的全过程，比较宏观；而物业一般用于指某项具体的房产、地产或房地产，它着重营销、使用和管理，比较微观。因此，房地产与物业有整体与部分之差、宏观与微观之别。

2. 物业的特征

（1）固定性

物业，包括房屋及附属设施，都依附于一定的土地，是搬不走、挪不动的，空间上具有不可移动性，所以在建造之前，必须依照政府有关部门的规划，进行设计、管理，需要考虑和周围环境的协调一致。

（2）久远性

物业的建造需要一定的时间，使用的时间就更长了，少则十几年，多则几十年，特别是有些具有文物价值的建筑，就具有更长久的保护价值。

（3）多样性

物业范围非常广泛，大小各不相同，形状各有差异。可以说世界上没有同样的物业，即使是同一式样的屋宇，也会因环境、地点、气候条件的不同，在结构、材料、风格等方面表现出诸多差异。

（4）高值性

物业不仅有价值，而且具有使用价值或观赏价值。建筑物及其配套设施、设备以及场地的综合价值是很高的，尤其是在人口稠密可用土地较少的大城市，物业价值就更高。如何保值、增值，则是物业管理企业的责任。

（二）物业管理

1. 物业管理的涵义

物业管理是指由专业化的物业管理企业，根据物业产权人或使用人的委托，依照国家法律、法规和物业产权人、使用人签订的物业管理委托合同，对已竣工验收投入使用的各类房屋建筑和附属配套设施设备及场地，运用现代管理科学和先进的维修养护技术，以经营方式进行管理，同时对房屋区域周围的环境、清洁卫生、安全保卫、公共绿化、道路养护统一实施专业化管理，为物业产权人、使用人提供全方位、高效、优质、经济的服务，使物业发挥最大的社会效益、环境效益和经济效益。

从物业管理概念中，我们可以看出它的内涵包括以下几点：

（1）物业管理的对象是物业，即已建成并具有使用功能和经济效用的成品。

（2）物业管理的服务对象是人，即物业产权人和使用人。物业管理体制企业通过对物业的管理，为物业产权人和使用人提供高效、周到的服务。

（3）物业管理的性质属于第三产业经营型，即物业管理是具有中介性质的信托管理，其通过一定契约，规定相关各方的权利、责任和义务。它不生产实物形态的产品，其经营业务的过程是提供了一种有偿的、无形的商品——劳务。

（4）物业管理的宗旨是服务，即物业管理是融服务、管理、经营于一体的服务性行业。通过物业管理公司的服务，提高物业的经济价值和使用价值，从而为物业产权人、使用人提供一个安全方便的居住环境和工作环境。

2. 物业管理的特点

（1）覆盖面广

从地域上看，物业管理面广，几乎覆盖我国所有城市；从管理对象上看，居住用房、办公用房、商务用房，甚至工厂、学校、机关用房及其配套设施，都可以成为物业管理的对象；从服务对象来看，由于物业归属于不同的产权人，并由各种各样的使用人使用，因此物业管理要服务的对象也各不相同，十分广泛。

（2）业主处于主导地位

物业管理中业主始终处于主导地位，是物业的主人，是管理的主体。从立法到行政管理都有明确的法规和措施来保障业主的权益，如按物业区域成立业主委员会，从制度上保证了业主能够自治管理物业。在实践中，业主委员会有权通过招标形式选择物业管理企业；平时能够监督物业管理企业和管理工作；在物业管理企业违反物业管理合同时，业主委员会有权依法解除物业管理合同，重新通过招标方式选择新的物业管理企业。

（3）物业管理与社区管理相结合

社区管理一般是由政府最基层单位，即居民委员会承担的，居民委员会组织辖区内居民管理妇女权益、计划生育、青少年教育、老龄工作、治安保卫、民事调解、社会福利等有关工作。而物业管理服务项目众多，内容丰富，从最基本的物业保护、修缮到物业区域的环境管理，都应与社区管理紧密配合，才能共同营造现代化的、具有浓厚文化生活气息的生活和工作环境，创建物质文明和精神文明。

二、物业管理的主要内容和基本原则

（一）物业管理的主要内容

物业管理作为一项多功能、全方位的业务，其涉及的范围相当广泛。在实践中，一个物业管理企业能承揽的业务、提供的服务，取决于物业企业本身的业务能力和用户的要求。完整意义上的物业管理业务可归纳为如图 1-1 所示。

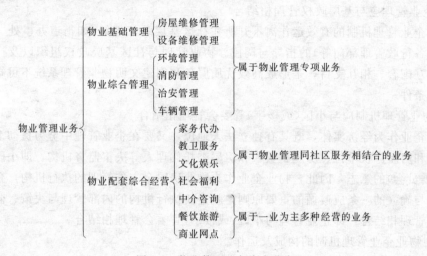

图 1-1　物业管理业务内容分类

从规范物业管理企业会计核算的角度来看，物业管理企业的全部经营业务可以分为主营业务和其他业务两大类，其具体分类如图 1-2 所示。

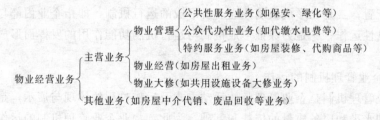

图 1-2　物业经营业务分类

（二）物业管理的基本原则

物业管理应遵循的基本原则包括：产权、经营权分离原则；业主至上原则；统一管理原则；专业高效原则；权、责分明原则；经济合理原则；公平竞争原则；依法行事原则。

三、物业企业管理机制的建立

所谓物业管理机制，就是指物业管理组织机构内部运作中的方式和各种变化过程的性质及其相互关系，也就是说，上述概念应有两层涵义：一层涵义是指它必须具有物业管理组织或机构的自我调节和自我约束的能力；另一层涵义是指它必须是有对外界环境反映灵敏和以不变应万变的能力。

（一）建立健全物业企业管理机制的原则

为使企业的管理机制建立在市场的基础上，走集约化物业经营之路，企业必须按照市场的要求来运转，为此，建立和健全物业企业管理机制时，应遵循下列原则：

1. 企业建章立制应与国家政策法规相结合

为实现物业管理组织机构内部职能运作中的有效工作方式，必须有一整套反映企业管理特点的岗位责任和各项管理制度作保障，因此，只有使国家的政策法规和物业管理有关法规、制度、标准和条例等在企业管理机制中得到落实和体现，才能使机制运行和各项管理制度做到纵向到底，横向到边，使企业各种机制的确立做到有法可依，有章可循。

2. 企业管理应与基层政权管理相结合

物业企业管理机制的有效运作离不开所在社区基层政权组织（如街道办事处、公安派出所以及各行政管理部门等）的指导与调控。物业管理与社区基层政权组织以及行政职能部门的相互配合、相互支持，是形成高效优质服务和创建文明物业管理系统不可缺少的外部环境与条件。

3. 物业管理机制应与小区（或楼宇）管委会管理相结合

物业企业作为经济实体，既具有独立法人地位，又要在企业管理中努力贯彻上级业务主管部门和房屋产权单位、房屋租赁人和房屋委托代理人等决策监督机构，即小区管委会（或业主委员会）的意志，因此，物业企业作为物业房屋全方位管理的执行机构，企业管理机制形成与确立的一条应遵循的重要原则，就是使执行机构的内部管理与决策、监督和保障机构的管理相结合，即企业管理与小区（或楼宇）管委会管理相结合。

（二）物业企业管理机制的构成及运作

1. 物业企业管理机制的构成

物业企业作为我国城市房屋管理体制改革后，出现的一种新型的产业模式，其管理机制的构成，通常是包括了三个层次：一是作为公司（或企业）管理核心的企业管理形成机制，即指企业内部机构设置及各类相联系的经济组织对物业管理体系及经营方式，形成参与权的结构配置；二是在形成机制建立后所形成的运行机制，即指企业内部与外部功能要素所形成的良性运作；三是为保证形成机制与运行机制功能作用的发挥而形成的监督制约机制。

2. 物业企业管理机制的运作

物业企业管理机制是企业管理整体活动方式及运作过程的体现与展示，是企业卓有成效地提高管理水平和服务质量的依托和基础，为此，物业企业管理机制的运作是沿着两个循环，即内部循环和外部循环的轨迹进行的。

所谓内部循环，就是以房屋管理为主业，围绕这一主业而形成的企业内部管理的循环过程。

内部循环过程以纵向到底和横向到边来考察，其运行轨迹应该是环环相扣和有序而行。从纵向考察，它包括物业企业的组建、资质注册、机构设置、人员配置、岗位建章立制和内部各行其职的良性运作等过程；从横向考察，它包括各岗位职能部门（如房修部、财务部、绿化部等部门）以及决策和协调等互相联系、分工明确又相互交叉等内部管理网络的形成。

所谓外部循环，就是以内部机制循环为依据，围绕内部与外部各种变化关系（如业务、产权、委托代理等关系）所形成的企业外部管理循环过程。

外部循环过程应始于物业企业的组建、接管、验收以及物业产权性质划分、入伙、有关住宅（或楼宇）管理办法、规定、住房手册、公共契约等所辖物业区域、范围的明确与管理。物业作为服务性的第三产业，社会服务的广泛性决定着融服务、经营、管理于一身的物业企业外部经济关系网络的形成。在市场经济有偿服务的前提下，物业企业外部循环运作的机理是沿着房屋供求、企业竞争和有偿服务的价格波动运行轨迹加以体现的。

第二节　物业会计的基本理论

一、物业会计的概念

在人类社会发展的历史上，会计很早就产生了。从原始的"结绳记事"、"垒石记数"到甲骨文上出现的收付行为的记录，可以被看作是会计的萌芽。随着社会生产和社会分工的不断发展，会计逐渐从生产职能中分离出来而成为一种特殊的、专门委托的当事人的独立的职能。"会计"一词最早在我国古代的西周（公元前 1066 年～前 770 年）就已出现，而物业会计的产生在我国则是近些年的事，它是随着房地产的大量开发和物业管理企业的组建才产生和发展壮大起来的，具有旺盛的生命力。

物业会计是从事物业服务、管理、经营活动并提供服务性劳务作业的物业管理企业所应用的一种专业性企业会计，具体地说，物业会计是以货币为主要计量单位，采用专门的会计方法，对物业管理企业的服务、管理、经营活动过程进行连续、系统、完整的核算和监督的一种综合性的经营管理活动，是物业管理企业经营管理的一个重要组成部分。

二、物业会计的目标、对象

（一）物业会计的目标

会计的目标是指会计所要达到的境地或想要得到的结果，因此，物业会计的主要目标就是为了向用户提供经济过程及其结果的有关信息——财务信息。

就物业会计而言，会计信息的使用者（即会计信息的用户）包括以下三类：

（1）对企业拥有或企图拥有直接利益关系的个人或群体，包括企业的出资人或股东、贷款人、供应商、客户、企业职工、社会公众、政府机构（如财政、税务部门）等。

（2）企业管理人员，包括董事、经理等。

（3）其他信息用户，包括工会组织、证券发行及交易机构、经纪人、律师、财务分析人员、经济研究者、经济报刊等。

物业会计为用户经济决策提供的最基本的财务信息，按其经济内容划分，包括：

（1）有关企业经济资财的信息。企业经济资财是指企业在生产经营活动或其他财务活动中可加以运用，从而可能为企业带来未来利益的各种经济资源。

（2）有关对企业经济资财要求权的信息。企业的经济资财，债权人、所有者都对它拥有要求权。会计应提供债权人的要求权是多少，所有者的要求权又是多少。

（3）有关企业经济资财、经济资财要求权变动情况的信息。企业会因发生生产经营活动或其他企业活动而引起经济资财、经济资财要求权发生相应的变化。有关这些变化的信息，可以说明企业业绩、财务状况变化及发展趋势，因而成为经济决策的重要信息。

（二）物业会计要素

会计要素是指构成会计客体的必要因素。由于会计事项的发生而引起的价值量变化的项目是千变万化、头绪纷繁的，因此，会计必须对会计事项所引起的变化项目加以适当归类，并为每一类别取一个名称，这就是会计要素。由于国际上的不同国家和地区及其经济单位的经营管理和会计管理水平各不相同，所以不同国家和地区所使用的会计要素也各不相同。我国《企业会计准则·基本准则》将会计要素确定为"资产"、"负债"、"所有者权益"、"收入"、"费用"和"利润"等六大类。

1. 资产

资产是指由于过去的交易、事项形成并由企业拥有或者控制的资源，该资源预期会给企业带来经济利益，包括各种财产、债权和其他权利。资产按其流动性，可分为流动资产和长期资产两大类。其中，流动资产是指可以在1年或者超过1年的一个营业周期内变现或耗用的资产，包括货币资金、短期投资、应收及预付款项、待摊费用、存货等；长期资产是指超过一年或一个营业周期变现或耗用的资产，包括长期投资、固定资产、无形资产及其他长期资产。

资产具有下列特征：

（1）资产是由于过去的交易或事项所形成的，也就是说资产必须是现实的资产，而不能是预期的资产，是企业在过去一个时期里，通过交易或事项所形成的，是过去已经发生的交易或事项所产生的结果。至于未来交易或事项以及未发生的交易或事项可能产生的结果，则不属于现在的资产，不得作为资产确认。

（2）资产是企业拥有或控制的。一般来说，一项资源要作为企业的资产予以确认，应该拥有此项资源的所有权，其他企业或个人未经同意，不能擅自使用本企业的资产。但对于一些特殊方式形成的资产，企业虽然对其不拥有所有权，但能够实际控制的，按照实质重于形式原则，也应当确认为企业的资产，如融资租入固定资产。

（3）资产最重要的特征，是预期会给企业带来经济利益。所谓带来未来经济利益，是指直接或间接地增加流入企业的现金或现金等价物的潜力，这种潜力在某些情况下可以单独产生净现金流入，而某些情况下则需与其他资产结合起来才可能在将来直接或间接地产生净现金流入。预期不能带来经济利益的，就不能确认为企业的资产。

2. 负债

负债是指过去的交易事项形成的、可以以货币计量的现时义务，履行该义务预期会导致经济利益流出企业，也就是说它是债权人对企业资产的要求权即债权人权益，它被分为流动负债和长期负债两类。其中，流动负债指将在1年或者超过1年的一个营业周期内偿还的债务，包括短期借款、应付及预收款项、应交及应缴款项、预提费用等；长期负债指偿还期在1年或者超过1年的一个营业周期以上的债务，包括长期借款、应付债券、长期应付款项等。

负债具有下列特征：

（1）负债是基于过去的交易或事项而产生的，也就是说，导致负债的交易或事项必须已经发生。正在筹划的未来交易或事项，如企业的业务计划，不会产生负债。

（2）负债是企业承担的现时义务。"现时义务"不等同于"未来承诺"，如果仅仅是企业管理层决定今后某一时间购买资产，其本身并不产生现时义务。一般情况下，只有在资产已经获得时才产生义务。

（3）现时义务的履行通常关系到企业放弃含有经济利益的资产，以满足对方的要求，它可采取若干种方式，如支付现金、提供劳务、转让其他资产等等。

（4）负债通常是在未来某一时日通过交付资产或提供劳务来清偿，有时，企业可以通过承诺新的负债或转化为所有者权益来了结一项现有负债。

3. 所有者权益

所有者权益是所有者在企业资产中享有的经济利益，其金额为资产减去负债后的余额，包括企业所有者对企业的投入资本以及形成的资本公积金、盈余公积金和未分配利润等。所有者权益和负债虽然同属权益，但它们具有明显的区别：

（1）性质不同。负债是债权人对企业全部资产的要求权；所有者权益是企业所有者对企业净资产的要求权。

（2）权限不同。债权人与企业仅存在债权债务关系，无权参与企业的管理；企业所有者可以以一定形式参与企业的管理。

（3）偿付性不同。凡负债都有约定的偿付期；而所有者权益则没有约定的偿付期。对于股票上市的股份有限公司而言，在股票流通和转让时，只是所有者发生了变化，但所有者权益仍留在企业内，不发生转移。

（4）偿付顺序和权益要求不同。企业清算时若有剩余资产，应先偿还企业所欠债权人的债务，若还有剩余，才能偿付给所有者，所以，所有者权益是一种剩余权益。

（5）计量属性不同。负债是在发生时单独计价，它有明确的计价方法；所有者权益则不能单独计价，它只是资产和负债相减的结果，即间接计量结果。如果计量资产和负债的方法变化了，所有者权益也将随之改变。

4. 收入

收入是指企业在销售商品、提供劳务及让渡资产使用权等日常活动中所形成的经济利益的总流入，但不包括为第三方或客户代收的款项。按企业经营业务的主次分类，收入可分为主营业务收入和其他业务收入。

收入具有下列特征：

（1）收入从企业的日常活动中产生，而不是从偶发的交易或事项中产生。

（2）收入可能表现为企业资产的增加，也可能表现为企业负债的减少，或者二者兼而有之。

（3）收入能导致企业所有者权益的增加。

（4）收入只包括本企业经济利益的流入，不包括为第三方或客户代收的款项。

5. 费用

费用是指企业为销售商品、提供劳务等日常活动所发生的经济利益的流出。

费用具有下列特征：

（1）费用最终将会减少企业的资源。

（2）费用最终将会减少企业的所有者权益。

6. 利润

利润是指企业在一定会计期间的经营成果，它是企业在一定会计期间内实现的收入减去费用后的净额。利润包括营业利润、投资收益、补贴收入、营业外收入和支出、所得税等。

对会计要素所包括的项目，按经济内容所作的归类，即为会计科目。物业管理企业常用的会计科目见表1-1。

物业管理企业会计科目一览表 表1-1

顺序号	科目名称	顺序号	科目名称	顺序号	科目名称	顺序号	科目名称
	一、资产类	17	长期股权投资	33	代收款项	49	利润分配
1	现金	18	长期债权投资	34	其他应付款		四、成本类
2	银行存款	19	应收股利	35	应付工资	50	物业工程
3	其他货币资金	20	应收利息	36	应付福利费		五、损益类
4	短期投资	21	固定资产	37	应交税金	51	经营收入
5	应收票据	22	累计折旧	38	应付利润	52	经营成本
6	应收账款	23	固定资产清理	39	其他应交款	53	营业费用
7	坏账准备	24	工程物资	40	预提费用	54	经营税金及附加
8	预付账款	25	在建工程	41	长期借款	55	其他业务收入
9	其他应收款	26	无形资产	42	应付债券	56	其他业务支出
10	物资采购	27	长期待摊费用	43	长期应付款	57	管理费用
11	在途物资	28	待处理财产损溢	44	代管基金	58	财务费用
12	库存材料		二、负债类		三、所有者权益类	59	投资收益
13	库存设备	29	短期借款	45	实收资本	60	营业外收入
14	低值易耗品	30	应付票据	46	资本公积	61	营业外支出
15	材料成本差异	31	应付账款	47	盈余公积	62	所得税
16	待摊费用	32	预收账款	48	本年利润		

三、物业会计核算的基本前提

物业会计核算对象的确定、会计方法的选择、会计数据的搜集等，都是以会计核算的基本前提为依据。会计核算的基本前提（又称会计假设），就是指会计人员在不确定的社会经济环境下，对会计工作的先决条件所做出的推断，其包括如下四个基本前提：

（一）会计主体

会计主体假设要求会计核算应当以企业发生的各项交易事项为对象，记录和反映企业本身的各项生产经营活动。

（二）持续经营

持续经营假设要求会计核算应当以企业持续、正常的生产经营活动为前提。

（三）会计期间

会计期间假设要求会计核算应当划分会计期间、分期结算账目和编制财务会计报告。会计期间分为年度、半年度、季度和月度。

（四）货币计量

货币计量假设要求会计核算以人民币为记账本位币。业务收支以人民币以外的货币为主的企业，可以选定其中一种货币作为记账本位币，但是编报的财务会计报告应当折算为人民币。在境外设立的中国企业向国内报送的财务会计报告，应当折算为人民币。

四、物业会计核算的一般原则

为了规范企业的会计核算行为，提高会计信息质量，会计制度规定了会计核算的一般原则。

（一）客观性原则

要求会计核算应当以实际发生的交易或事项为依据，如实反映企业的财务状况、经营成果和现金流量。

（二）相关性原则

要求企业提供的会计信息应当能够反映企业的财务状况、经营成果和现金流量，以满足会计信息使用者的需要。

（三）一贯性原则

要求企业的会计核算方法前后各期应当保持一致，不得随意变更。如有必要变更，应当将变更的内容和理由、变更的累积影响数，以及累积影响数不能合理确定的理由等，在会计报表附注中予以说明。

（四）可比性原则

要求企业的会计核算应当按照规定的会计处理方法进行，会计指标应当口径一致、相互可比。

（五）及时性原则

要求企业的会计核算应当及时进行，不得提前或延后。

（六）明晰性原则

要求企业的会计核算和编制的财务会计报告应当清晰明了，便于理解和利用。

（七）权责发生制原则

要求企业的会计核算应当以权责发生制为基础。凡是当期已经实现的收入和已经发生或应当负担的费用，不论款项是否收付，都应当作为当期的收入和费用；凡是不属于当期的收入和费用，即使款项已在当期收付，也不应作为当期的收入和费用。

（八）配比原则

要求企业在进行会计核算时，收入与其成本、费用应当相互配比，同一会计期间内的各项收入和与其相关的成本、费用，应当在该会计期间内确认。

（九）历史成本原则

要求企业的各项财产在取得时应当按照实际成本计量。其后，各项财产如果发生减值，应当按照规定计提相应的减值准备。除法律、行政法规和国家统一的会计制度另有规定者外，企业一律不得自行调整其账面价值。

（十）收益性支出与资本性支出划分原则

要求企业的会计核算应当合理划分收益性支出与资本性支出的界限。凡支出的效益仅及于本年度（或一个营业周期）的，应当作为收益性支出；凡支出的效益及于几个会计年度（或几个营业周期的），应当作为资本性支出。

（十一）谨慎性原则

要求企业在进行会计核算时，应当遵循谨慎性原则的要求，不得多计资产或收益、少计负债或费用，但不得设置秘密准备。

（十二）重要性原则

要求企业的会计核算应当遵循重要性原则的要求，在会计核算过程中对交易或事项应当区别其重要程度，采用不同的核算方式。

（十三）实质重于形式原则

要求企业应当按照交易或事项的经济实质进行会计核算，而不应当仅仅按照它们的法律形式作为会计核算的依据。

五、物业会计处理程序

（一）会计等式

会计等式是表明各会计要素之间基本关系的恒等式，它是复式记账、会计报表编制的理论依据。

企业资金的提供者有两种：一种是债权人，债权人对于企业资产拥有的要求权，称为债权人权益，所有者对于企业资产拥有的要求权，称为所有者权益。从任何一个时点来看，一个企业的资产总额必然与负债和所有者权益总额之和保持数额相等的平衡关系。另外，收入减去费用等于利润，而本期实现的利润（或亏损）在未分配之前，又是所有者权益的组成部分。因此，我们可将会计要素的这种关系用公式（即会计等式）表示，如图 1-3 所示。

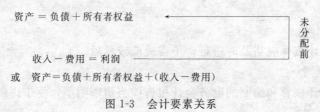

资产 ＝ 负债＋所有者权益　　　　　　　　　　　　　　　未分配前

收入－费用 ＝ 利润

或　资产＝负债＋所有者权益＋（收入－费用）

图 1-3　会计要素关系

（二）复式记账

复式记账法是指经济业务发生时，按相等金额在两个或两个以上账户中全面地、互相联系地记录的记账方法。目前，我国有关会计规范要求单位在进行会计核算时统一使用借贷复式记账法（简称借贷记账法）。

借贷记账法是以"借"、"贷"二字作为记账符号，按照"有借必有贷，借贷必相等"的规则，以同时、同等金额、相反方向，在两个或两个以上账户中全面地、互相联系地记录每笔经济业务的一种复式记账法。现对其要点说明如下：

1. 理论依据

借贷记账法以会计等式作为自己建立的理论基础，其作用主要表现在：①根据会计等式的要求来判断经济业务怎样记账；②根据会计等式来检验记账结果是否正确。

2. 记账符号

借贷记账法以"借"、"贷"二字作为记账符号，它只是借贷记账法中使用的专门术语，与"借、贷"二字的本来涵义（借入、借出、贷入、贷出）毫不相干。一个账户中到底是借方记录表示增加，还是贷方记录表示增加，这不取决于借项、贷项本身，而是由账户的性质决定的。

3. 记账规则

"有借必有贷，借贷必相等"的记账规则，是指发生任何一项经济业务，都必须在两个或两个以上账户中同时做出借贷两种记录，且记入借方账户的金额必然等于记入贷方账户的金额。

4. 试算平衡

试算平衡是检查各类账户的记录是否正确的一种方法。按照借贷记账法的要求记账，在账户中必然出现以下两组借贷平衡关系：

（1）Σ 全部账户借方发生额＝Σ 全部账户贷方发生额

（2）Σ 全部账户借方余额＝Σ 全部账户贷方余额

（三）会计循环

为了保证会计核算工作的顺利进行，保证会计报表所提供的会计信息符合质量要求，必须对会计工作划分出若干程序、步骤，使会计工作严格地按照既定的程序依次进行。会计循环就是会计工作的程序，它是指在会计处理过程中先后继起的各个会计步骤的聚合体，其循环一般可以分为以下六个步骤：

（1）分析日常经济业务，填制和审核会计凭证；

（2）根据会计凭证，按平行登记原则过入日记账户、分类账户等；

（3）期末，根据调整结转业务编制调整结转分录，并过入分类账户；

（4）结账，即结清收入、费用账户，并结算资产、负债、所有者权益账户；

（5）编制试算平衡表，即根据账户记录的业务的发生额和余额资料编制试算表，检查账户记录是否有误；

（6）编制各类会计报表。

第三节　物业财务管理的基本理论

一、财务管理的目标及内容

企业财务是指企业在再生产过程中客观存在的资金运动及其所体现的经济利益关系。财务管理是基于企业再生产过程中客观存在的财务活动和财务关系而产生的，是企业组织财务活动，处理与各方面财务关系的一项经济管理工作。

物业企业是以管理与服务为中心的经营型企业，它的经营业务要比经营业务相对单一的一般企业复杂些，其财务管理具有自身的特性：物业管理企业在物业经营过程中，要进行物业的服务、维修和养护等。这种特点决定了它与一般企业的不同之处是：它有相对稳定的租金收入和有偿服务管理费收入。但它与一般企业也有相同之处，即：要以盈利作为物业管理企业的目标，表现为股东财富最大化或企业价值最大化目标，在经营过程中也要实行经济核算，要考虑成本最小、收益最大的经营方式，要采取最佳的财务分配政策。

财务管理是有关资金的筹集、投放和分配的管理工作。财务管理的对象是资金的循环和周转，主要内容是筹资、投资和资金分配，主要职能是决策、计划和控制。

二、财务管理的环境

财务管理环境是企业财务管理赖以生存的土壤，是企业开展财务活动的舞台，是企业财务决策难以改变的约束条件，企业财务决策更多的是适应它们的要求和变化。

从系统论的观点来看，所谓环境就是存在于研究系统之外的，对研究系统有影响作用的一切系统的总和。如果把财务管理作为一个系统，那么，财务管理以外的、对财务管理系统有影响作用的一切系统的总和，便构成了财务管理的环境，因此，财务管理环境又称理财环境，是指对企业财务活动和财务管理产生影响作用的企业内外的各种条件。包括：

（1）宏观理财环境，是指在宏观范围内普遍作用于各个部门、地区的各类企业的财务管理的各种条件，通常存在于企业的外部。财务管理的宏观环境十分广阔，包括政治、经济、社会、自然条件等各种因素。从经济角度来看，主要包括国家经济发展水平、产业政策、金融市场状况等。

（2）微观理财环境，是指在某一特定范围内对某种财务活动产生重要影响的各种条件。这种微观环境通常与某些企业的内部条件直接或间接有关，从而决定着某种或某类企业所面临的特殊问题。一般而言，微观理财环境通常包括企业的组织形式、结构、经营状况、企业文化、人员素质等。

思 考 题

1. 什么是物业？什么是物业管理？物业管理的基本内容是什么？
2. 什么是物业会计？如何理解会计要素？它们之间存在着怎样的内在联系？
3. 会计核算的基本前提和一般原则有哪些内容？怎样理解？
4. 什么是物业财务管理？有哪些主要内容和职能？

第二章 货币资金和应收项目

第一节 货币资金和应收项目概述

一、货币资金

货币资金是指企业在生产经营过程中处于货币形态的那部分资金。按其存放地点和用途不同,分为现金、银行存款和其他货币资金。

货币资金是流动性最强的一种流动资产,是可以立即投入流通领域的交换媒介,代表着企业的现实购买力。货币资金的流转,在资金的循环周转中,起着纽带的作用。同时,企业货币资金拥有量的多少,是企业偿债能力与支付能力大小的标志,是投资者分析判断企业财务状况好坏的重要指标。单从会计核算而言,货币资金并不复杂,但正因为其本身所具有的高度流动性,使货币资金的管理和控制显得十分重要。

由于货币资金具有上述特点及重要作用,因此企业应从以下几方面加强对货币资金的管理和核算:

(1)严格遵守有关货币资金管理的有关法规,按规定收支货币资金,防止大量使用现金结算和逃避银行监督的情况出现。

(2)在货币资金的使用上,既要保证生产经营的需要,又要节约货币资金的支出,做到有效地使用货币资金。

(3)正确反映货币资金的收入、支出和结存情况,防止贪污、挪用货币资金的行为,保护货币资金的安全完整。

二、应收款项

应收款项是企业由于向客户赊销商品或劳务,或与企业内外单位和职工个人之间由于往来结算而使企业具有的索取一定数额款项的索取权。

对于物业管理企业而言,应收款项是指在服务经营过程中,由于管理、对外提供劳务和发生暂付款项等业务,而与其他单位或个人之间形成的应收款项。它主要包括应收账款、应收票据、其他应收及预付款项。

应收款项是处于结算中的资金,企业要保证经营活动正常进行,必须从以下几个方面加强对应收款项的管理和核算:

(1)企业应根据具体情况,严格控制应收账款的数额和收回的时间。对于长期未能收回的账款,应认真分析、查明原因,积极催收。对于确实无法收回的应收账款,可按规定程序审批后,作为坏账处理。

(2)加强对应收票据的管理,设置"应收票据登记簿",对每一应收票据进行详细记录。企业在急需资金时,可将应收票据办理贴现或转让,加速企业资金周转。

(3)做好其他应收和预付款项的核算,企业对这部分款项拥有收回的权利,应积极组织结算和催收。

第二节 现　金

一、现金的管理

在我国，现金指库存现金，即存放在企业财会部门并由出纳人员专人保管的那部分货币资金。现金是流动性最强的一种货币性资产，具有普遍的可接受性，可以立即投入流通领域作为交换手段，随时购买各种物资、支付有关费用、偿还债务，也可随时存入银行。正因如此，现金也最容易被盗窃、挪用，成为营私舞弊的对象。所以必须严格管理库存现金的收支，保证库存现金的安全，并加强对库存现金的严格控制，使其既能满足生产经营需要又不致闲置。

（一）现金的使用范围

根据国务院颁发的《现金管理暂行条例》及其实施细则的规定，企业只能在下列范围内使用现金：①职工工资、津贴；②个人劳务报酬；③支付给个人的各种奖金，包括根据国家规定颁发给个人的科学技术、文化艺术、体育等各种奖金；④各种劳保、福利费用以及国家规定的对个人的其他支出；⑤向个人收购农副产品和其他物资的价款；⑥出差人员必须随身携带的差旅费；⑦结算起点以下的零星支出；⑧中国人民银行确定需要支付现金的其他支出。

企业的一切经济往来，除在上述范围内可以使用现金外，其余均应通过银行办理转账结算。

（二）现金的库存限额

为了保证企业日常零星开支的需要，国家规定每个企业可以保留一定数额的库存现金。一般由企业的开户银行核定企业库存现金的最高限额，目的是加强现金管理，减少现金闲置。此限额一般为企业3～5天的日常零星开支所需的现金量。边远地区和交通不便地区，现金限额可以多于5天，但不能超过15天的日常零星开支。企业每日现金结存数不得超过核定的限额，超过部分必须在当天或次日上午送存银行。库存现金不足时，可以向银行提取，补足库存限额。企业如需增加或减少现金限额，应向开户银行提出申请，由其重新核定。

（三）企业不得"坐支"和挪用现金

不得"坐支"现金就是不得以本单位的现金收入直接支付现金支出。因特殊情况需要"坐支"的，必须报经有关部门批准并在核定的范围和限额内进行，同时，收支的现金必须入账。

挪用现金是指不按规定用途使用现金，不准挪用现金；不准用"白条"顶替库存现金；不准单位之间相互借用现金；不准假报用途套取现金；不准利用银行账户为其他单位和个人存入或支取现金；不准将单位收入的现金以个人名义储蓄；不准保留账外公款私设小金库等。

（四）现金内部控制制度

内部控制是指一个单位的各级管理层，利用单位内部分工而产生的相互制约、相互联系的关系，形成一系列具有控制职能的方法、措施和程序，并予以规范化、系统化，使之成为一整套严密的控制体系。货币资金管理的重点是现金管理。为了加强现金管理，企业必须建立、健全现金内部控制制度。现金内部控制制度要点如下：

1. 内部牵制制度

它是指企业根据内部牵制设想建立的一种管理制度。在现金管理中执行内部牵制制度，就是建立现金收支业务的职责分离制度，坚持钱账分管的原则（即在现金的收付和登记工作中，负责收付和保管的出纳员不能登记总账，会计人员不能兼管现金出纳工作），使管钱管账人员职责分开，互相制约。

2. 审核制度

它是对企业经济活动进行查对复核的一种制度。在现金管理中执行稽核制度，要求现金收付必须有凭有证，现金收付凭证必须按会计制度的规定填制，由会计人员严加审核。出纳人员对会计人员审核无误的现金收付款凭证进行复核后，办理收付。

3. 清查盘点制度

它是指会计人员对出纳人员保管的现金进行定期或不定期清查盘点的制度。为了如实反映库存现金余额，加强对出纳工作的监督，防止贪污、盗窃和挪用现金等非法行为的发生，应定期或不定期组织抽查，发现问题，及时处理。

4. 充分利用银行监督

二、现金的核算

为了反映企业库存现金的收支和结存情况，企业应该设置现金日记账。现金日记账的格式一般可采用三栏式，也可用多栏式。它是由出纳人员根据审核无误后的原始凭证和现金收款凭证、付款凭证逐日逐笔序时登记。每日终了，应计算本日现金收入、支出合计数和结存数，并且同库存的现金实存数核对相符，做到日清月结，保证账款相符。

月份终了，"现金日记账"的余额与"现金总账"的余额相等。

有外币现金收支业务的企业，应分别按人民币现金、外币现金设置"现金日记账"进行明细核算。

（一）现金收支的账务处理

物业管理企业收入现金时，应根据审核无误的记账凭证，借记"现金"科目，贷记有关科目；支出现金时，应根据审核无误的记账凭证，借记有关科目，贷记"现金"科目。

（二）现金长短款的处理

每日终了结算现金收支、财产清理时发现的有待查明原因的现金短缺或溢余，应通过"待处理财产损溢"科目核算：属于现金短缺，应按实际短缺的金额，借记"待处理财产损溢——待处理流动资产损溢"科目，贷记"现金"科目；属于现金溢余，按实际溢余的金额，借记"现金"科目，贷记"待处理财产损溢——待处理流动资产损溢"科目。待查明原因后作如下处理：

如为现金短缺，属于应由责任人赔偿的部分，借记"其他应收款——应收现金短缺款（××个人）"或"现金"等科目，贷记"待处理财产损溢——待处理流动资产损溢"科目；属于应由保险公司赔偿的部分，借记"其他应收款——应收保险赔偿"科目，贷记"待处理财产损溢——待处理流动资产损溢"科目；属于无法查明的其他原因，根据管理权限，经批准后处理，借记"管理费用——现金短缺"科目，贷记"待处理财产损溢——待处理流动资产损溢"科目。

如为现金溢余，属于应支付给有关人员或单位的，应借记"待处理财产损溢——待处理流动资产损溢"科目，贷记"其他应付款——应付现金溢余（××个人或单位）"科目；属于无法查明原因的现金溢余，经批准后，借记"待处理财产损溢——待处理流动资产损溢"科目，贷记"营业外收入——现金溢余"科目。

单独设置"备用金"科目的企业，由企业财务部门单独拨给企业内部各单位周转使用的备用金，借记"备用金"科目，贷记"现金"科目或"银行存款"科目。自备用金中支付零星支出，应根据有关的支出凭单，定期编制备用金报销清单，财务部门根据内部单位提供的备用金报销清单，定期补足备用金，借记"管理费用"等科目，贷记"现金"科目或"银行存款"科目。除了增加或减少拨入的备用金外，使用或报销有关备用金支出时不再通过"备用金"科目核算。

有关现金收、付业务核算举例如下：

【例2-1】　某物业管理企业向租住户收取房租，收到现金750元。根据发票编制"现金收款凭证"，作会计分录如下：

借：现金　　　　　　　　　　　　　　　　　　　　　　　　750
　贷：经营收入　　　　　　　　　　　　　　　　　　　　　　750

【例2-2】　某物业管理企业开出现金支票，从银行提取现金300元。根据支票存根，作会计分录如下：

借：现金　　　　　　　　　　　　　　　　　　　　　　　　300
　贷：银行存款　　　　　　　　　　　　　　　　　　　　　　300

【例2-3】　某物业管理企业职工张翔预借差旅费200元。根据借款单，编制"现金付款凭证"，作会计分录如下：

借：其他应收款－张翔　　　　　　　　　　　　　　　　　　200
　贷：现金　　　　　　　　　　　　　　　　　　　　　　　　200

【例2-4】　某物业管理企业将房租收入750元存入银行。根据银行存款进账单回执，编制"现金付款凭证"，作会计分录如下：

借：银行存款　　　　　　　　　　　　　　　　　　　　　　750
　贷：现金　　　　　　　　　　　　　　　　　　　　　　　　750

根据上述业务，登记现金日记账见表2-1。

现金日记账　　　　　　　　　　　　　　（金额单位：元）　表 2-1

| 年 | | 凭证号数 | 摘　要 | 对方科目 | 借　方 | 贷　方 | 结　存 |
月	日						
8	1		月 初 余 额				160
	2	现收01	收 到 房 租 收 入	经营收入	750		
	2	银付01	提 取 现 金	银行存款	300		
	2	现付02	张翔预借差旅费	其他应收款		200	
	2	现付03	房租收入解存银行	银行存款		750	
	2		本 日 合 计		1050	950	260
⋮							
8	31		本期发生额及余额		98310	98100	370

第三节 银 行 存 款

一、银行存款的管理

银行存款是企业存入银行或其他金融机构的货币资金。银行存款在经济往来中具有同现金相同的支付能力，可以用来购买材料物资、支付各项费用、偿还债务等。

（一）银行存款账户的管理

根据《银行账户管理办法》的规定，企业的存款账户分为四类，即基本存款账户、一般存款账户、临时存款账户和专用存款账户。

一般企业只能选择一家银行的一个营业机构开立一个基本存款账户，主要用于办理日常的转账结算和现金收付。企业的工资、奖金等现金的支取，只能通过该账户办理。企业可在其他银行的一个营业机构开立一个一般存款账户，该账户可办理转账结算和存入现金，但不能支取现金。临时存款账户是存款人因临时经营活动需要开立的账户，如企业异地业务宣传、临时性采购资金等。专用存款账户是企业因特定用途需要开立的账户，如基本建设项目专项资金等，企业的物业管理、物业经营等收入不得转入专用存款账户。

（二）开户企业必须遵守的有关银行法的规定

（1）贯彻国家的政策、法令，遵守银行信贷、结算等有关规定。

（2）公司日常经营业务所发生的经济交往，除按国家规定可使用现金的以外，都必须通过银行或其他金融机构办理转账结算。

（3）公司库存现金超过规定的库存限额，必须送存银行。

（4）每个公司一般只能在一家银行或其他金融机构开立基本账户，否则责令其限期撤销多余账户，并根据性质和情节的轻重处以 5000～10000 元的罚款。

（5）不准出租、出借银行账户，违者除责令纠正外，并按账户出租、出借的金额处以5％但不低于 1000 元的罚款。

（6）不准签发空头支票和远期支票，套取银行信用。

（7）正确、及时登记银行存款日记账，做好与银行的对账工作。

二、银行结算方式

根据中国人民银行有关支付结算办法的规定，我国目前企业采用的结算方式包括以下几种：

（一）银行汇票

银行汇票是出票银行签发的，由其在见票时按照实际结算金额无条件支付给收款人或者持票人的票据。

银行汇票具有使用灵活、票随人到、兑现性强等特点，适用于先收款后发货或钱货两清的商品交易。单位和个人各种款项结算，均可使用银行汇票。

银行汇票可以用于转账，填明"现金"字样的银行汇票也可以用于支取现金。银行汇票的付款期限为自出票日起 1 个月内。超过付款期限提示付款不获付款的，持票人须在票据权利时效内向出票银行做出说明，并提供本人身份证件或单位证明，持银行汇票和解讫通知向出票银行请求付款。

企业支付购货款等款项时，应向出票银行填写"银行汇票申请书"，填明收款人名称、支付金额、申请人、申请日期等事项并签章，签章为其预留银行的印章。银行受理银行汇票申请书，收妥款项后签发银行汇票，并用压数机压印出票金额，然后将银行汇票和解讫通知一并交给汇款人。申请使用现金银行汇票的，其申请人和收款人必须都是个人。申请人或者收款人为单位的，银行不予签发现金银行汇票。

申请人取得银行汇票后即可持银行汇票向填明的收款单位办理结算。银行汇票的收款人可以将银行汇票背书（即持票人在票据背后签字）转让给他人。背书转让以不超过出票金额的实际结算金额为限，未填定实际结算金额或实际结算金额超过出票金额的银行汇票不得背书转让。

收款企业在收到付款单位送来的银行汇票时，应在出票金额以内，根据实际需要的款项办理结算，并将实际结算金额和多余金额准确、清晰地填入银行汇票和解讫通知的有关栏内，银行汇票的实际结算金额低于出票金额的，其多余金额由出票银行退交申请人。收款企业还应填写进账单并在汇票背面"持票人向银行提示付款签章"处签章，签章应与预留银行的印鉴相同，然后，将银行汇票和解讫通知、进账单一并交开户银行办理结算，银行审核无误后，办理转账。

（二）银行本票

银行本票是银行签发的，承诺自己在见票时无条件支付确定的金额给收款人或者持票人的票据。

银行本票由银行签发并保证兑付，而且见票即付，具有信誉高，支付功能强等特点。用银行本票购买材料物资，销货方可以见票付货，购货方可以凭票提货；债权债务双方可以凭票清偿；收款人将本票交存银行，银行即可为其入账。无论单位或个人，在同一票据交换区域内支付各种款项，都可以使用银行本票。

银行本票分定额本票和不定额本票：定额本票面值分别为 1000、5000、10000 元和 50000 元。在票面划去转账字样的，为现金本票，现金本票只能用于支取现金。

银行本票的付款期限为自出票日起最长不超过 2 个月，在付款期内银行本票见票即付。超过提示付款期限不获付款的，在票据权利时效内向出票银行做出说明，并提供本人身份证或单位证明，可持银行本票向银行请求付款。

企业支付购货款等款项时，应向银行提交"银行本票申请书"，填明收款人名称、申请人名称、支付金额、申请日期等事项并签章。申请人或收款人为单位的，银行不予签发现金银行本票。出票银行受理银行本票申请书后，收妥款项签发银行本票。不定额银行本票用压数机压印出票金额，出票银行在银行本票上签章后交给申请人。

申请人取得银行本票后，即可向填明的收款单位办理结算。收款单位可以根据需要在票据交换区域内背书转让银行本票。

收款企业在收到银行本票时，应该在提示付款时在本票背面"持票人向银行提示付款签章"处加盖预留银行印鉴，同时填写进账单，连同银行本票一并交开户银行办理转账。

（三）商业汇票

商业汇票是出票人签发的，委托付款人在指定日期无条件支付确定的金额给收款人或者持票人的票据。在银行开立存款账户的法人以及其他组织之间须具有真实的交易关系或债权债务关系，才能使用商业汇票。商业汇票的付款期限由交易双方商定，但最长不得超过 6 个月。商业汇票的提示付款期限自汇票到期日起 10 日内。

存款人领购商业汇票，必须填写"票据和结算凭证领用单"并加盖预留银行印鉴，存款账户结清时，必须将全部剩余空白商业汇票交回银行注销。

商业汇票可以由付款人签发并承兑，也可以由收款人签发交由付款人承兑。定日付款或者出票后定期付款的商业汇票，持票人应当在汇票到期日前向付款人提示承兑；见票后定期付款的汇票，持票人应当自出票日起 1 个月内向付款人提示承兑。汇票未按规定期限提示承兑的，持票人丧失对其前手的追索权。付款人应当自收到提示承兑的汇票之日起 3 日内承兑或者拒绝承兑。付款人拒绝承兑的，必须出具拒绝承兑的证明。

商业汇票可以背书转让。符合条件的商业承兑汇票的持票人可持未到期的商业承兑汇票连同贴现凭证，向银行申请贴现。

商业汇票按承兑人不同分为商业承兑汇票和银行承兑汇票两种。

1. 商业承兑汇票

商业承兑汇票是由银行以外的付款人承兑。商业承兑汇票按交易双方约定，由销货企业或购货企业签发，但由购货企业承兑。承兑时，购货企业应在汇票正面记载"承兑"字样和承兑日期并签章。承兑不得附有条件，否则视为拒绝承兑。汇票到期时，购货企业的开户银行凭票将票款划给销货企业或贴现银行。销货企业应在提示付款期限内通过开户银行委托收款或直接向付款人提示付款。对异地委托收款的，销货企业可匡算邮程，提前通过开户银行委托收款。汇票到期时，如果购货企业的存款不足支付票款，由购销双方自行处理。

2. 银行承兑汇票

银行承兑汇票由银行承兑，由在承兑银行开立存款账户的存款人签发。承兑银行按票面金额向出票人收取万分之五的手续费。

购货企业应于汇票到期前将票款足额交存其开户银行，以备由承兑银行在汇票到期日或到期日后的见票当日支付票款。销货企业应在汇票到期时将汇票连同进账单送交开户银行以便转账收款。承兑银行凭汇票将承兑款项无条件转给销货企业，如果购货企业于汇票到期日未能足额交存票款时，承兑银行除凭票向持票人无条件付款外，对出票人尚未支付的汇票金额按照每天万分之五计收罚息。

采用商业汇票结算方式，可以使企业之间的债权债务关系表现为外在的票据，使商业信用票据化，加强约束力，有利于维护和发展社会主义市场经济。对于购货企业来说，由于可以延期付款，可以在资金暂时不足的情况下及时购进材料物资，保证生产经营顺利进行。对于销货企业来说，可以疏通商品渠道，扩大销售，促进生产。汇票经过承兑，信用较高，可以按期收回货款，防止拖欠；在急需资金时，还可以向银行申请贴现、融通资金，比较灵活。

采用商业汇票结算方式，销货企业应根据购货企业的资金和信用情况不同，选用商业承兑汇票或银行承兑汇票；购货企业应加强资金的计划管理，调度好货币资金。在汇票到期以前，将票款送存开户银行，保证按期承兑。

为了加强商业汇票的管理，购货和销货企业应指定专人负责管理商业汇票，对应收、应付票据都应在有关的明细账中或登记簿中进行详细地记录。

（四）支票

支票是单位或个人签发的，委托办理支票存款业务的银行在见票时无条件支付确定的金额给收款人或者持票人的票据。

支票结算方式是同城结算中应用比较广泛的一种结算方式。单位和个人在同一票据交换区域的各种款项结算，均可以使用支票。支票由银行统一印制，支票上印有"现金"字样的为现金支票，现金支票只能用于支取现金。支票上印有"转账"字样的为转账支票，转账支票只能用于转账。未印有"现金"或"转账"字样的为普通支票，普通支票可以用于支取现金，也可以用于转账。在普通支票左上角划两条平行线的，为划线支票，划线支票只能用于转账，不得支取现金。

支票的提示付款期限为自出票日起 10 日内，中国人民银行另有规定的除外。超过提示付款期限的，持票人开户银行不予受理，付款人不予付款。转账支票可以根据需要在票据交换区域内背书转让。

存款人领购支票，必须填写"票据和结算凭证领用单"并加盖预留银行印鉴。存款账户结清时，必须将全部剩余空白支票交回银行注销。

企业财会部门在签发支票之前，出纳人员应该认真查明银行存款的账面结余数额，防止签发超过存款余额的空头支票。签发空头支票，银行除退票外，还按票面金额处以 5% 但不低于 1000 元的罚款。持票人有权要求出票人赔偿支票金额 2% 的赔偿金。签发支票时，应使用蓝黑墨水或碳素墨水，将支票上的各要素填写齐全，并在支票上加盖其预留银行印鉴。出票人预留银行的印鉴是银行审核支票付款的依据。银行也可以与出票人约定使用支付密码，作为银行审核支付支票金额的条件。支票的日期、金额、收款人不得更改，更改的票据无效。支票上的其他记载事项更改的，必须由原记载人签章。但支票上的金额、收款人名称可以由出票人授权补记，未补记前的支票不得背书转让和提示付款。

（五）信用卡

信用卡是指商业银行向个人和单位发行的，凭以向特约单位购物、消费和向银行存取现金，且具有消费信用的特制载体卡片。

信用卡按使用对象分为单位卡和个人卡；按信誉等级分为金卡和普通卡。

凡在中国境内金融机构开立基本存款账户的单位可申领单位卡。单位卡可申领若干张，持卡人资格由申领单位法定代表人或其委托的代理人书面指定和注销，持卡人不得出租或转借信用卡。单位卡账户的资金一律从其基本存款账户转账存入，在使用过程中，需要向其账户续存资金的，也一律从其基本存款账户转账存入，不得交存现金，不得将销货收入的款项存入其账户。单位卡一律不得用于 10 万元以上的商品交易、劳务供应款项的结算，不得支取现金。

信用卡在规定的限额和期限内允许善意透支，透支额金卡最高不得超过 10000 元，普通卡最高不得超过 5000 元。透支期限最长为 60 天。透支利息，自签单日或银行记账日起 15 日内按日息万分之五计算，超过 15 日按日息万分之十计算。透支计息不分段，按最后期限或者最高透支额的最高利率档次计息。超过规定限额或规定期限，并且经发卡银行催收无效的透支行为称为恶意透支，持卡人使用信用卡不得发生恶意透支。严禁将单位的款项存入个人卡账户中。

单位或个人申领信用卡，应按规定填制申请表，连同有关资料一并送交发卡银行。符合条件并按银行要求交存一定金额的备用金后，银行为申领人开立信用卡存款账户，并发给信用卡。

（六）汇兑

汇兑是汇款人委托银行将其款项支付给收款人的结算方式。单位和个人的各种款项的结算，均可使用汇兑结算方式。

汇兑分为信汇、电汇两种。信汇是指汇款人委托银行通过邮寄方式将款项划给收款人。这两种汇兑方式由汇款人根据需要选择使用。汇兑结算方式适用于异地之间的各种款项结算。这种结算方式划拨款项简便、灵活。

企业采用这一结算方式，付款单位汇出款项时，应填写银行印发的汇款凭证，列明收款单位名称、汇款金额及汇款的用途等项目，送达开户银行，委托银行将款项汇往收汇银行。收汇银行将汇款收进单位存款户后，向收款单位发出收款通知。

（七）委托收款

委托收款是收款人委托银行向付款人收取款项的结算方式。无论单位还是个人都可凭已承兑商业汇票、债券、存单等付款人债务证明办理款项收取同城或异地款项。委托收款还适用于收取电费、电话费等付款人众多、分散的公用事业费等有关款项。

委托收款结算款项划回的方式分为邮寄和电报两种。

企业委托开户银行收款时，应填写银行印制的委托收款凭证和有关的债务证明。在委托收款凭证中写明付款单位的名称、收款单位名称、账号及开户银行、委托收款金额的大小写、款项内容、委托收款凭据名称及附寄单证张数等。企业的开户银行受理委托收款后，将委托收款凭证寄交付款单位开户银行，由付款单位开户银行审核，并通知付款单位。

付款单位收到银行交给的委托收款凭证及债务证明，应签发并在3天之内审查债务证明是否真实，是否是本单位的债务，确认之后通知银行付款。

付款单位应在收到委托收款的通知次日起3日内，主动通知银行是否付款。如果不通知银行，银行视同企业同意付款并在第4日，从单位账户中付出此笔委托收款款项。

付款人在3日内审查有关债务证明后，认为债务证明或与此有关的事项符合拒绝付款的规定，应出具拒绝付款理由书和委托收款凭证第五联及持有的债务证明，向银行提出拒绝付款。

（八）托收承付

托收承付是根据购销合同由收款人发货后委托银行向异地付款人收取款项，由付款人向银行承认付款的结算方式。使用托收承付结算方式的收款单位和付款单位，必须是国有企业、供销合作社以及经营管理较好，并经开户银行审查同意的城乡集体所有制工业企业。办理托收承付结算的款项，必须是商品交易，以及因商品交易而产生的劳务供应的款项。代销、寄销、赊销商品的款项，不得办理托收承付结算。

托收承付款项划回方式分为邮寄和电报两种，由收款人根据需要选择使用；收款单位办理托收承付，必须具有商品发出的证件或其他证明。托收承付结算每笔的金额起点为10000元。新华书店系统每笔金额起点为1000元。

采用托收承付结算方式时，购销双方必须签有符合《经济合同法》的购销合同，并在合同上订明使用托收承付结算方式。销货企业按照购销合同发货后，填写托收承付凭证，盖章后连同发运证件（包括铁路、航运、公路等运输部门签发运单、运单副本和邮局包裹回执）或其他符合托收承付结算的有关证明和交易单证送交开户银行办理托收手续。

销货企业开户银行接受委托后,将托收结算凭证回联退给企业,作为企业进行账务处理的依据,并将其他结算凭证寄往购货单位开户银行,由购货单位开户银行通知购货单位承认付款。

购货企业收到托收承付结算凭证和所附单据后,应立即审核是否符合订货合同的规定。按照《支付结算办法》的规定,承付货款分为验单付款与验货付款两种,这在双方签定合同时约定。验单付款是购货企业根据经济合同对银行转来的托收结算凭证、发票账单、托运单及代垫运杂费等单据进行审查无误后,即可承认付款。为了便于购货企业对凭证的审核和筹措资金,结算办法规定承付期为3天,从付款人开户银行发出承付通知的次日算起(承付期内遇法定休假日顺延)。购货企业在承付期内,未向银行表示拒绝付款,银行即视作承付,并在承付期满的次日(法定休假日顺延)上午银行开始营业时,将款项主动从付款人的账户内付出,按照销货企业指定的划款方式,划给销货企业。验货付款是购货企业待货物运达企业,对其进行检验与合同完全相符后才承认付款。为了满足购货企业组织验货的需要,结算办法规定承付期为10天,从运输部门向购货企业发出提货通知的次日算起。承付期内购货企业未表示拒绝付款的,银行视为同意承付,于10天期满的次日上午银行开始营业时,将款项划给收款人。为满足购货企业组织验货的需要,对收付双方在合同中明确规定,并在托收凭证上注明验货付款期限的,银行从其规定。

如果购货企业在承付期内发现有下列情况,可向银行提出全部或部分拒绝付款:

(1) 未签订合同或合同中未订明托收承付方式;

(2) 未经双方事先达成协议,收款人提前交货或逾期交货且付款人不再需要该货物;

(3) 未按合同规定的到货地址发货的款项;

(4) 代销、寄销、赊销商品的款项;

(5) 验单付款,发现所列货物的品种、规格、数量、价格与合同不符,或货物已到、经验货与合同或发货清单不符;

(6) 验货付款,经验货与合同或发货清单不符;

(7) 货款已支付或计算有错误。

不属于上述情况,购货企业不得提出拒付。

购货企业提出拒绝付款时,必须填写"拒绝付款理由书",注明拒绝付款理由,涉及合同的应引证合同上的有关条款。属于商品质量问题,需要提出数量问题的证明及其有关数量的记录;属于外贸部门进口商品,应当提出国家商品检验或运输等部门出具的证明,向开户银行办理拒付手续。

银行同意部分或全部拒绝付款的,应在拒绝理由书上签注意见,并将拒绝付款理由书、拒付证明、拒付商品清单和有关单证邮寄收款人开户银行转交销货企业。

(九) 信用证

信用证是指开证行依照申请人的申请开出的,凭符合信用证条款的单据支付的付款承诺,并明确规定该信用证为不可撤销、不可转让的跟单信用证。

信用证属于银行信用,采用信用证支付,对销货方安全收回货款就有保障;对购货方来说,由于货款的支付是以取得符合信用证规定的货运单据为条件,避免了预付货款的风险。因此,信用结算方式在一定程度上解决了购销双方在付款和交货问题上的矛盾。信用证结算方式主要有以下几个特点:

（1）开证银行负第一性付款责任。信用证是一种以开证银行自己的信用做出付款保证的结算方式，它实质上是一种银行保证付款的文件，信用证的开证行是第一付款人，即主债务人。

（2）信用证是一项独立文件，不受购销合同的约束。虽然信用证的开立是以购销合同为基础，购销双方要受合同约束，但信用证一经开出，在信用证业务处理过程中，各当事人的责任与权利都以信用证为准。

（3）信用证业务只处理单据，一切都以单据为准。信用证业务实质上是一种单据的买卖，银行是凭相符单据付款，而对货物的真假好坏不负责任，对货物是否已装运、是否中途损坏、是否到达目的地都不负责任。

采用信用证结算方式的，收款单位收到信用证后，即备货装运，签发有关发票账单，连同运输单据和信用证，送至银行，根据退还的信用证等有关凭证编制收款凭证；付款单位在接到开证行的通知时，根据付款的有关单据编制付款凭证。

三、银行存款的核算

为了连续、全面、详细地反映银行存款的存、取和结存情况，应当设置银行存款的日记账进行序时核算。银行存款日记账可采用三栏式或多栏式，其格式与现金日记账相似。根据银行收、付款凭证，按照业务发生的先后顺序逐日逐笔进行登记，每日终了，应计算出当日的银行存款收、付合计数和结余额。银行存款日记账定期与银行对账单核对。同时，月份终了，"银行存款日记账"的余额必须与"银行存款总账"的余额核对相符。

【例 2-5】 某物业管理企业收到××小区交来的管理费 5780 元，存入银行。编制分录如下：

借：银行存款   5780

    贷：经营收入   5780

【例 2-6】 某物业管理企业的银行存款 42500 元，委托银行汇给某地水泥厂偿付前欠货款。编制分录如下：

借：应付账款——××水泥厂   42500

    贷：银行存款   42500

为了及时了解银行存款的收支情况，避免银行存款账目发生差错，企业要经常与银行核对存款账，将银行存款日记账的记录与银行的对账单逐笔核对。如发现双方余额不一致，应及时查找原因，属于记账差错的，应立即更正；属于未达账项引起的，应编制银行存款余额调节表调整一致。

所谓未达账项，是指企业与银行之间，由于凭证传递上的时间差，一方已登记入账，而另一方尚未入账的账项。由于企业银行存款的收支凭证的传递需要一定的时间，因而同一笔业务，企业和银行各自入账的时间不一定相同。在同一日期，企业账的银行存款余额与银行账的企业存款余额往往不一致。这种差别有以下四种情况：

（1）银行已记作企业存款增加，而企业尚未接到收款通知，因而尚未记账的款项，如托收货款和银行支付给企业的存款利息等；

（2）银行已记作企业存款减少，而企业尚未收到付款通知，因而尚未记账的款项，如银行代企业支付公用事业费用和向企业收取的借款利息等；

（3）企业已记作银行存款增加，而银行尚未办妥入账手续，如企业存入其他单位的转账支票；

(4) 企业已记作银行存款减少，而银行尚未支付入账的款项，如企业已开出的转账支票，对方尚未到银行办理转账手续的款项等。

在核对银行存款账目过程中，如发现未达账项，应编制"银行存款余额调节表"进行调节。调节后，双方余额如果不相等，表明记账有差错，需要进一步查对，找出原因，更正错误的记录；双方余额如果相等，一般说明双方记账没有错误。调节表的调节计算公式如下：

银行存款日记账余额＋银行已收企业未收的款项－银行已付企业未付的款项＝银行对账单余额＋企业已收银行未收的款项－企业已付银行未付的款项

【例2-7】 某物业管理企业20××年5月31日的银行存款日记账账面余额为72200元，而银行对账单上企业存款余额为72500元，经逐步核对，发现以下未达账项：

(1) 5月29日，企业收到某业主交来管理费支票计3200元，已送存银行，银行尚未登入企业存款账户；

(2) 5月30日，企业开出支票1500元购买办公用品，持票人尚未到银行办理转账，银行尚未登账；

(3) 5月30日，银行代企业支付电话费1000元，企业尚未接到银行的付款通知，所以企业尚未登账；

(4) 5月31日，银行收到某单位转来的服务费3000元已入账，收账通知尚未送到企业，企业未入账。

根据以上有关内容，可编制"银行存款余额调节表"，见表2-2。

银行存款余额调节表   表2-2

项　　目	余　额	项　　目	余　额
企业账：银行存款日记账	72200	银行账：银行对账单余额	72500
加：银行已收款，企业未收款银行代收服务费	3000	加：企业已收款，银行未收款送存支票	3200
减：银行已付款，企业未付款银行代付电话费	1000	减：企业已付款，银行未付款开出支票	1500
调节后的存款余额	74200	调节后的存款余额	74200

经过上述调整后的银行存款余额，表示企业可动用的实有银行存款数额。

应当注意的是：银行存款余额调节表主要是用来核对企业与银行双方的记账有无差错，不能作为记账的依据。对于因未达账项而使双方账面余额出现的差异，无须作账面调整，待银行转来有关收付款结算凭证后再进行账务处理，据以登记入账。

第四节　其他货币资金

在企业的经营资金中，有些货币资金因其存放地点和用途都与库存现金和银行存款不同，在会计核算上统称为"其他货币资金"。主要包括：外埠存款、银行汇票存款、银行本票存款、信用卡存款、信用保证金存款等。

为了加强对其他货币资金的核算与监督，应设置"其他货币资金"总分类科目。该科目属于资产类，借方登记其他货币资金的增加数，贷方登记其他货币资金减少数，借方余额表示其他货币资金的结存数。该科目应分别设置"外埠存款"、"银行汇票"、"银行本票"、"信用卡存款"、"信用证保证金存款"等明细科目，进行明细分类核算。

一、外埠存款

外埠存款是指企业到外地进行临时或零星采购时，汇往采购地银行开立采购专户的款项。

企业汇出款项时，须填写汇款委托书，加盖"采购资金"字样。汇入银行对汇入的采购款项，以汇款单位名义开立采购账户。采购资金存款不计利息，除采购员差旅费可以支取少量现金外，一律转账。采购专户只付不收，付完结束账户。

外埠存款的核算方法举例如下：

【例2-8】 某物业管理企业将款项20000元委托当地银行汇往采购地银行开立采购专户。

借：其他货币资金——外埠存款   20000

 贷：银行存款   20000

【例2-9】 收到采购人员交来用外埠存款支付的瓷砖货款17000元及增值税款2890元等款项发票单证。材料已验收入库。

借：库存材料   19890

 贷：其他货币资金——外埠存款   19890

【例2-10】 采购结束，剩余款项转回企业开户行。

借：银行存款   110

 贷：其他货币资金——外埠存款   110

二、银行汇票存款、银行本票存款

银行汇票存款是指企业为取得银行汇票，按照规定存入银行的款项。企业应向银行提交"银行汇票委托书"并将款项交存开户银行，从而取得汇票。

银行汇票存款的核算方法举例如下：

【例2-11】 某物业管理企业向银行申请办理银行汇票用以购买材料，将款项15000元交存银行，取得银行汇票。

借：其他货币资金——银行汇票存款   15000

 贷：银行存款   15000

【例2-12】 企业使用银行汇票购买水泥10000元，交纳增值税1700元，材料已验收入库。

借：库存材料   11700

 贷：银行存款   11700

【例2-13】 接开户银行通知，银行汇票余款3300元已退回企业。

借：银行存款   3300

 贷：其他货币资金——银行汇票存款   3300

银行本票存款是指企业为取得银行本票，按规定存入银行的款项。其账务处理除明细账户采用"银行本票存款"外，其余会计处理与银行汇票存款的处理相似，此处不再举例。

三、信用卡存款

信用卡存款是指企业为取得信用卡而存入银行信用卡专户的款项。

企业按照规定填制申请表，连同支票和有关资料一并送交发卡银行，根据银行盖章退回的进账单第一联，借记"其他货币资金——信用卡存款"科目，贷记"银行存款"科目；用信用卡在特约单位购物或消费时，按实际支付的金额，借记"管理费用"等科目，贷记"其他货币资金——信用卡存款"科目；在信用卡使用过程中，需要对其账户续存资金时，按实际续存的金额，借记"其他货币资金——信用卡存款"科目，贷记"银行存款"科目。

四、信用证保证金

信用证保证金存款是指采用信用证结算方式的企业为开具信用证而存入银行信用证保证金专户的款项。

企业向银行申请开立信用证，应按规定向银行提交开证申请书、信用证承诺书和购销合同。企业向银行交纳保证金，根据银行退回的进账单第一联，借记"其他货币资金——信用证保证金存款"科目，贷记"银行存款"科目；根据开证行交来的信用证来单通知书及有关单据列明的金额，借记"在途物资"、"库存材料"、"库存商品"等科目，贷记"其他货币资金——信用证保证金存款"、"银行存款"科目。

第五节　应　收　票　据

应收票据是企业持有的、尚未到期兑现的商业汇票。最长期限不超过 6 个月，且相对于应收账款来讲，应收票据发生坏账的风险比较小，因此，一般不对应收票据计提坏账准备。超过承兑期收不回的应收票据应转作应收账款，可对应收账款计提坏账准备。

一、应收票据的种类及管理

商业汇票根据承兑人的不同，分为由付款人承兑的商业承兑汇票和由银行承兑的银行承兑汇票。商业汇票根据支付本息额的不同，又可以分为带息票据和不带息票据。带息票据指到期时，根据票据面值和利率收取本息的票据。不带息票据是指到期时，根据票据面值收款的票据。

为了清楚地反映和便于分析企业应收票据的具体情况，企业应设置"应收票据登记簿"，逐项登记每张应收票据的种类、号数、出票人、承兑人、面值、利率、期限、贴现日期、贴息、实收金额等有关资料，待票据到期收回票款时，逐笔予以注销。此外，企业还可根据具体情况，在急需资金时，可以将应收票据办理贴现或转让，以加速企业的资金周转。

二、应收票据的核算

（一）应收票据的入账价值

由于商业汇票的期限较短，利息金额相对来说不大，为了简化核算，企业会计制度规定，应收票据一律按照面值入账。如果是带息应收票据，应于期末按应收票据的票面价值和确定的利率计算利息，计算的利息增加应收票据的账面价值。利息金额不大的，企业可以在票据到期收取票据本息时，将利息收入一次计入当期损益。

（二）票据到期日的计算

票据到期日可按月计算，也可按日计算。

按月计算是按出票日至到期月份的同日计算，如果是期末出票的，不论月大月小，一律以到期月份的月末一天为到期日。例如，1月15日出票的2个月到期的票据，到期日为3月15日；5月31日出票的1个月到期的票据，到期日为6月30日；1月31日出票的1个月到期的票据，到期日为2月28（闰年为29）日。

按日计算的票据到期日，是按从出票日至票据到期日实际经过的天数计算，出票日和到期日两天中只计算一天，算了出票日就不算到期日，反之亦然，即"算头不算尾"或"算尾不算头"。例如，2月18日出票的90天到期的票据，到期日为5月19日。

（三）应收票据利息及到期值的计算

商业汇票按是否计算利息分为带息票据和不带息票据。不带息票据由于不带有利息，因此到期值等于面值。带息票据由于票面标明了利率，因此需计算其利息和到期值。计算方法如下：

1. 利息的计算

$$利息＝面值×利率×时间$$

公式中的利率一般以年利率表示，时间有按月计算和按日计算两种方式。在实际工作中，为了计算方便，一般把一年定为360天。

（1）按日计算

【例2-14】 一张应收票据面值为10000元，利率为9％，票据的出票日为9月1日，到期日为10月15日。

$$应收票据利息＝10000×9％×44/360＝110元$$

（2）按月计算

【例2-15】 一张应收票据的面额为20000元，利率为10％，期限为三个月。

$$应收票据利息＝20000×10％×3/12＝500元$$

2. 到期值的计算

$$带息应收票据的到期值＝面值＋利息$$
$$或＝面值＋面值×利率×时间$$
$$或＝面值×（1＋利率×时间）$$

【例2-16】 一张票面价值为10000元，年利率8％，60天到期的应收票据，它的到期值为：

$$10000×（1＋8％×60/360）＝10133元$$

（四）应收票据的核算

应收票据的核算应专门设置"应收票据"科目，该科目属于资产类，用以核算物业管理企业因销售货物、提供劳务等而收到的商业汇票。企业收到票据时，记入借方，票据到期兑现或申请贴现时，记入贷方，借方余额表示尚未到期兑现的商业汇票。

1. 不带息应收票据的核算

【例2-17】 某物业管理企业200×年7月1日将其库存的水泥出售给某装饰公司，货款20000元，财务部开出增值税专用发票，标明增值税为3400元，装饰公司开出一张6个月的商业承兑汇票抵付款项。编制会计分录如下：

借：应收票据   23400
  贷：其他业务收入   20000
      应交税金—应交增值税（销项税额）   3400
6个月后，票据兑现收回 23400 元存入银行。
借：银行存款   23400
  贷：应收票据   23400

2. 带息应收票据的核算

【例 2-18】 某物业管理企业 200×年 3 月 10 日将其库存商品出售给某建筑公司，货款 100000 元，应收增值税 17000 元，企业收到建筑公司签发的年利率为 10％、期限 6 个月的带息商业汇票一张。会计分录为：

借：应收票据   117000
  贷：其他业务收入   100000
      应交税金—应交增值税（销项税额）   17000
按月计算应计未收利息的会计分录为：

$$117000 \times 10\% \times 1/12 = 975 \text{ 元}$$

借：应收票据   975
  贷：财务费用   975
票据到期，企业收回票据本息的会计分录为：

$$117000 + 117000 \times 10\% \times 6/12 = 122850 \text{ 元}$$

借：银行存款   122850
  贷：应收票据   122850
若利息金额不大，企业也可于票据到期时将利息一次性计入当期损益，会计分录为：

借：银行存款   122850
  贷：应收票据   117000
      财务费用   5850

3. 应收票据的贴现

企业持有的应收票据在到期前，如果出现资金短缺，可以持未到期的商业汇票向其开户银行申请贴现，以便获得所需资金。贴现就是指票据持有人将未到期的票据背书后送交银行，银行受理后，按票据的应收金额扣除一定期间利息后的余额付给持票人的行为。可见，票据贴现实质上是企业融通资金的一种形式，背书的应收票据就是此项借款的担保品。

在票据贴现过程中，银行贴现所扣的利息称为银行贴息，银行贴现时所用的利率称为贴现率，票据到期后应收的金额就是票据的到期值。

票据贴现的有关计算公式如下：

票据到期值＝票据面值＋票据面值×票据期限（天数）×年利率÷360（一年按
　　　　　　360 天计算）或票据面值＋票据面值×票据期限（月数）×年利率÷12
对于不带息票据来讲，票据的到期值就等于其面值。

贴现息＝票据到期值×贴现率×贴现天数÷360

贴现天数＝贴现日至票据到期日实际天数－1

$$贴现所得金额＝票据到期值－贴现息$$

按照中国人民银行《支付结算办法》的规定，实付贴现金额按票面金额扣除贴现日至汇票到期前一日的利息计算。承兑人在异地的，贴现利息的计算应另加 3 天的划款日期。

【例 2-19】 5 月 2 日，某物业管理企业持所收取的出票日期为 3 月 23 日，期限为 6 个月、面值为 110000 元的不带息商业承兑汇票一张到银行贴现，假设该企业与承兑企业在同一票据交换区域内，银行年贴现率为 12％。

该应收票据到期日为 9 月 23 日，其贴现天数为 144 天（30＋30＋31＋31＋23－1）。

$$贴现息＝110000×12％×144÷360＝5280 元$$

$$贴现所得金额＝110000－5280＝104720 元$$

会计分录为：

借：银行存款   104720

    财务费用   5280

  贷：应收票据   110000

【例 2-20】 某物业管理企业于 4 月 1 日将 2 月 1 日开出并承兑的面值为 100000 元、年利率 8％、5 月 1 日到期的商业承兑汇票向银行贴现，贴现率为 10％。

$$带息票据到期值＝100000×\left(1+8％×\frac{3}{12}\right)＝102000 元$$

$$贴息＝102000×10％×30/360＝850 元$$

$$贴现所得金额＝102000－850＝101150 元$$

借：银行存款   101150

  贷：应收票据   100000

    财务费用   1150

贴现有两种情况，一种是带追索权，一种是不带追索权。不带追索权，就意味着当出票人不按期付款时，银行不可向背书企业索赔。如果是带追索权的应收票据贴现业务，当出票人不按期付款时，银行可向背书企业索赔，在这种情况下，在贴现时，直接冲销"应收票据"科目，并在当期财务报告附注中，说明因贴现或转让商业汇票而产生的或有负债的金额。

4. 应收票据的转让

企业持有的应收票据在到期前，如果企业需要向外购买商品或偿还应付账款，也可以将持有的应收票据转让给对方，作为支付的工具。凡票据的转让都需要经过背书手续，如果到期付款人不能兑付，背书人要承担连带的付款责任。

【例 2-21】 某物业管理企业将持有的一张面值为 23400 元的应收票据背书后转让给某公司，用以抵付前欠货款。

借：应付账款   23400

  贷：应收票据   23400

第六节 应 收 账 款

应收账款是指企业在正常经营活动中，由于销售商品、产品或提供劳务，而应向购货单位或接受劳务单位收取的款项。包括代垫的运杂费。对于物业管理企业而言，应收账款是指在服务经营过程中，由于管理、对外提供劳务等业务，应向购买、接受和租用单位或个人收取的款项。

一、应收账款的入账时间

由于应收账款是因为赊销业务而言产生的，因此其入账时间一般与确认收入的时间是一致的。

二、应收账款的入账价值

在通常情况下，按照历史成本计价的原则，应收账款应根据交易实际发生额记账，包括发票金额和代垫的运杂费两部分。但是，计价时还应考虑商业折扣和现金折扣等因素。

（一）商业折扣

商业折扣是指企业根据市场供需情况，或针对不同的顾客，在商品标价上给予的扣除。商业折扣是企业最常用的促销手段。

商业折扣一般在交易发生时即已确定，它仅仅是确定实际销售价格的一种手段，不需在买卖双方任何一方的账上反映，所以商业折扣对应收账款的入账价值没有什么实质性的影响。因此，在存在商业折扣的情况下，企业应收账款入账金额应按扣除商业折扣以后的实际售价确认。

（二）现金折扣

现金折扣是指债权人为鼓励债务人在规定的期限内付款，而向债务人提供的债务扣除。企业为了鼓励客户提前偿付货款，通常与债务人达成协议，债务人在不同期限内付款可享受不同比例的折扣。现金折扣一般用符号"折扣/付款期限"表示。例如买方在10天内付款可按售价给予2%的折扣，用符号"2/10"表示；在20天内付款按售价给予1%的折扣，用符号"1/20"表示；在30天内付款，则不给折扣，用符号"n/30"表示。

存在现金折扣的情况下，应收账款入账金额的确认有两种方法，一种是总价法，另一种是净价法。

总价法是将未减去现金折扣前的金额作为实际售价，作为应收账款的入账价值。现金折扣只有客户在折扣期内支付货款时，才予以确认。在这种方法下，销售方把给予客户的现金折扣视为融资的理财费用，会计上作为财务费用处理。我国的会计实务中采用此方法。

三、应收账款的核算

为了进行结算业务的核算，物业管理企业应设置"应收账款"总分类科目。它属于资产类科目，借方登记应收账款的增加数，贷方登记应收账款的减少数，借方余额表示尚未收到的应收款项。为了便于明细核算，企业还应按接受劳务单位或个人的名称设置明细科目，进行明细分类核算。

【例2-22】 某物业管理企业为某大型写字楼提供管理服务，应向该写字楼开发商收取服务费96000元，款项尚未收到。会计分录为：

借：应收账款 96000

　　贷：经营收入 96000

收到款项时，会计分录为：

借：银行存款 96000

                    贷：应收账款   96000

【例 2-23】　某物业管理企业 9 月 1 日出售一批库存商品，增值税发票上注明的售价40000 元，增值税额 6800 元。该企业为了及早收回货款而在合同中规定符合现金折扣的条件为：2/10，1/20，*n*/30。（假定计算折扣时不考虑增值税）

9 月 1 日取得收入时，会计分录为：

借：应收账款   46800
　贷：其他业务收入   40000
　　　应交税金—应交增值税（销项税额）   6800

如果 9 月 1 日买方付清货款，则按售价 40000 元的 2％享受 800 元（40000×2％）的现金折扣，会计分录为：

借：银行存款   46000
　　财务费用   800
　贷：应收账款   46800

如果 9 月 19 日买方付清货款，则应享受 400 元（40000×1％）的现金折扣，会计分录为：

借：银行存款   46400
　　财务费用   400
　贷：应收账款   46800

如果买方在 9 月底才付清货款，则应按全额付款，会计分录为：

借：银行存款   46800
　贷：应收账款   46800

四、坏账及坏账损失的核算

企业的各项应收款项，可能会因债务人拒付、破产、死亡等原因而无法收回。这类无法收回或收回的可能性很小的应收款项就是坏账。因坏账而遭受的损失为坏账损失。根据《企业会计制度》规定，我国企业应采用备抵法进行坏账的核算。

（一）备抵法概述

备抵法是采用一定的方法按期估计坏账损失，计入当期费用，同时建立坏账准备，待坏账实际发生时，冲销已提的坏账准备和相应的应收款项。根据我国《企业会计制度》规定，除了应收账款应该计提坏账准备外，其他应收款也应计提坏账准备。同时，还规定企业的预付账款如有确凿证据表明其不符合预付账款性质，或者因供货单位破产、撤销等原因已无望再收到所购货物的，应当将原计入预付账款的金额转入其他应收款，并按规定计提坏账准备。企业持有的未到期应收票据，如有确凿证据表明不能够收回或收回的可能性不大时，应将其账面余额转入应收账款，并计提相应的坏账准备。

采用备抵法，首先要按期估计坏账损失，方法主要有三种：

1. 余额百分比法

余额百分比法，是按应收款项余额的一定比例计算提取坏账准备。理论上讲，这一比例应按坏账发生的概率计算，发生坏账多的企业，比例相应高一些，反之，则低一些。

2. 销货百分比法

销货百分比法，是以赊销金额的一定百分比作为估计的坏账损失。它可以根据过去的经验和有关资料，估计坏账损失与赊销金额之间的比率，也可用其他更合理方法进行估计。

3. 账龄分析法

账龄分析法，是根据应收账款的长短来估计坏账的方法。账龄指的是顾客所欠账款的时间。一般认为，账款被拖欠的期限越长，发生坏账的可能性就越大。采用这种方法，企业利用账龄分析表所提供的信息，确定坏账备抵金额。确定的方法按各类账龄分别估计其可能成为坏账的部分。

我国《企业会计制度》规定，坏账准备的计提方法和计提比例由企业自行确定。提取方法一经确定，不能随意变更，如需变更，应在会计报表附注中予以说明，《企业会计制度》又规定，除有确凿证据表明该项应收款项不能够收回或收回的可能性不大外（如债务单位已撤销、破产、资不抵债、现金流量严重不足、发生严重的自然灾害等导致停产而在短时间内无法偿付债务等，以及 3 年以上的应收款项），下列各种情况不能全额提取坏账准备：

(1) 当年发生的应收款项；

(2) 计划对应收款项进行重组；

(3) 与关联方发生的应收款项；

(4) 其他已逾期，但无确凿证据表明不能收回的应收款项。

《企业会计制度》规定，企业计提坏账准备时，不得计提秘密准备，以达到人为操纵利润的目的。所谓秘密准备，是指超过资产实际损失金额而计提的准备。

(二) 坏账损失的核算

采用备抵法，企业需设置"坏账准备"科目，它是应收款项的备抵调整科目。

下面举例说明余额百分比法的运用。

【例 2-24】 某物业管理企业从 20×1 年开始计提坏账准备。20×1 年末应收款项余额为 600000 元，该企业确认发生坏账损失的比例为 5‰。则会计分录为：

$$坏账准备提取额 = 600000 \times 5‰ = 3000 \ 元$$

借：管理费用   3000
  贷：坏账准备   3000

20×2 年企业发现有 900 元的应收款项无法收回，按规定确认为坏账损失。会计分录为：

借：坏账准备   900
  贷：应收账款   900

20×2 年年末，该企业应收款项余额为 700000 元，坏账准备提取比例不变。

则本年年末应计提的坏账准备为：

$$700000 \times 5‰ = 3500 \ 元$$

因为年末计提坏账准备前，"坏账准备"账户贷方余额为：3000 − 900 = 2100 元

则本年应补提的坏账准备为：

$$3500 - 2100 = 1400 \ 元$$

据此编制的会计分录为：

借：管理费用   1400

| 贷：坏账准备 | 1400 |

20×3 年 5 月 23 日，接银行通知，企业上年度已冲销的 900 元坏账又收回，款项已存入银行。会计分录为：

借：应收账款	900
贷：坏账准备	900
借：银行存款	900
贷：应收账款	900

20×3 年年末，该企业应收款项余额为 560000 元，坏账提取比例保持不变。

则本年年末应计提的坏账准备为：

$$560000 \times 5‰ = 2800 \ 元$$

因为年末计提坏账准备前，"坏账准备"账户贷方余额为：3500＋900＝4400 元

则本年应冲销多提的坏账准备为：

$$4400 - 2800 = 1600 \ 元$$

据此编制会计分录为：

| 借：坏账准备 | 1600 |
| 贷：管理费用 | 1600 |

第七节　其他应收及预付款项

一、其他应收款

其他应收款是指除应收票据、应收账款和预付款以外的，企业应收、暂付其他单位和个人的各种款项。主要包括：预付给企业内部单位或个人的备用金；应收保险公司或其他单位和个人的各种赔款；应收的各种罚款；应收出租包装物的租金；存出的保证金；应向职工收取的各种垫付款项；应收、暂付上级单位或所属单位的款项；其他不属于上述各项的其他应收款项。

为了反映和监督其他应收款的发生和结算情况，企业应设置"其他应收款"科目，并按其他应收款的项目分类，按不同的债务人设置明细科目。

企业发生其他应收款时，按应收金额借记"其他应收款"科目，贷记有关科目。收回各种款项时，借记有关科目，贷记"其他应收款"科目。

【例 2-25】　某物业管理企业材料物资因火灾被毁损，保险公司已确认赔偿 20000 元。

| 借：其他应收款 | 20000 |
| 贷：待处理财产损溢——待处理流动资产损溢 | 20000 |

收到应收的保险公司赔款 20000 元。

| 借：银行存款 | 20000 |
| 贷：其他应收款 | 20000 |

二、预付账款

预付账款是指企业按照购货合同或劳务合同规定，预先付给供货方或提供劳务方的账款。

为了加强对预付账款的管理，一般应单独设置"预付账款"科目进行核算。企业预付

给供应单位的货款，借记本科目，贷记"银行存款"科目。收到所购物资的发票账单，根据发票账单的应付金额，借记"库存材料"等科目，贷记"预付账款"科目；补付货款时，借记"预付账款"科目，贷记"银行存款"科目；退回多付的款项，借记"银行存款"科目，贷记"预付账款"科目。

预付账款不多的企业，也可将预付的账款直接记入"应付账款"科目的借方，不设置本科目。但在编制会计报表时，仍然要将"预付账款"和"应付账款"的金额分开报告。

思考题与习题

1. 什么是现金？简述现金的收支范围和现金内部控制制度的主要内容。

2. 什么是银行存款？银行存款的管理有哪些规定？我国目前银行存款结算方式有哪些？如何理解？

3. 什么是应收账款？简述"应收账款"账户的性质、用途和结构。

4. 什么是应收票据？票据贴现的概念和实质是什么？

5. 带息应收票据与不带息应收票据在会计处理上有何区别？

6. (1) 资料：某物业管理企业 2004 年 6 月 30 日银行存款日记账余额为 21297 元，银行对账单余额为 12109 元，经逐笔核对，发现下列问题：

1) 6 月 2 日，本企业银行存款日记账有收入款 36450 元，经查这是 5 月份收回应收账款的未达账，列在 5 月份对账单上。

2) 6 月 3 日，银行对账单有付出款 17900 元，本企业银行存款日记账无此笔付出，经查这是 5 月份本企业偿还应付账款的未达账。

3) 6 月 16 日，本企业银行存款日记账有付出款 48 元，银行对账单无此笔付出。经查这是用现金支付的办公用品费，记账员误记入银行存款日记账。

4) 6 月 25 日，银行对账单有存款利息 232 元，本企业银行存款日记账在 6 月 28 日有存款利息 223 元，经查该笔利息数额是记账凭证编制错误。

5) 6 月 29 日，银行对账单有收入款 4380 元，本企业银行存款日记账无这笔收入，经查是银行代收本企业小区服务费。

6) 6 月 30 日，本企业银行存款日记账有收入 13625 元，银行对账单上没有，经查这笔收入是本企业收回客户欠款解入银行。

(2) 要求：

根据上述资料，编制 2004 年 6 月 30 日银行存款余额调节表，并说明为什么有些内容列入调节表，有些不列入。

7. (1) 资料：2004 年 6 月 10 日，某物业管理企业因急需资金，持 5 月 10 日收取的面值为 100000元、期限 90 天、年利率 9% 的带息商业承兑汇票一张，到银行申请贴现，贴现率为 12%。该票据到期后，付款单位和该企业均无款支付。该企业收到银行通知，已将该贴现款转作逾期贷款处理。

(2) 要求：

1) 计算贴现所得额；

2) 编制相关会计分录。

8. (1) 资料：某物业管理企业应收款项年末余额资料如下：

2000 年为 1400000 元，2001 年为 2000000 元，2002 年为 1800000 元，2003 年为 1200000 元。该企业 2002 年确认两笔应收账款为坏账，其中甲企业 8000 元，乙企业 5000 元。2003 年又从乙企业已冲销应收账款中收回 3000 元。该企业按年末应收款项余额的 5‰ 提取坏账准备。

(2) 要求：

根据以上资料，计算每年应提取的坏账准备，并编制有关会计分录。

第三章 存 货

第一节 存 货 概 述

一、存货的概念与分类

（一）存货的概念

《企业会计制度》规定，存货是指企业在日常生产经营过程中持有以备出售，或者仍然处在生产过程，或者在生产或提供劳务过程中将消耗的材料或物料等，包括库存的、加工中的、在途的各类材料、商品、在产品、半成品、产成品、包装物、低值易耗品等。

（二）存货的分类

在不同行业的企业中，存货的范围有所不同。在商品流通企业中，存货主要包括各种商品；在工业企业中，则包括各种原材料、包装物、低值易耗品、在产品、自制半成品和产成品等。而物业管理企业的存货从会计核算考虑，一般可以分为以下五大类：

1. 库存材料

这是物业管理企业为完成其经营业务的主体物资资料之一。它是指公司库存和在途构成修理服务成本的各种原料、材料。如钢材、木材、铝材、水泥、石灰、砂、砖、盘条、五金材料、电器材料、防漏水的沥青、氯丁胶、涂料等装修用的备品备件。

2. 燃料

这是指公司库存和在途的各种燃料，如生产加工、烧水取暖等耗用的煤、炭、液化气、石油制品等。

3. 低值易耗品

这是指不作为固定资产核算的各种用具、家具，如工具、管理用具、玻璃器皿、消防器具以及在经营过程中周转使用的包装容器等。

4. 物料用品

这是指公司在库和在途的除原材料、燃料、低值易耗品以外的其他物料用品，包括公司的日常用品、劳动保护方面的材料、办公用品、包装物品、日常维修用的材料、零配件等。

5. 库存商品

这是指公司在库和在途的各种商品，如为业主代装的防盗门、晒衣架、隔离栏、灭火机、抽水马桶、浴缸、洁具等商品及设备。

二、存货数量的确定

存货会计核算的核心是计价，即正确地确定收入、发出及结存存货的价值。正确地进行存货的计价，又取决于存货数量的确定是否准确和存货计价方法的选择是否得当。（有

关存货的计价方法将在下一个问题中详细介绍）

存货数量核算的基本公式如下：

期初结存存货数量＋本期收入存货数量＝本期发出存货数量＋期末结存存货数量

上述公式中，期初结存数量和本期收入的数量可根据有关凭证或账簿的记录得到，而本期发出数量和期末结存数量要靠盘存来确定，具体有如下两种盘存制度：

（一）实地盘存制

实地盘存制也称定期盘存制。其具体操作是：在会计期末通过对全部存货进行实地盘点来确定期末存货的数量，再乘以各项存货的单价，计算出期末存货的成本，并据以计算出本期耗用或已销售存货成本的一种存货盘存方法。采用这一盘存方法时，平时只记录存货购进的数量和金额，不记发出的数量，期末通过实地盘点确定存货的实际结存数量，并据以计算出期末存货的成本和当期耗用或已销售存货的成本。这一方法通常也称为"以存计耗"或"以存计销"。

实地盘存制的优点是：平时不对发出的存货数量和成本进行反映，从而简化了日常存货核算的工作量。缺点是：此种方法核算的手续不够严密，不能通过账簿记录随时反映和监督各种存货的收、发、结存的动态情况。其次，由于以存计销或计耗，倒轧出本期发出存货成本，任何浪费、盗窃和自然损耗而发生的损失都会隐藏在倒轧求得的发出数内，削弱了对存货的监督作用，容易掩盖存货实物管理中存在的问题，影响存货成本计算的正确性和明晰性。因此，实地盘存制是一种不完善的存货管理方法。在实践中，只适用于价值低、规格杂、收发频繁的材料、废料，或是零售商店非贵重商品和一些损耗较大、数量不稳定的鲜活商品。

（二）永续盘存制

永续盘存制也称账面盘存制。其具体操作是：通过设置详细的存货明细账，逐笔或逐日地记录存货收入、发出的数量、金额，以随时结出结余存货的数量、金额的一种存货盘存方法。采用这一存货盘存方法时，要求对企业的存货分别品名、规格等设置详细的明细账，逐笔逐日地登记收入、发出存货的数量和金额，并结出期末存货的数量和金额。采用这一方法时，为了核对存货账面记录，加强对存货的管理，企业应视具体情况对其存货进行不定期的盘存，但每年至少应盘存一次。

永续盘存制的优点是：其核算手续比较严谨，能及时反映各种存货的收、发、结存动态情况，有利于防止存货发生损失、浪费。其次，由于明细账上记列结存数量，可以随时与存货的库存最高限量和最低限量相比较，有利于控制存货的存量，加速存货资金的周转。主要缺点是：存货明细核算工作量较大。尽管如此，它对于加强存货实物的管理与监督，控制和保护存货安全完整方面具有明显的优越性，在会计实务中应用较广泛。

三、存货初始成本的计价

《企业会计制度》规定，存货在取得时，按照实际成本入账。存货实际成本的计量因其来源不同而有所不同，具体按以下原则确定：

（一）购入的存货

它是物业管理企业存货的主要来源。其实际成本包括下列各项：

（1）买价，指进货发票所注明的货款金额。

（2）运输费、装卸费、保险费、包装费、仓储费等费用。

（3）运输途中的合理损耗。有些物资，在运输途中会发生一定的短缺和损耗，除合理的损耗应当计入物资的采购成本外，能确定由过失人员负责的，应向责任单位或过失人索取赔偿，不记入进货成本。至于因自然灾害而发生的意外损失，减去保险赔偿款和可以收回的残值作价后的净损失，应作为营业外支出处理，不得计入进货成本。属于无法收回的其他损失，计入管理费用，也不得计入进货成本。

（4）入库前的挑选整理费用。指购入的物资需要经过挑选整理才能使用，因而在挑选整理过程中发生的工资、费用支出，以及挑选整理过程中所发生的数量损耗（扣除可回收的下脚废料等）的价值。

（5）按规定应计入成本的税金。如增值税、进口物资按规定支付的进口关税等。

（6）其他费用。如大宗物资的市内运杂费。但市内零星运杂费、采购人员的差旅费和采购机构的经费，以及企业供应部门和仓库的经费等，一般都不包括在存货的实际成本中。

（二）委托外单位加工完成的存货

其实际成本包括实际耗用的原材料或者半成品以及加工费、运输费、装卸费和保险费用以及按规定应计入成本的税金。

（三）投资者投入的存货

按照投资各方确认的价值作为实际成本。

（四）接受捐赠的存货

按以下规定确定其实际成本。

（1）捐赠方提供了有关凭据（如发票、报价单、有关协议）的，按凭据上标明的金额加上应支付的相关税费，作为实际成本。

（2）捐赠方没有提供有关凭据的，按如下顺序确定其实际成本：

1）同类或类似存货存在活跃市场的，按同类或类似存货的市场价格估计的金额，加上应支付的相关税费，作为实际成本；

2）同类或类似存货不存在活跃市场的，按该接受捐赠的存货预计未来现金流量现值，作为实际成本。

（五）企业接受的债务人以非现金资产抵偿债务方式取得的存货

按照应收债权的账面价值减去可抵扣的增值税进项税额后的差额，加上应支付的相关税费，作为实际成本。

（六）以非货币性交易换入的存货

按换出资产的账面价值加上应支付的相关税费作为实际成本。

（七）盘盈的存货

按照同类或类似存货的市场价格作为实际成本。

四、存货发出的计价

企业对于各项存货的日常收、发，必须根据有关收、发凭证在既有数量、又有金额的明细账内，逐项逐笔进行登记。企业进行存货的日常核算有两种方法：一种是采用实际成本进行核算；一种是采用计划成本进行核算。

（一）实际成本法

采用实际成本进行核算的，一般适用于规模较小、存货品种简单、采购业务不多的企业。由于各种存货是分次购入或分批生产形成的，所以同一项目的存货，其单价或单位成本往往不同。要核算领用、发出存货的价值，就要选择一定的计量方法，只有正确地计算领用、发出存货的价值，才能真实地反映企业生产成本和销售成本，进而正确地确定企业的净利润。《企业会计制度》规定，企业领用或发出存货，按照实际成本核算的，可以根据实际情况选择采用先进先出法、后进先出法、加权平均法、移动平均法、个别计价法等确定其实际成本。现分别将每种方法说明如下：

1. 先进先出法

先进先出法就是假设先收入的存货先发出。采用这种方法，在发出存货时，应按库存物品中最先收入的那批物品的单价计价。需要指出的是，"先收入的存货先发出"纯粹是一种成本流转假设，与存货实物入库和发出顺序不一定有直接联系，其实物不一定遵守此顺序。在先进先出法下，无论采用永续盘存制还是实地盘存制其结果是一致的。举例见表3-1。

库存材料明细账 表 3-1

材料名称规格：沥青　　　　　（按先进先出法计价）　　　　　计量单位：kg

月	日	凭证及编号	摘要	收　入			发　出			结　存		
				数量	单价	金额	数量	单价	金额	数量	单价	金额
6	1	（略）	月初余额							800	0.90	720
6	1		领用				350	0.90	315	450	0.90	405
	4		购入	2500	1.00	2500				2950	0.90 1.00	2905
	5		领用				450 200	0.90 1.00	605	2300	1.00	2300
	9		领用				100	1.00	100	2200	1.00	2200
	18		购入	400	0.95	380				2600	1.00 0.95	2580
	25		领用				500	1.00	500	2100	1.00 0.95	2080
	31		合计	2900		2880	1600		1520	1700 400	1.00 0.95	2080

先进先出法的显著特点是按存货入库的先后顺序对发出存货进行计价，使得期末库存存货账面成本比较贴近现行的市价或当前生产状况下的生产成本，也使得期末资产负债表上的存货成本更能反映其现行市场价值。但是，采用这种计价方法时，由于发出存货可能涉及到前期不同批次入库存货的单位成本，使得计算每批发出存货成本工作较繁琐。此外，当物价波动较大时，采用此种方法会对企业本期利润的确定产生较大的影响。由于存货成本是按先入库的先发出去的顺序确定的，当物价上涨时，会高估企业当期利润和库存

存货价值；反之，则会低估存货价值和当期的利润。此种方法适用经营活动受存货形态影响较大或存货容易腐败变质的企业。

2. 后进先出法

后进先出法就是假设后收入的存货先发出。采用这种方法，对发出存货按最近入库存货的单价进行计价。它与先进先出法一样，都是成本流转的一种假设，只是流转顺序与先进先出法正好相反。在后进先出法下，采用永续盘存制与实地盘存制的结果不一定在任何情况下都一致，这一点与先进先出法不同，举例见表3-2。

库存材料明细账 表 3-2

材料名称规格：沥青　　　　　　（按后进先出法计价）　　　　　　计量单位：kg

月	日	凭证及编号	摘要	收　入			发　出			结　存		
				数量	单价	金额	数量	单价	金额	数量	单价	金额
6	1	（略）	月初余额							800	0.90	720
6	1		领用				350	0.90	315	450	0.90	405
	4		购入	2500	1.00	2500				2950	0.90 1.00	2905
	5		领用				650	1.00	605	2300	0.90 1.00	2255
	9		领用				100	1.00	100	2200	0.90 1.00	2155
	18		购入	400	0.95	380				2600	0.90 1.00 0.95	2535
	25		领用				400 100	0.95 1.00	480	2100	1.00 0.90	2055
	31		合计	2900		2880	1600		1544	1650 450	1.00 0.90	2055

后进先出法下，发出存货的成本比较接近近期的市价或生产成本，但期末库存存货成本则与现行成本差异较大。因此，在物价持续上涨时期，必然会低估期末存货价值，多计当期发出存货价值，而少计当期利润，在一定程度上可以降低通货膨胀给企业带来的不利影响，起到了资本保全作用，是实施"谨慎原则"的一个重要手段。当然，它与先进先出法一样，对发出存货成本和期末库存存货成本计算较为繁琐。适用于通货膨胀持续上升时期的存货计价。

3. 加权平均法

加权平均法又称"全月一次加权平均法"，它是以本月全部入库存货加月初结存存货数量为权数，计算出存货的平均单位成本，然后以存货的平均单位成本为准计算本期发出存货成本和期末结存存货成本的方法。其计算公式为：

$$发出存货加权平均单位成本＝\frac{期初存货实际成本＋本期全部入库存货实际成本}{期初存货数量＋本期全部入库存货数量}$$

采用此方法时，平时发出存货只记数量，不登记单价和金额，月末一次性计算出存货平均单位成本后，再登记发出存货的单价和金额。举例见表3-3。

库存材料明细账

表 3-3

材料名称规格：沥青　　　　　　　　　（按加权平均法计价）　　　　　　　　　计量单位：kg

月	日	凭证及编号	摘要	收　入			发　出			结　存		
				数量	单价	金额	数量	单价	金额	数量	单价	金额
6	1	（略）	月初余额							800	0.90	720
6	1		领用				350			450		
	4		购入	2500	1.00	2500				2950		
	5		领用				650			2300		
	9		领用				100			2200		
	18		购入	400	0.95	380				2600		
	25		领用				500			2100		
	31		合计	2900		2880	1600	0.9730	1557	2100	0.9730	2043

上例中，发出存货加权平均单位成本的计算过程如下：

$$发出存货加权平均单位成本＝\frac{720＋2880}{800＋2900}＝0.9730 元/kg$$

采用加权平均法，存货平均单位成本全月只计算一次，计算工作量较小。且这一方法计算出来的发出存货成本，既受近期入库存货成本的影响，也受期初存货成本的影响，因此，在市价上涨时计算出来的单位成本将低于市场上同类存货的现价，而在市价下跌时，它所计算出来的单位成本将超过市场上同类存货的现价。也就是说，这种方法计算出来的存货成本较为均衡，对于企业损益计算和存货价值的揭示较为公允。但该种方法的缺点是，平时明细账上无法提供发出存货的成本和结存存货的金额，不利于及时掌握存货资金的变化情况及加强对存货的管理，一般只能用于实地盘存制。所以该方法适用于收发批次较多、数量大，但价格差异不大的存货计价。

4. 移动加权平均法

移动加权平均法，简称移动平均法，是指每一入库一批存货，就以入库数量和账面结存数量为权数，重新计算一次库存存货加权平均单位成本，然后以加权平均单位成本作为发出存货的单位成本，计算下一次发出存货成本的方法。其计算公式为：

$$发出存货移动加权平均单位成本＝\frac{结存存货的实际成本＋本次入库存货实际成本}{结存存货数量＋本次入库存货数量}$$

采用这种方法，发出存货的单位成本，会随着每次入库存货而变动，举例见表3-4。

上例明细账中，6月1日领用材料以前没有新入库材料，该日发出材料应按原结存材料单价0.90元计价；

材料名称规格：沥青　　　　　　　　（按移动加权平均法计价）　　　　　　　　计量单位：kg

月	日	凭证及编号	摘要	收 入			发 出			结 存		
				数量	单价	金额	数量	单价	金额	数量	单价	金额
6	1	（略）	月初余额							800	0.90	720
6	1		领用				350	0.90	315	450	0.90	405
	4		购入	2500	1.00	2500				2950	0.9847	2905
	5		领用				650	0.9847	640	2300	0.9847	2265
	9		领用				100	0.9847	99	2200	0.9847	2166
	18		购入	400	0.95	380				2600	0.9792	2546
	25		领用				500	0.9792	490	2100	0.9792	2056
	31		合计	2900		2880	1600		1544	2100	0.9792	2056

4 日购入新材料后，重新计算移动加权平均单位成本为：

$$移动加权平均单位成本 = \frac{405+2500}{450+2500} = 0.9847 \text{ 元}$$

18 日购入新材料后，又重新计算移动加权平均单位成本为：

$$移动加权平均单位成本 = \frac{2166+380}{2200+400} = 0.9792 \text{ 元}$$

移动加权平均法下，每入库一批存货就要重新计算库存存货的平均单位成本，因而在存货品种较多的情况下其计算的工作量较大。但它的优点在于使管理人员能及时准确地掌握出库存货的成本和结存存货成本状况，并且移动平均法所计算的平均单位成本直接受近期入库存货单位成本的影响，因而它所计算出的发出存货成本和结存存货成本比较接近现行成本，其计算的结果是较为客观可信的。它适用于那些品种较少或收发次数不多的存货。

5. 个别计价法

个别计价法又称分批认定法，或具体认定法，就是存货的成本流转与实物流转相一致，对于每批发出存货和期末存货都逐一加以辨认，分别按各自购入或制造时的成本计价。采用这一方法时，一般必须具备两个条件：一是存货项目附加标签或编号等方法，以便据以确认发出存货和期末结存存货所属的收入批次；二是要有详细的存货记录，以便了解每一种存货具体收发情况。

个别计价法下计算结果最为准确，不管是实地盘存制还是永续盘存制均可使用。但由于该种方法必须对企业存货发出、结存的批次逐一进行认定，其实务操作工作量繁重，难度较大。其次，容易被人为地用来调整前后期的利润。如果企业希望多计本期利润，就有可能人为先发单位成本低的存货；反之，先发单位成本高的存货，利用实物发出顺序的变动调整前后期的盈利水平。此种方法一般适用于不能互换使用的存货，或为特定的项目专门购入并单独存放的存货，如房屋、船舶、飞机、汽车、重型设备、珠宝、名画等贵重存货。这些存货品种和数量不太多，易于辨认，单位成本较高。

以上五种方法都有自身的特点，企业可根据具体情况选用，但计价方法一经确定，不能随意变更。如果确实需要变更计价方法，应在会计报表附注中加以说明。

（二）计划成本法

物业管理企业的存货一般按实际成本计价，但是对于存货品种规格多、收发频繁的企业或附属企业，也可采用计划成本对存货进行计价。

采用计划成本进行日常核算的企业，其基本方法简介如下：

（1）企业应先制定各种存货的计划成本目录。规定存货的分类、各种存货的名称、规格、编号、计量单位和计划单位成本。计划单位成本在年度内一般不作调整。

（2）平时收到存货时，应按计划单位成本计算出收入存货的计划成本填入收料单内，并将实际成本与计划成本的差额，作为成本差异分类登记。

（3）平时领用、发出的存货，都按计划成本计算，月份终了再将本月发出存货应负担的成本差异进行分摊，随同本月发出存货的计划成本记入有关账户，将发出存货的计划成本调整为实际成本。

发出存货应负担的成本差异，必须按月分摊，不得在季末或年末一次计算。发出存货应负担的成本差异，除委托外部加工发出存货可按上月的差异率计算外，都应使用当月的实际差异率；如果上月的成本差异率与本月成本差异率相差不大的，也可按上月的成本差异率计算。计算方法一经确定，不得任意变动。存货成本差异率的计算公式如下：

本月存货成本差异率＝（月初结存存货的成本差异＋本月收入存货的成本差异）÷（月初结存存货的计划成本＋本月收入存货的计划成本）×100%

上月存货成本差异率＝月初结存存货的成本差异÷月初结存存货的计划成本×100%

五、期末存货的计价

由于市场价格的变动、市场供需情况的变化等原因，会计期末，为了客观、真实、准确地反映企业期末存货的实际价值，企业在编制资产负债表时，要确定期末存货的价值。我国《企业会计制度》规定，期末存货采用成本与可变现净值孰低法来计价。

（一）成本与可变现净值孰低法的概念

所谓成本与可变现净值孰低法，是指对期末存货按照成本与可变现净值两者中较低者计价的方法。即当成本低于可变现净值时，存货按成本计价；当可变现净值低于成本时，存货按可变现净值计价。

这里所说的"成本"是指存货的历史成本。"可变现净值"是指企业在正常经营过程中，以预付售价减去预付完工成本及销售所必需的预计费用后的价值，并不是指存货的现行售价。

（二）成本与可变现净值孰低法的有关规定

《企业会计制度》规定，企业应当在期末对存货进行全面清查，如由于存货毁损、全部或部分陈旧过时或销售价格低于成本等原因，使存货成本等于可变现净值的，应按可变现净值低于存货成本部分，计提存货跌价准备。存货跌价准备应按单个存货项目的成本与可变现净值计量，每项存货都取较低数字确定存货的期末价值。

当存在以下一项或若干项情况时，应当将存货账面价值全部转入当期损益：

（1）已霉烂变质的存货；

（2）已过期且无转让价值的存货；

（3）生产中已不再需要，并且已无使用价值和转让价值的存货；

（4）其他足以证明已无使用价值和转让价值的存货。

当存在下列情况之一时，应当计提存货跌价准备：

（1）市价持续下跌，并且在可预见的未来无回升的希望；

（2）企业使用该项原材料生产的产品的成本大于产品的销售价格；

（3）企业因产品更新换代，原有库存原材料已不适应新产品的需要，而该原材料的市场价格又低于其账面成本；

（4）因企业所提供的商品或劳务过时或消费者偏好改变而使市场的需求发生变化，导致市场价格逐渐下跌；

（5）其他足以证明该项存货实质上已经发生减值的情形。

（三）成本与可变现净值孰低法的有关账务处理

企业首先应设置"存货跌价准备"这一存货的备抵账户，会计期末，通过比较存货的成本与可变现净值，计算出应计提的存货跌价准备，然后与"存货跌价准备"账户的余额进行比较，如果应提数大于已提数，应予补提；如果已提数大于应提数，则应予冲销部分多提数。在资产负债表中，"存货跌价准备"列为存货项目的减项。

【例 3-1】　某企业 20×1 年年末某项存货的账面价值为 100000 元，预计可变现净值为 92000 元，应计提存货跌价准备为 8000 元。会计分录为：

借：管理费用—计提的存货跌价准备　　　　　　　　　　　　　　8000
　　贷：存货跌价准备　　　　　　　　　　　　　　　　　　　　　　8000

如果 20×2 年年末该项存货的预计可变现净值为 87000 元，则应补提存货跌价准备 5000 元。会计分录为：

借：管理费用—计提的存货跌价准备　　　　　　　　　　　　　　5000
　　贷：存货跌价准备　　　　　　　　　　　　　　　　　　　　　　5000

如果 20×3 年年末，该项存货的可变现净值有所恢复，预计可变现净值为 98000 元，则应冲销计提的存货跌价准备 11000 元。会计分录为：

借：存货跌价准备　　　　　　　　　　　　　　　　　　　　　　11000
　　贷：管理费用—计提的存货跌价准备　　　　　　　　　　　　　11000

如果 20×4 年年末，该项存货的可变现净值进一步恢复，预计可变现净值为 104000 元，则应冲销计提的存货跌价准备 2000 元（以之前已入账的减少数为限）。会计分录为：

借：存货跌价准备　　　　　　　　　　　　　　　　　　　　　　2000
　　贷：管理费用—计提的存货跌价准备　　　　　　　　　　　　　2000

第二节　库　存　材　料

为了反映物业管理企业各种材料购进、发出、结存的增减变动情况，企业按实际成本进行材料的总分类核算时，应设置"在途物资"、"库存材料"、"燃料"、"应付账款"、"应付票据"等相关账户。

一、库存材料按实际成本计价的核算

（一）科目设置及运用

"在途物资"是资产类科目，用以核算企业已购入但尚未运达企业或尚未验收入库材料的实际成本,其借方登记购入材料的买价、税金及运杂费,贷方登记验收入库材料的实际成本,期末借方余额反映全部在途材料物资的实际成本。该科目应当按照材料类别或供货单位设置明细科目,进行明细分类核算。

"库存材料"是资产类科目,用以核算企业库存各种材料的实际成本。其借方登记购入并已验收入库的各种材料的实际成本,贷方登记发出材料的实际成本,期末借方余额反映库存材料的实际成本。该科目按材料保管地点、类别、品种和规格设置明细科目,进行明细分类核算。购入的各种燃料,可作为库存材料的明细科目核算,若数量金额较大,也可比照"库存材料"账户单独进行登记核算,此处不再重复。

需要指出的是,在材料采购过程中发生的采购人员的差旅费、采购部门办公费、水电费等,在此直接作管理费用列支,不计入材料采购成本。

"应付账款"是负债类科目,用以核算企业因购买材料、商品或接受劳务而发生的债务。其贷方登记企业购入物资发生的应付账款,借方登记偿还的账款,期末贷方余额反映企业应付未付账款的余额。该科目按供应单位设置明细科目,进行明细核算。

"应付票据"是负债类科目,用以核算企业购买材料、商品和接受劳务供应等而开出、承兑的商业汇票,包括银行承兑汇票和商业承兑汇票两种。其贷方登记应付票据的增加额,借方登记应付票据的减少额,期末贷方余额反映企业尚未承兑的票据金额。同时,企业应设置"应付票据备查簿",详细登记每一应付票据的种类、号数、签发日期、票面金额、合同交易号、收款人姓名或单位名称,以及付款日期和金额等详细资料,到期付清款项时,在备查簿中注销相应的记录。

(二)材料的核算

1. 材料购入的核算

企业收到外购材料时,由会计部门根据收料单和有关凭证登记入账。由于外购材料的付款方式多种多样,使得付款时间和收料时间常常不一致,从而账务处理方法也各有不同。

(1)材料验收入库,货款已经付清。

【例 3-2】 某物业管理企业从某钢铁公司购入钢材 10t,单价 1400 元,增值税专用发票上注明货款 14000 元,增值税 2380 元,运杂费 900 元,以银行存款支付各项费用,材料验收入库。会计分录为:

借:库存材料——钢材   17280

    贷:银行存款   17280

(2)货款已经支付,材料尚未到达入库。

沿用例 3-2 资料,若材料未到达,会计会录为:

借:在途物资   17280

    贷:银行存款   17280

若上述钢材已收到,并验收入库。则会计分录为:

借:库存材料——钢材   17280

    贷:在途物资   17280

(3)先预付部分货款,待货到入库后,再补付欠款。

沿用例 3-2 资料,若先预付部分货款 10000 元。则会计分录为:

借：预付账款 10000

　　贷：银行存款 10000

待货到入库时，再根据发票账单等作会计分录为：

借：库存材料——钢材 17280

　　贷：预付账款 10000

　　　　银行存款 7280

对于预付账款较少的企业，也可将预付账款记在"应付账款"账户中。

（4）材料已验收入库，货款尚未支付。应区别不同情况予以处理。

1）材料和发票账单均已到，货款未付。沿用例 3-2 资料，其会计分录为：

借：库存材料——钢材 17280

　　贷：应付账款 17280

2）材料虽然已经收到，但发票账单未到，货款也未支付。

在此种情况下，企业平时可暂不记账。但到月末发票账单仍未到达，应按合同价格暂估入账。沿用例 3-2 资料，若该批钢材的合同价格为 15000 元，则暂估入账时，会计分录为：

借：库存材料——钢材 15000

　　贷：应付账款——暂估应付款 15000

下月初，用红字冲销时，会计分录为：

借：库存材料——钢材 ⟨15000⟩

　　贷：应付账款——暂估应付款 ⟨15000⟩

待实际收到发票账单并付款时，其会计分录为：

借：库存材料——钢材 17280

　　贷：银行存款 17280

对于企业采购材料发生的运输费、装卸费、保管费及缴纳的税金等进货费用，凡能直接计入各种材料采购成本的，应直接记入；不能分清的一般应按一定标准（如材料的重量、买价或体积等），分摊计入材料的采购成本。其基本计算公式如下：

$$分摊率 = \frac{运杂费等合计数}{各种材料重量或买价体积之和}$$

【例 3-3】　某物业管理企业从外地购入 A 材料 2000kg，货款及增值税共 10000 元，B 材料 4000kg，货款及增值税共 15000 元，共计支付运杂费 960 元，材料均已验收入库，款项也均已通过银行支付。假设按材料重量比例分摊运杂费。

$$分摊率 = \frac{960}{2000 + 4000} = 0.16 \text{ 元/kg}$$

$$A \text{ 材料应负担的运杂费} = 2000 \times 0.16 = 320 \text{ 元}$$

$$B \text{ 材料应负担的运杂费} = 4000 \times 0.16 = 640 \text{ 元}$$

根据上述计算结果，作会计分录：

借：库存材料——A 材料 10320

　　　　　　——B 材料 15640

　　贷：银行存款 25960

2. 材料发出的核算

物业管理企业根据经营业务需要领用材料时，应填制领料单凭以领料，并进行会计核算；如果日常领发业务频繁，为了简化日常核算工作，平时一般只登记材料明细分类账，反映各种材料的收发和结存金额，月末根据按实际成本计价的发料凭证，按领用部门和用途，汇总编制"发料凭证汇总表"，据以登记总分类账，进行材料发出的总分类核算。

根据"发料凭证汇总表"，财会部门应借记"经营成本"、"管理费用"、"在建工程"等科目，贷记"库存材料"科目。

【例3-4】 某物业管理企业为业主住房修补漏洞，工程部领用沥青30kg，每千克1.50元；燃料10kg，每千克1.30元。会计分录为：

借：经营成本　　　　　　　　　　　　　　　　　　　　　58

　　贷：库存材料——沥青　　　　　　　　　　　　　　　　45

　　　　　　　　——燃料　　　　　　　　　　　　　　　　13

二、库存材料按计划成本计价的核算

材料按计划成本核算，指材料的收入、发出和结余均按预先制定的计划成本计价。材料收发凭证中的收料金额和发料金额，按材料的计划单位成本乘以收料数量或发料数量计算填列。其主要特点是：收发凭证按材料的计划成本计价、总账及明细账按计划成本登记，先要通过"物资采购"科目进行核算，材料的实际成本与计划成本的差异，通过"材料成本差异"科目进行核算。

（一）科目设置及运用

按计划成本进行材料的采购收发总分类核算时，应设置"物资采购"、"库存材料"、"材料成本差异"等科目，用以反映和监督材料的收发和结存情况，进行材料采购成本的核算。

"物资采购"科目核算企业已购入各种材料物资的采购成本。其科目借方登记采购物资的实际成本，贷方登记入库物资的计划成本。借方大于贷方表示超支，从本科目贷方转入"材料成本差异"科目的借方；贷方大于借方表示节约，从本科目借方转入"材料成本差异"科目贷方；月末为借方余额，表示未入库物资（即在途物资）的实际成本。本科目应按物资品种设置明细账进行明细核算。

"库存材料"科目核算企业库存各种材料的计划成本。本科目借方、贷方及余额均按照计划成本记账。

"材料成本差异"科目核算各种材料的实际成本和计划成本的差异。其借方登记入库材料的超支差异，贷方登记入库材料的节约差异及发出材料应负担的成本差异（超支用红字，节约用蓝字）。期末若是借方余额，表示材料的超支差异；若是贷方余额，表示材料的节约差异。本科目应按材料类别或品种设置明细账进行明细核算。

（二）材料的核算

1. 材料购入的核算

（1）材料已验收入库，货款已经付清。

【例3-5】 某物业管理企业从某水泥厂购入水泥5t，单价400元，增值税专用发票上注明货款2000元，增值税340元，用银行存款支付各项费用，该材料已验收入库。会计分录为：

借：物资采购——水泥　　　　　　　　　　　　　　　　2340

　　　　贷：银行存款　　　　　　　　　　　　　　　　　　　　　　　　　　2340

　　在实际工作中，一般在月末将验收入库的材料物资登记入账，在按收料凭证汇总后，分品种或类别一次结转购入材料的计划成本并结转差异。

　　（2）货款已经支付，材料尚未到达。

　　沿用例3-5资料，若材料未到达，会计分录为：

　　借：物资采购——水泥　　　　　　　　　　　　　　　　　　　　　　　2340
　　　　贷：银行存款　　　　　　　　　　　　　　　　　　　　　　　　　　2340

　　（3）材料已经运到，并验收入库，但发票等结算凭证尚未收到，货款尚未支付。

　　沿用例3-5资料，若该批水泥的计划成本为2400元，企业应于月末按计划成本暂估入账。会计分录为：

　　借：库存材料——水泥　　　　　　　　　　　　　　　　　　　　　　　2400
　　　　贷：应付账款——暂估应付款　　　　　　　　　　　　　　　　　　　2400

　　下月初用红字冲销时，会计分录为：

　　借：库存材料——水泥　　　　　　　　　　　　　　　　　　　　　　2400

　　　　贷：应付账款——暂估应付款　　　　　　　　　　　　　　　　　　2400

　　待实际收到发票账单并付款时，会计分录为：

　　借：物资采购——水泥　　　　　　　　　　　　　　　　　　　　　　　2340
　　　　贷：银行存款　　　　　　　　　　　　　　　　　　　　　　　　　　2340

　　【例3-6】　月末将已购入并验收入库的水泥登记入"库存材料"账户，并结转材料成本差异，会计分录为：

　　借：库存材料——水泥　　　　　　　　　　　　　　　　　　　　　　　2400
　　　　贷：物资采购——水泥　　　　　　　　　　　　　　　　　　　　　　2340
　　　　　　材料成本差异　　　　　　　　　　　　　　　　　　　　　　　　　60

　　2. 材料发出的核算

　　采用计划成本计价，日常核算是以发料凭证为依据。由于每次发出同种材料的单价都是不变的，因此平时发出材料可只记数量，不记金额。月终，根据发料凭证编制"发出材料汇总表"，据此进行发出材料的总分类核算。

　　月末，要把发出材料的计划成本调整为实际成本，就要对发出的材料分配材料成本差异。经过材料成本差异的分配，本月发出材料应分配的成本差异从"材料成本差异"科目转出之后，属于月末库存材料应分配的差异仍保留在"材料成本差异"科目内，作为库存材料的调整项目。编制资产负债表时，存货项目中的材料存货，应当列示加（减）材料成本差异后的实际成本。

　　【例3-7】　某物业管理企业材料存货采用计划成本记账，2004年1月份"库存材料"科目某类材料的期初余额15000元，"材料成本差异"科目期初借方余额4000元，本月入库材料计划成本25000元，成本差异为节约2000元，本月15日工程部门承接业主房屋共用设施维修工程领用材料8000元，行政管理部门领用材料2500元。

　　根据上述资料进行如下会计分录：

　　（1）工程部门、行政管理部门领用材料时：

借：物业工程   8000

    管理费用   2500

  贷：库存材料   10500

(2) 月末计算分摊本月领用材料的成本差异。

      本月材料成本差异率 = (4000 − 2000) ÷ (15000 + 25000) × 100% = 5%

      本月领用材料应负担差异：工程部门为 8000 × 5% = 400 元

                         管理部门为 2500 × 5% = 125 元

借：物业工程   400

    管理费用   125

  贷：材料成本差异   525

第三节　低值易耗品

一、低值易耗品概述

物业管理企业在经营业务中，需要具备一定数量的劳动资料。劳动资料按价值大小及使用年限可分为低值易耗品和固定资产两种。

低值易耗品是不能作为固定资产的各种用具物品，如货架、家具、营业用品、玻璃器皿、消防器具、管理用品(包括各种手推车、三轮装货车、铁锹等工具)以及经营过程中周转使用的包装容器等。低值易耗品的特点是价值低、品种多、数量大、易损耗、使用年限短，因而导致购置和报废等经济业务频繁。

低值易耗品日常核算可以按实际成本计价核算，亦可按计划成本计价核算。按计划成本核算时，月份终了，应结转当月领用低值易耗品应分摊的材料成本差异，记入有关成本费用科目，具体核算参见材料的核算处理。这里只阐述以实际成本法计价的核算。

低值易耗品的核算应设置"低值易耗品"账户。该账户是资产类账户，用以核算低值易耗品的增减变动情况。购进和盘盈低值易耗品时，记入该账户的借方；领用、出售和盘亏时，记入该账户的贷方，余额在借方，表示企业拥有低值易耗品的实际成本或摊余余额。低值易耗品应按照类别、品种、规格进行数量金额式的明细核算。

二、低值易耗品的核算

(一) 低值易耗品购进的核算

由于低值易耗品在实物管理上应视同流动资产中的存货进行管理，具有材料的特点，因而其采购、验收入库的核算可比照材料核算处理，此处不再重述。

(二) 低值易耗品领用和摊销的核算

低值易耗品在领用时，与库存材料的领用有类似的手续，均应填制"领料单"办理领用手续，交财会部门凭以入账，但与库存材料核算不同的是，库存材料是在领用后一次消耗而转入营业成本的，而低值易耗品的价值是随着使用过程逐步分次转移到营业费用中去的。根据各种低值易耗品的特点，如价值的大小、使用期限的长短以及每月领用和报废的数额是否均衡等，一般可采用以下几种常用的摊销方法记入有关账户。

1. 一次摊销法

对于价值低、数量少、使用期短的低值易耗品，可在领用时，一次将其全部价值计入费用账户。其中，修理、服务部门领用的低值易耗品应借记"营业费用"账户，管理部门领用的则应借记"管理费用"账户，贷记"低值易耗品"账户。

【例3-8】 某物业管理企业营销部门领用玻璃器皿一批，金额为40元，填制"领用单"后，交财会部门记账。作会计分录如下：

借：营业费用　　　　　　　　　　　　　　　　　　　　　　　　　40
　贷：低值易耗品　　　　　　　　　　　　　　　　　　　　　　　　40

2. 分次摊销法

有时一次领用的低值易耗品数额较大，可以采用将领用的低值易耗品价值分期摊入费用的方法。采用这种方法，使企业费用负担较为均衡，但核算手续较为麻烦。在领用时，借记"待摊费用"账户，贷记"低值易耗品"账户；分次摊入有关成本费用时，借记"营业费用"、"管理费用"账户，贷记"待摊费用"账户。

【例3-9】 某物业管理企业工程部为业主修缮房屋的需要，领用装货三轮车2辆，价值1200元。填制"领用单"后，财会部门按12个月进行分摊。

（1）领用装货三轮车时，作会计分录如下：

借：待摊费用　　　　　　　　　　　　　　　　　　　　　　　　　1200
　贷：低值易耗品　　　　　　　　　　　　　　　　　　　　　　　1200

（2）分次摊销时，作会计分录如下：

借：经营成本　　　　　　　　　　　　　　　　　　　　　　　　　120
　贷：待摊费用　　　　　　　　　　　　　　　　　　　　　　　　120

3. 五五摊销法

五五摊销法是指将低值易耗品的成本，在领用和报废时各以其一半计入成本费用的一种摊销方法。分两次摊销，每次摊50%，故又称为两次摊销法。在这种方法下，低值易耗品报废时，若有残值，其残值应当从尚未摊销的价值中扣除。

采用五五摊销法的企业，应在"低值易耗品"账户下设置"在库低值易耗品"、"在用低值易耗品"和"低值易耗品摊销"三个二级账户。"低值易耗品摊销"二级账户是专门用来反映在用低值易耗品转移价值，它是"在用低值易耗品"二级账户的备抵账户，两个二级账户的余额之差，就是在用低值易耗品的摊余价值（净值）。下面举例说明五五摊销法的会计处理。

【例3-10】 某物业管理企业行政管理部门本月领用工具一批，实际成本5000元；本月报废劳保用品一批，实际成本8000元，报废劳保用品残值变卖取得现金100元。

（1）领用时，按实际成本转账，其会计分录为：

借：低值易耗品——在用低值易耗品　　　　　　　　　　　　　　5000
　贷：低值易耗品——在库低值易耗品　　　　　　　　　　　　　5000

（2）同时，将领用工具实际成本的50%予以摊销，其会计分录为：

借：管理费用　　　　　　　　　　　　　　　　　　　　　　　　2500
　贷：低值易耗品——低值易耗品摊销　　　　　　　　　　　　　2500

（3）报废劳保用品时，将摊销的价值扣除残料收入后的差额计入管理费用，其会计分录为：

借：管理费用　　　　　　　　　　　　　　　　　　　　　　　　3900

贷：低值易耗品——低值易耗品摊销　　　　　　　　　　　　　　　3900

　　（4）注销报废劳保用品的实际成本，并反映残料收入，其会计分录为：

　　借：现金　　　　　　　　　　　　　　　　　　　　　　　　　　　100

　　　　低值易耗品——低值易耗品摊销　　　　　　　　　　　　　　　7900

　　贷：低值易耗品——在用低值易耗品　　　　　　　　　　　　　　　8000

　　五五摊销法适用于每期领用和报废数额比较均衡的低值易耗品，以及价值低、使用寿命较短的低值易耗品。

　　（三）低值易耗品修理的核算

　　为了充分发挥低值易耗品的作用，延长其使用寿命，节约开支，企业对使用和保管的低值易耗品应进行经常性的检查、保养和维修。其发生的费用应根据重要性原则，一般不增加低值易耗品的价值，而直接作为当期费用处理。

　　【例 3-11】　某物业管理企业工程部门修理送货三轮车，耗用外胎两只，计 45 元，以现金支付修理费 20 元。其会计分录为：

　　借：管理费用　　　　　　　　　　　　　　　　　　　　　　　　　65

　　贷：库存材料　　　　　　　　　　　　　　　　　　　　　　　　　45

　　　　现金　　　　　　　　　　　　　　　　　　　　　　　　　　　20

第四节　库　存　商　品

一、库存商品概述

　　库存商品的购入是为了销售出去，以满足住户业主的需求。物业管理企业库存商品主要包括防盗门、晒衣架、隔离栏、浴缸、洁具等商品及设备。

　　物业管理企业的库存商品一般具有价值较高、体积较大、商品更新换代时间较长等特点，所以在管理上要控制库存数量，以免造成不必要的滞留商品，造成不必要的浪费和资金积压。对库存商品核算可单独设置"库存商品"账户，它是资产类账户，用以核算企业在库和在途的各种商品以及非独立核算的附设小卖部的库存商品的实际成本。购进、盘盈商品时，记入该账户的借方；销售或盘亏商品时，记入该账户的贷方；余额在借方，表示库存商品的结存数额。库存商品应按类别设置明细账进行明细分类核算。

　　我国税法规定，服务行业如果兼营增值税业务的（如销售货物或提供加工修理修配劳务），应将增值税和营业税业务的收入分别核算，分别申报纳税；如果不能分别核算和申报的，则应按规定合并后按增值税纳税。所以，物业管理企业发生销售库存商品等销售货物的业务，按规定要征收增值税。增值税是价外税，即不包括在商品货款中。因此，库存商品核算还应设置"应交税金——应交增值税"账户，其借方发生额反映企业购进货物或接受应税劳务支付的进项税额和实际已缴纳的增值税等；其贷方发生额反映销售货物或提供应税劳务应缴纳的增值税款、出口货物退税、转出已支付或应分担的增值税等。同时，为了分别反映增值税一般纳税人欠交增值税款和待抵扣增值税的情况，确保企业及时足额上交增值税，避免出现企业用以前月份欠交增值税抵扣以后月份未抵扣的增值税的情况，企业应在"应交税金"科目下设置"未交增值税"明细科目，核算企业月份终了从"应交税金——应交增值税"科目转入的当月未交或多交的增值税。

在"应交增值税"明细账户中，设置"进项税额"、"已交税金"、"销项税额"、"出口退税"、"进项税额转出"、"转出未交增值税"和"转出多交增值税"等专栏。其中，"进项税额"专栏，记录企业购入货物或接受应税劳务而支付的、准予从销项税额中抵扣的增值税额。"已交税金"专栏，记录企业已缴纳的当期的增值税额；"销项税额"专栏，记录企业销售货物或提供应税劳务应收取的增值税额。

销项税额计算公式如下：

$$销项税额＝销售额×税率$$

增值税的税率为基本税率17％、低税率13％和零税率三种。

一般纳税人应纳税额为当期销项税额抵扣当期进项税额后的余额。计算公式如下：

$$应纳税额＝当期销项税额－当期进项税额$$

上述公式中，销售方收取的销项税额就是购买方支付的进项税额。

二、库存商品的核算

（一）库存商品购进的核算

【例 3-12】 某物业管理企业为一般纳税人企业，3 日从东宝商厦购入三件套洁具 5 套待售，每套 1600 元，货款计 8000 元。商厦开出专用发票，增值税率为 17％，计 1360 元，价税合计为 9360 元，价款用支票付讫，洁具已验收入库。作会计分录如下：

借：库存商品——洁具	8000	
应交税金——应交增值税（进项税额）	1360	
贷：银行存款		9360

（二）库存商品销售的核算

【例 3-13】 某物业管理企业为其管辖区内某办事机构安装防盗门，经营服务部领用 3 扇售价为 600 元的防盗门，财会部门开出专用发票，货款尚未收到。作会计分录如下：

借：应收账款——××办事处	2106	
贷：经营收入		1800
应交税金——应交增值税（销项税款）		306

该防盗门购进时，单价为 500 元，结转商品销售成本。作会计分录如下：

借：经营成本	1500	
贷：库存商品——防盗门		1500

第五节 存 货 清 查

一、存货清查概述

存货清查是对各种存货通过实地盘点核对，保证账实相符的一种专门方法。它是财产清查的一个重要方面。

企业的存货品种规格多、收发频繁，在日常收发保管过程中，由于计量误差、管理不善、自然条件的影响、核算误差以及偷窃等原因，有时会出现存货数量上的溢缺或质量上的变化，从而造成存货的账实不符。为了保护存货的安全完整，如实反映存货的真实状况，挖掘企业存货的潜力，加速存货资金的周转和加强其管理工作，需要对企业的存货进行清查。

（一）存货清查的时间

对于存货的清查，可以定期或不定期地进行。一般在年终编制决算前，应进行一次全面的清查；对于贵重和容易发生短缺的存货，应当每月清查一次；对于其他存货则年内应当抽查一次。若存货的保管人员易人时，应全面清点后，方能办理移交手续，以明确经济责任。

（二）存货清查的方法

由于企业的存货是实物形态的资产，一般在清查时都是采用实地盘点的方法。盘点前，应把各种存货明细账登记齐全，并与总账核对清楚，做好一切盘点前的准备工作，盘点时，应由盘点人员逐一对存货进行点数、过磅、测量等，查明存货的实有数量，并根据盘点实有数量填制"存货盘点单"。然后，将"存货盘点单"上的实有数量与存货账面数量进行对比，填制"存货盘盈、盘亏报告表"并按规定的程序上报有关部门审批。

（三）存货清查结果的处理程序

我国《企业会计制度》规定，盘点结果如果与账面记录不符，应于期末前查明原因，并根据企业的管理权限，经股东大会或董事会，或经理（厂长）会议或类似机构批准后，在期末结账前处理完毕。具体会计处理步骤如下：

（1）在报经有关部门处理前，根据"存货盘点报告表"，将盘盈或盘亏、毁损的存货，先作为待处理财产溢余或损失处理，同时按盘盈或盘亏、毁损存货的实际成本调整存货的账面价值，使存货账实相符。

（2）在报经有关门批准后，根据存货盘盈或盘亏、毁损的不同原因和处理结果，将待处理的财产损溢分别结转到不同的账户，以落实经济责任。

二、存货清查的核算

为了核算企业在财产清查中查明的各种财产物资的盘盈、盘亏和毁损，企业应设置"待处理财产损溢"账户。从其性质和结构看，该账户具有双重性质。其借方登记发生的各种财产物资的盘亏金额和批准转销的盘盈金额，贷方登记发生的各种财产物资的盘盈金额和批准转销的盘亏金额。由于根据规定未结账前对盘盈或盘亏的存货必须处理完毕，因此该账户期末无余额。该账户下还可设置"待处理流动资产损溢"和"待处理固定资产损溢"两个明细分类账。

（一）存货盘盈的核算

发生盘盈的存货，经查明是由于收发计量或核算上的误差等原因造成的，应及时办理存货入账的手续，调整存货账面实存数，按盘盈存货的计划成本或估计成本记入"待处理财产损溢"科目。经有关部门批准后，再冲减管理费用。

（二）存货盘亏和毁损的核算

发生盘亏和毁损的存货，在报经批准以前，应按其成本（计划成本或实际成本）转入"待处理财产损溢"科目。报经批准以后，再根据造成盘亏和毁损的原因，分别按以下情况进行处理：

（1）属于自然损耗产生的定额内损耗，经批准后转作管理费用；

（2）属于计量收发差错和管理不善等原因造成的存货短缺或毁损，应先扣除残料价值、可以收回的保险赔偿和过失人的赔偿（各项赔偿记入"其他应收款"账户），然后将净损失记入管理费用；

（3）属于自然灾害或意外事故造成的存货毁损，应先扣除残料价值和可以收回的保险赔偿，然后将净损失转作营业外支出。

需要指出的是，盘盈或盘亏的存货，如在期末结账前尚未经批准，应在对外提供财务会计报告时先按前述规定进行账务处理，并在会计报表附注中做出说明；如果其后批准处理的金额与已处理的金额不一致，应按其差额调整会计报表相关项目的年初数。

思考题与习题

1. 什么是存货？物业管理企业的存货一般应如何分类？

2. 实地盘存制和永续盘存制的基本步骤是怎样的？它们各有哪些优缺点？

3. 实际成本计价方式下，发出存货的计价方法有哪几种？简述各自的特点及适用范围。

4. 物业管理企业库存材料的购进和耗用如何核算？库存商品的购进和销售如何核算？

5. 什么是低值易耗品？低值易耗品的摊销方法有哪几种？

6. 简述存货盘盈与盘亏账务处理的程序和方法。

7. （1）资料：某物业管理企业库存 A 材料的有关资料如下：期初结存 100kg，单位成本 15 元；本月购入 5000kg，单位成本 15 元；本月发出 4800kg。期末实地盘点结果是 250kg。

（2）要求：

试分别采用永续盘存制和实地盘存制确定本月发出 A 材料的成本和期末结存的成本。

8. （1）资料：如下表所示。

日　　期	摘　　要	数　量　（件）	单　位　成　本（元）	金　　额　（元）
1 日	期初余额	100	300	3000
3 日	购　　入	50	310	15500
10 日	领　　用	125		
20 日	购　　入	200	315	63000
25 日	领　　用	150		

（2）要求：

分别用先进先出法、后进先出法、加权平均法、移动平均法、个别计价法确定领用材料的成本。

9. （1）资料：某物业管理企业 2004 年 3 月初原材料账面计划成本为 17500 元，材料成本差异账面借方余额为 500 元。该企业材料入库及结转材料成本差异采用逐笔结转。3 月份发生以下经济业务：

1）购入甲材料一批，增值税专用发票上记载的买价为 30000 元，支付增值税 5100 元。企业开出面额 35100 元的商业承兑汇票，付款期为一个月，材料尚未到达。

2）上述材料到达并验收入库，计划成本 32000 元。

3）上述票据到期，企业按期支付票款。

4）购入乙材料一批，增值税专用发票上记载的买价为 75000 元，支付增值税 12750 元，材料已验收入库，货款尚未支付。另外用银行存款支付运杂费、保险费 500 元。乙材料计划成本 76000 元。

5）购入丙材料一批，增值税专用发票上记载的买价为 25000 元，支付增值税 4250 元，材料尚未到达，货款已经支付。

6）丙材料验收入库，计划成本 24500 元。

7）本月领用甲、乙、丙三种库存材料，计划成本共 45000 元，其中工程部门领用 30000 元，管理部门领用 15000 元。

（2）要求：

根据上述业务编制会计分录，计算库存材料成本差异率，编制领用材料、分摊材料成本差异的会计分录。

10. （1）资料：

1）某物业管理企业行政管理部门领用灭火器2只，每只30元，采用一次摊销法记账。

2）某物业管理企业工程部门因为业主修缮房屋的需要，领用梯子3架，每架120元，采用分次摊销法；在12个月内进行分摊。

3）某物业管理企业营销部门领用玻璃器皿等用具一批，价值共600元，采用五五摊销法进行分摊。

（2）要求：

根据上述资料编制相关的会计分录。

11. （1）资料：

1）某物业管理企业经财产清查，发现盘盈钢材1000kg。经查明，是由于收发计量上的错误所造成的，按成本价2元/kg入账。

2）某物业管理企业对库存材料——水泥盘点后，发现短缺200kg。其中100kg为原收发计量差错所致；50kg为非正常损失；50kg为保管员过失造成。其中50kg非正常损失为水泥牢固度降低，原水泥买价为每千克0.40元，现降为残料每千克0.15元。

（2）要求：

根据上述资料编制相关的会计分录。

第四章 固 定 资 产

第一节 固定资产概述

固定资产是企业的重要经济资源，其拥有的数量和质量，既能体现企业的生产经营规模和能力，也是衡量企业现代化水平的重要标志，是企业赖以生存和发展的物质技术基础。固定资产同时又是企业资产负债表中的一个重要项目，其核算的正确与否，既会影响到企业资产负债表反映信息的质量，又会影响到利润表反映信息的质量。

一、固定资产的确认

某一资产项目，如果要作为固定资产加以确认，首先需要符合固定资产的定义；其次，还需要符合固定资产的确认条件。

（一）固定资产的定义

固定资产，指同时具有以下特征的有形资产：

（1）为生产商品、提供劳务、出租或经营管理而持有的；

（2）使用年限超过一年；

（3）单位价值较高。

从这一定义可以看出，固定资产的最基本特征是，企业持有固定资产的目的是为了生产商品、提供劳务、出租或经营管理，而不是直接用于出售。这一特征就使固定资产明显区别于库存商品等流动资产。

实务中，企业应根据不同固定资产的性质和消耗方式，结合本企业的经营管理特点，具体确定固定资产的价值判断标准。

（二）固定资产的确认条件

符合固定资产定义的资产项目，要作为企业的固定资产来核算，还需要符合以下两个条件：

1. 该固定资产包含的经济利益很可能流入企业

资产最为重要的特征是预期会给企业带来经济利益，固定资产是企业一项重要的资产，因此，对固定资产的确认，关键是需要判断其所包含的经济利益是否很可能流入企业。如果某一固定资产包含的经济利益不是很可能流入企业，那么，即使其满足固定资产确认的其他条件，企业也不应将其确认为固定资产。

在实务中，判断固定资产包含的经济利益是否很可能流入企业，主要是依据与该固定资产所有权相关的风险和报酬是否转移到了企业。其中，与固定资产所有权相关的风险是指，由于经营情况变化造成的相关收益的变动，以及由于资产闲置、技术陈旧等原因造成的损失；与固定资产所有权相关的报酬是指，在固定资产使用寿命内直接使用该资产而获得的经济利益，以及处置该资产所实现的收益等。通常，取得固定资产的所有权是判断与固定资产所有权相关的风险和报酬是否转移到企业的一个重要标志。但有时，企业虽然不能取得固定资产的所有权，而与固定资产所有权相关的风险和报酬实质上却已转移给企业，比如，融资租入固定资产，企业虽然不拥有固定资产的所有权，但与固定资产所有权相关的风险和报酬实质上已转移到企业（承租方），因此，符合固定资产确认的第一个条件。

2. 该固定资产的成本能够可靠地计量

固定资产作为企业资产的重要组成部分，要予以确认，其为取得该固定资产而发生的支出也必须能够确切地计量或合理地估计。

企业在确定固定资产成本时，有时需要根据所获得的最新资料，对固定资产的成本进行合理的估计。比如，企业对于已达到预定可使用状态的固定资产，在尚未办理竣工决算时，需要根据工程预算、工程造价或者工程实际发生的成本等资料，按暂估价值确定固定资产的入账价值，待办理了竣工决算手续后再作调整。

（三）特殊情况下固定资产的确认

企业在运用固定资产确认条件时，需要实施必要的职业判断，对于复杂情况应具体问题具体分析。

（1）企业购置的某些设备，它的使用不能直接为企业带来经济利益，而是有助于企业从相关资产获得经济利益，或者将减少企业未来经济利益的流出，对于这类设备，企业应将其确认为固定资产。如为净化环境或者满足国家有关排污标准的需要，企业专门购置的环保设备。这些设备的使用虽然不会为企业带来直接的经济利益，却有助于企业提高对废水、废气、废渣的处理能力，有利于净化环境，企业为此将减少未来由于污染环境而需要支付的环境净化费或者罚款，所以企业应将这些设备确认为固定资产。但是，这类资产所确认的价值与相关资产的账面价值之和不能超过这两类资产的可收回金额总额。

（2）构成一整体固定资产的各组成部分，如果各自具有不同的使用寿命或者以不同的方式为企业提供经济利益，从而适用不同的折旧率或者折旧方法，此时，该各组成部分实际上是以独立的方式为企业提供经济利益，因此，企业应将其各组成部分单独确认为固定资产。例如，飞机的引擎，如果其与飞机具有不同的使用寿命，从而适用不同的折旧率或折旧方法，则企业应将其单独确认为固定资产。

二、固定资产的分类

企业的固定资产根据不同的管理需要和核算要求以及不同的分类标准，可以进行不同的分类，主要有以下几种分类方法：

（一）按固定资产经济用途分类

按固定资产的经济用途分类，可分为生产经营用固定资产和非生产经营用固定资产。

（1）生产经营用固定资产，是指直接服务于企业生产、经营过程的各种固定资产。如生产经营用的房屋、建筑物、机器、设备、器具、工具等。

（2）非生产经营用固定资产，是指不直接服务于生产、经营过程的各种固定资产。如职工宿舍、食堂、浴室、理发室等使用的房屋、设备和其他固定资产等。

（二）按固定资产使用情况分类

按固定资产的使用情况分类，可分为使用中固定资产、未使用固定资产和不需用固定资产。

（1）使用中固定资产，是指正在使用中的经营性和非经营性固定资产。由于季节性经营或大修理等原因，暂时停止使用的固定资产仍属于企业使用中的固定资产，企业出租（指经营性租赁）给其他单位使用的固定资产和内部替换使用的固定资产也属于使用中的固定资产。

（2）未使用固定资产，是指已完工或已购建的尚未正式使用的新增固定资产以及因进行改建、扩建等原因暂停使用的固定资产。如企业购建的尚未正式使用的固定资产、经营任务变更停止使用的固定资产以及主要的备用设备等。

（3）不需用固定资产，是指本企业多余或不适用的各种固定资产。

（三）按固定资产所有权分类

按固定资产的所有权分类，可分为自有固定资产和租入固定资产。

（1）自有固定资产，是指企业拥有的可供企业自由地支配使用的固定资产。

（2）租入固定资产，是指企业采用租赁的方式从其他单位租入的固定资产。企业对租入固定资产依照租赁合同拥有使用权，同时负有支付租金的义务，但资产的所有权属于出租单位。租入固定资产可分为经营性租入固定资产和融资租入固定资产。

（四）按固定资产经济用途和使用情况综合分类

采用这一分类方法，可把企业的固定资产分为七大类：

（1）生产经营用固定资产。

（2）非生产经营用固定资产。

（3）租出固定资产。指在经营性租赁方式下出租给外单位使用的固定资产。

（4）不需用固定资产。

（5）未使用固定资产。

（6）土地。指过去已经估价单独入账的土地。因征地而支付的补偿费，应计入与土地有关的房屋、建筑物的价值内，不单独作为土地价值入账。企业取得的土地使用权不能作为固定资产管理。

（7）融资租入固定资产。指企业以融资租赁方式租入的固定资产，在租赁期内，应视同自有固定资产进行管理。

由于企业的经营性质不同，经营规模各异，对固定资产的分类不可能完全一致，也没必要强求统一，企业可以根据各自的具体情况和经营管理、会计核算的需要进行必要的分类。

第二节　固定资产的取得

一、固定资产的计价基础

《企业会计准则——固定资产》规定，确定固定资产的取得成本，即固定资产初始计量的基本原则是按其成本入账。这里的成本指历史成本，亦称原始价值。考虑到固定资产价值较大，其价值会随着服务能力的下降而逐渐减少，还需要揭示固定资产的折余价值。因此，固定资产的计价主要有以下两种方法：

（一）按历史成本计价

固定资产的历史成本是指企业购建某项固定资产达到可使用状态前所发生的一切合

理、必要的支出。企业新购建固定资产的计价、确定计提折旧的依据等均采用这种计价方法。其主要优点是它具有客观性和可验证性。也就是说，按这种计价方法确定的价值，均是实际发生并有支付凭据的支出。正是由于这种计价方法具有客观性和可验证性的特点，它成为固定资产的基本计价标准，在我国会计实务中，固定资产的计价均采用历史成本。

（二）按净值计价

固定资产净值也称为折余价值，是指固定资产原始价值或重置完全价值减去已提折旧后的净额。它可以反映企业实际占用在固定资产上的资金数额和固定资产的新旧程度。这种计价方法主要用于计算盘盈、盘亏、毁损固定资产的溢余或损失等。

二、固定资产的价值构成

固定资产的价值构成是指固定资产价值所包括的范围。从理论上讲，它应包括企业为购建某项固定资产达到预定可使用状态前所发生的一切合理的、必要的支出，这些支出既有直接发生的，如购置固定资产的价款、运杂费、包装费和安装成本等；也有间接发生的，如应分摊的借款利息、外币借款折合差额以及应分摊的其他间接费用等。

固定资产的来源渠道有多种，包括外购、自行建造、融资租入、非货币性交易取得、投资者投入、债务重组取得、接受捐赠、盘盈等，由于其取得的方式各不相同，成本的具体确定方法也不尽相同。以下主要介绍外购、自行建造以及盘盈等方式取得的固定资产的价值构成。

（一）外购的固定资产

企业外购固定资产的成本包括买价、增值税、进口关税等相关税费，以及为使固定资产达到预定可使用状态前发生的可直接归属于该资产的其他支出，如场地整理费、运输费、装卸费、安装费和专业人员服务费等。

购建固定资产是否达到预定可使用状态，具体可以从以下几个方面进行判断：

（1）固定资产的实体建造（包括安装）工作已经全部完成或者实质上已经完成；

（2）所购建的固定资产与设计要求或合同要求相符或基本相符，即使有极个别与设计或合同要求不相符的地方，也不影响其正常使用；

（3）继续发生在所购建固定资产上的支出金额很少或几乎不再发生。

如果所购建固定资产需要试生产或试运行，则在试生产结果表明资产能够正常生产出合格产品时，或试运行结果表明能够正常运转或营业时，应当认为资产已经达到预定可使用状态。工程达到预定可使用状态前因必须进行试运转所发生的净支出，计入工程成本。在达到预定可使用状态前，因试运转而形成的能够对外销售的产品，其发生的成本，计入工程成本，销售或转为库存商品时，按实际销售收入或按预计售价冲减工程成本。

有时，企业基于产品价格等因素的考虑，可能以一笔款项购入多项没有单独标价的固定资产。如果这些资产均符合固定资产的定义，并满足固定资产的确认条件，则应将各项资产单独确认为固定资产，并按各项固定资产公允价值的比例对总成本进行分配，分别确定各项固定资产的入账价值。如果以一笔款项购入的多项资产还包括固定资产以外的其他资产，则应按类似的方法予以处理。

（二）自行建造的固定资产

企业自行建造的固定资产，按建造该项资产达到预定可使用状态前所发生的必要支出，作为入账价值。这里所讲的"建造该项资产达到预定可使用状态前所发生的必要支出"，包括工程用物资成本、人工成本、应予以资本化的固定资产借款费用、交纳的相关税金以及应分摊的其他间接费用等。

企业自行建造固定资产包括自营建造和出包建造两种方式。

1. 自营建造固定资产

企业自营建造固定资产，应当按照该项固定资产达到预定可使用状态前所发生的必要支出确定其工程成本，并单独核算。工程项目较多且工程支出较大的企业，应当按照工程项目的性质分别核算。

工程达到预定可使用状态后，按其发生的实际成本结转企业的固定资产成本。固定资产达到预定可使用状态后剩余的工程物资，如转作库存材料，按其实际成本或计划成本，转作企业的库存材料。盘盈、盘亏、报废、毁损的工程物资，减去保险公司、过失人赔偿部分后的余额，分别情况处理：如果工程项目尚未达到预定可使用状态，计入或冲减所建工程项目的成本；如果工程项目已经达到预定可使用状态，计入当期营业外支出。

2. 出包建造固定资产

企业通过出包工程方式建造的固定资产，按应支付给承包单位的工程价款作为其固定资产成本。

（三）盘盈的固定资产

对于盘盈的固定资产，企业应按以下规定确定其入账价值：

（1）同类或类似固定资产存在活跃市场的，按同类或类似固定资产的市场价格，减去按该项资产的新旧程度估计的价值损耗后的余额，作为入账价值。

（2）同类或类似固定资产不存在活跃市场的，按该项固定资产的预计未来现金流量现值，作为入账价值。

三、固定资产取得的核算

（一）外购的固定资产

1. 购入不需要安装的固定资产

企业购入不需要安装的固定资产应按购入时实际支付的买价、包装费、交纳的有关税金等，借记"固定资产"科目，贷记"银行存款"等科目。

【例4-1】 某物业管理企业购入面包车1台，用银行存款支付买价95000元，支付保险费6000元，货款及费用以转账支票支付。根据以上资料，编制会计分录如下：

借：固定资产——面包车　　　　　　　　　　　　　　　　　101000
　　贷：银行存款　　　　　　　　　　　　　　　　　　　　　　　101000

2. 购入需要安装的固定资产

企业购入需要安装的固定资产支付的买价、包装费、运输费以及发生的安装费均应通过"在建工程"科目核算，待安装完毕达到预定可使用状态时，再由"在建工程"科目转入"固定资产"科目。

【例4-2】 某物业管理企业从外单位购入需要安装的设备一台，买价7000元，增值税1190元，包装费和运输费共计3000元，款项均以银行存款支付，根据发货票和付款收据等编制分录如下：

（1）借：在建工程　　　　　　　　　　　　　　　　　　　　11190
　　　　贷：银行存款　　　　　　　　　　　　　　　　　　　　　11190

（2）发生安装费用 700 元时：

借：在建工程   700
　　贷：银行存款等   700

（3）设备安装完毕交付使用，结转固定资产价值，编制分录如下：

借：固定资产   11890
　　贷：在建工程   11890

（二）自行建造的固定资产

自建固定资产是指企业自行建造房屋、建筑物、各种设施以及进行大型机器设备的安装工程（如大型生产线的安装工程）等，也称为在建工程，包括固定资产新建工程、改扩建工程和大修理工程等。在建工程按其实施的方式不同可分为自营工程和出包工程两种。

1. 自营工程

企业自营工程主要通过"工程物资"和"在建工程"科目进行核算。"工程物资"科目，核算用于在建工程的各种物资的实际成本。"在建工程"科目核算企业为工程所发生的实际支出，以及改扩建工程等转入的固定资产净值。

【例 4-3】　某物业管理企业自行建造仓库一座，购入为工程准备的各种物资 200000元，支付的增值税额为 34000 元，实际领用工程物资（含增值税）210600 元，剩余物资转作企业存货；另外还领用了企业经营业务用的库存材料一批，实际成本为 35100 元；分配工程人员工资 50000 元，工程完工交付使用。有关会计处理如下：

（1）购入为工程准备的物资

借：工程物资   234000
　　贷：银行存款   234000

（2）工程领用物资

借：在建工程——仓库   210600
　　贷：工程物资   210600

（3）工程领用库存材料

借：在建工程——仓库   35100
　　贷：库存材料   35100

（4）分配工程人员工资

借：在建工程——仓库   50000
　　贷：应付工资   50000

（5）工程完工交付使用

借：固定资产   295700
　　贷：在建工程——仓库   295700

（6）剩余工程物资转作企业存货

借：库存材料   23400
　　贷：工程物资   23400

2. 出包工程

企业采用出包方式进行的自制、自建固定资产工程，其工程的具体支出在承包单位核算。在这种方式下，"在建工程"科目实际成为企业与承包单位的结算科目，企业将与承包单位结算的工程价款作为工程成本，通过"在建工程"科目核算。企业按规定预付承包单位的工程价款时，借记"在建工程——××工程"科目，贷记"银行存款"等科目；工程完工收到承包单位账单，补付或补记工程价款时，借记"在建工程——××工程"科目，贷记"银行存款"等科目；工程完工交付使用时，按实际发生的全部支出，借记"固定资产"科目，贷记"在建工程——××工程"科目。

（三）盘盈的固定资产

盘盈的固定资产，按其规定的入账价值，借记"固定资产"科目，贷记"待处理财产损溢——待处理固定资产损溢"科目。待批准处理后，借记"待处理财产损溢——待处理固定资产损溢"科目，贷记"营业外收入"科目。

第三节　固定资产的折旧

一、固定资产折旧的概述

（一）固定资产折旧的概念

固定资产折旧，是对固定资产由于磨损和损耗而转移到产品中去的那一部分价值的补偿。固定资产的损耗包括固定资产的实物损耗、自然损耗和无形损耗。其中，固定资产的实物损耗是指固定资产在使用过程中其实物形态由于运转磨损等原因发生的损耗，一般是指机器磨损。固定资产本身结构、质量和使用状况，以及固定资产的维修情况，对固定资产实物磨损程度起决定性的作用。固定资产的自然损耗，是指固定资产受自然条件的影响发生的腐蚀性损失。固定资产的无形损耗，是指固定资产在使用过程中由于技术进步等非实物磨损、非自然磨损等原因发生的价值损失。因此，折旧就是指在固定资产的使用寿命内，按照确定的方法对应计折旧额进行的系统分摊。其中，应计折旧额是应当计提折旧的固定原价扣除其预计净残值后的余额，如果已对固定资产计提减值准备，还应当扣除已计提的固定资产减值准备累计金额。

（二）影响固定资产折旧数额大小的因素

（1）计提折旧基数。企业会计制度规定，一般以固定资产的原价作为计提折旧的依据，选用双倍余额递减法的企业，以固定资产的账面净值作为计提折旧的依据。

（2）固定资产折旧年限。折旧年限长短直接关系到折旧率的高低，它是影响企业计提折旧额的关键因素。

（3）固定资产净残值。固定资产净残值是指预计固定资产清理报废时可以收回的残值扣除预计清理费用。

二、固定资产折旧范围的确定

根据《企业会计准则——固定资产》的规定，企业所持有的固定资产，除以下情况外，都应计提折旧：

（1）已提足折旧仍继续使用的固定资产；

（2）按照规定需单独估价作为固定资产入账的土地。

企业一般应当按月提取折旧。当月增加的固定资产，当月不提折旧，从下月起计提折旧；当月减少的固定资产，当月照提折旧，从下月起不提折旧。未使用、不需用的固定资产应计提折旧，计提的折旧计入当期损益。固定资产提足折旧后，不管能否继续使用，均不再提取折旧；提前报废的固定资产，也不再补提折旧。

三、固定资产折旧的方法

（一）平均年限法

平均年限法又称直线法，是将固定资产的折旧均衡地分摊到各期的一种方法。采用这种方法计算的每期折旧额均是等额的。计算公式如下：

$$年折旧率 = \frac{1 - 预计净残值率}{预计使用年限} \times 100\%$$

$$月折旧率 = 年折旧率 \div 12$$

$$月折旧额 = 固定资产原价 \times 月折旧率$$

【例 4-4】 某物业管理企业有一办公楼，原价为 500000 元，预计可使用 20 年，按照有关规定，该厂房报废时的净残值率为 2%。该厂房的折旧率和折旧额的计算如下：

$$年折旧率 = \frac{1 - 2\%}{20} \times 100\% = 4.9\%$$

$$月折旧率 = 4.9\% \div 12 = 0.41\%$$

$$月折旧额 = 500000 \times 0.41\% = 2050 元$$

上述计算的折旧率是按个别固定资产单独计算的，称为个别折旧率，即某项固定资产在一定期间的折旧额与该项固定资产原价的比率。此外，还有分类折旧率和综合折旧率。

分类折旧率是指固定资产分类折旧额与该类固定资产原价的比率，如将房屋建筑物划分为一类，将机械设备划分为一类等。分类折旧率的计算公式如下：

$$某类固定资产年分类折旧率 = \frac{该类固定资产年折旧额之和}{该类固定资产原价之和} \times 100\%$$

采用分类折旧率计算固定资产折旧，其优点是计算方法简单，但准确性不如个别折旧率。

综合折旧率是指某一期间企业全部固定资产折旧额与全部固定资产原价的比率。计算公式如下：

$$固定资产年综合折旧率 = \frac{各项固定资产年折旧额之和}{各项固定资产原价之和} \times 100\%$$

与采用个别折旧率和分类折旧率计算固定资产折旧相比，采用综合折旧率计算固定资产折旧，其计算结果的准确性较差。

（二）工作量法

工作量法是根据实际工作量计提折旧额的一种方法。这种方法弥补平均年限法只重使用时间，不考虑使用强度的缺点，其计算公式为：

$$每一工作量折旧额 = \frac{固定资产原价 \times (1 - 残值率)}{预计总工作量}$$

$$某项固定资产月折旧额 = 该项固定资产当月工作量 \times 每一工作量折旧额$$

【例 4-5】 某物业管理企业的一辆运货卡车的原价为 60000 元，预计总行驶里程为 50 万 km，其报废时的残值率为 5%，本月行驶 4000km。该辆汽车的月折旧额计算如下：

$$单位里程折旧额=\frac{60000\times(1-5\%)}{500000}=0.114\ 元/km$$

$$本月折旧额=4000\times0.114=456\ 元$$

（三）加速折旧法

加速折旧法也称为快速折旧法或递减折旧法，其特点是在固定资产有效使用年限的前期多提折旧，后期则少提折旧，从而相对加速折旧的速度，以使固定资产成本在有效使用年限中加快得到补偿。

加速折旧的计提方法有多种，常用的有以下两种：

1. 双倍余额递减法

双倍余额递减法是在不考虑固定资产残值的情况下，根据每期期初固定资产账面余额和双倍的直线法折旧率计算固定资产折旧的一种方法。计算公式为：

$$年折旧率=\frac{2}{预计的折旧年限}\times100\%$$

$$月折旧率=年折旧率\div12$$

$$月折旧额=固定资产账面净值\times月折旧率$$

由于双倍余额递减法不考虑固定资产的残值收入，因此，在应用这种方法时必须注意不能使固定资产的账面折余价值降低到它的预计残值收入以下，即实行双倍余额递减法计提折旧的固定资产，应当在其固定资产折旧年限到期以前两年内，将固定资产净值扣除预计净残值后的余额平均摊销。

【例 4-6】 某物业管理企业某项固定资产原值为 60000 元，预计净残值为 2000 元，预计使用年限为 5 年，该项固定资产采用双倍余额递减法计提折旧。各年折旧额见表 4-1。

表 4-1

年　份	期初净值	年折旧率	年折旧额	累计折旧	期末净值
1	60000	40%	24000	24000	36000
2	36000	40%	14400	38400	21600
3	21600	40%	8640	47040	12960
4	12960	—	5480	52520	7480
5	7480	—	5480	58000	2000

由于该项固定资产第 4 年开始按双倍余额递减法计提的折旧额小于按平均年限法计提的折旧额，因此从第四年开始，该项固定资产改按平均年限法计提折旧。

2. 年数总和法

年数总和法又称合计年限法，是将固定资产的原值减去净残值后的净额乘以一个逐年递减的分数计算每年的折旧额，这个分数的分子代表固定资产尚可使用的年数，分母代表使用年数的逐年数字总和。计算公式为：

$$年折旧率=\frac{尚可使用年数}{预计使用年限的年数总和}\times100\%$$

或者：

$$年折旧率＝\frac{预计使用年限－已使用年限}{预计使用年限×(预计使用年限＋1)÷2}×100\%$$

$$月折旧率＝年折旧率÷12$$

$$月折旧额＝(固定资产原值－预计净残值)×月折旧率$$

【例 4-7】 某物业管理企业某设备的原值为 50000 元，预计使用年限为 5 年，残值为 2700 元，清理费用为 700 元，采用年数总和法计算各年折旧额，见表 4-2。

表 4-2

年　份	应提折旧总额	年折旧率	年折旧额	累计折旧
1	48000	$\frac{5}{15}$	16000	16000
2	48000	$\frac{4}{15}$	12800	28800
3	48000	$\frac{3}{15}$	9600	38400
4	48000	$\frac{2}{15}$	6400	44800
5	48000	$\frac{1}{15}$	3200	48000

四、固定资产折旧的账务处理

固定资产计提折旧时，应以月初可提取折旧的固定资产账面原值为依据。企业各月计算提取折旧时，可以在上月计提折旧的基础上，对上月固定资产的增减情况进行调整后计算当月应计提的折旧额。

当月固定资产应计提的折旧额＝上月固定资产计提的折旧额＋上月增加固定资产应计提的折旧额－上月减少固定资产应计提的折旧额。

企业按月计提固定资产折旧时，应借记"制造费用"、"营业费用"、"管理费用"、"其他业务支出"等科目，贷记"累计折旧"科目。

"累计折旧"是固定资产的备抵科目，当计提固定资产折旧额和增加固定资产而相应增加其已提折旧时，记入该科目的贷方；因出售、报废清理、盘亏等原因减少固定资产而相应转销其所提折旧额时，记入该科目的借方；该科目的余额在贷方，反映企业现有固定资产的累计折旧额。在资产负债表中，累计折旧作为固定资产的减项单独列示。

第四节　固定资产的后续支出

一、资本化的后续支出

企业的固定资产投入使用后，为了适应新技术发展的需要，或者为维护或提高固定资产的使用效能，往往需要对现有固定资产进行维护、改建、扩建或者改良。如果这项支出增强了固定资产获取未来经济利益的能力，提高了固定资产的性能，如延长了固定资产的使用寿命、使产品质量实质性提高或使产品成本实质性降低，即，使可能流入企业的经济利益超过了原先的估计，则应将该后续支出计入固定资产的账面价值；否则，应将这些后续支出予以费用化，计入发生当期的损益。但应注意，在将后续支出予以资本化时，后续支出的计入，不应导致计入后的固定资产账面价值超过其可收回金额。

【例 4-8】　某物业管理企业扩建小区锅炉房，扩建中实际耗用工程物资价值 600000 元，支付工人工资等人工费 80000 元，扩建中拆除的部分材料变价收入 20000 元。工程完工交付使用，原锅炉房的预计使用年限 30 年，扩建后的锅炉房预计使用年限延长 15 年。编制会计分录如下：

(1) 发生的有关支出

借：在建工程　　　　　　　　　　　　　　　　　　　　　　　680000

　　贷：工程物资　　　　　　　　　　　　　　　　　　　　　600000

　　　　应付工资　　　　　　　　　　　　　　　　　　　　　 80000

(2) 拆除材料的变价收入

借：银行存款　　　　　　　　　　　　　　　　　　　　　　　 20000

　　贷：在建工程　　　　　　　　　　　　　　　　　　　　　 20000

(3) 工程完工应增加固定资产原价的部分

借：固定资产　　　　　　　　　　　　　　　　　　　　　　　660000

　　贷：在建工程　　　　　　　　　　　　　　　　　　　　　660000

二、费用化的后续支出

如果固定资产的后续支出不符合资本化的条件，则应在发生时直接计入当期损益，不再通过预提或者待摊的方式进行核算。固定资产大修理等维护性支出，通常就属于这种情况。

【例 4-9】　某物业管理企业的车辆委托汽车修理厂进行经常性修理，支付修理费 2500 元，用银行存款转账支付。编制会计分录如下：

借：管理费用　　　　　　　　　　　　　　　　　　　　　　　　2500

　　贷：银行存款　　　　　　　　　　　　　　　　　　　　　　2500

第五节　固定资产的期末计价与处置

一、固定资产的期末计价

固定资产发生损坏、技术陈旧或其他经济原因，导致其可收回金额低于其账面价值，这种情况称之为固定资产减值。这里的固定资产可收回金额，是指资产的销售净价与预期从该资产的持续使用和使用寿命结束时的处置中形成的现金流量的现值两者之中的较高者。其中，销售净价是指，资产的销售价格减去处置资产所发生的相关税费后的余额。

企业的固定资产在使用过程中，由于存在有形损耗（如自然磨损等）和无形损耗（如技术陈旧等）以及其他的经济原因，发生资产价值的减值是必然的。对于已经发生的资产价值的减值如果不予以确认，必将导致虚夸资产的价值，这不符合真实性原则，也有悖于稳健原则。因此，企业应当在期末或者至少在每年年度终了，对固定资产逐项进行检查。

当存在下列情况之一时，应当按照该项固定资产的账面价值全额计提固定资产减值准备：

(1) 长期闲置不用，在可预见的未来不会再使用，且已无转让价值的固定资产；

(2) 由于技术进步等原因，已不可使用的固定资产；

(3) 虽然固定资产尚可使用，但使用后产生大量不合格品的固定资产；

(4) 已遭毁损，以至于不再具有使用价值和转让价值的固定资产；

(5) 其他实质上已经不能再给企业带来经济利益的固定资产。

（一）确认固定资产减值损失

企业确认固定资产减值损失一般需要经过以下四个步骤：

1. 根据固定资产发生减值的迹象，判断固定资产发生减值

2. 计算确定固定资产可收回金额

由于计算资产的未来现金流量现值均通过预计才能得到，因此，企业在预计固定资产未来现金流量时，需运用职业判断，并根据谨慎原则的要求，充分考虑固定资产尚可使用寿命内的风险因素。

【例 4-10】 20×3 年 12 月 31 日，某物业管理企业对购入的时间相同、型号相同、性能相似的货运车进行检查时发现其可能发生减值。该类货运车销售净价总额为 1200000 元；尚可使用 5 年，预计其在未来 4 年内产生的现金流量分别为：400000 元、360000 元、320000 元、250000 元；第 5 年产生的现金流量以及使用寿命结束时处置形成的现金流量合计为 200000 元；在考虑相关风险的基础上，企业决定采用 5％的折现率。假设 20×3 年 12 月 31 日该类货运车的账面价值为 1500000 元，以前年度没有计提固定资产减值准备。有关计算见表 4-3。

固定资产未来现金流量现值计算表　　　　　　　　　　　　表 4-3

年　　度	预计未来现金流量	折　现　率	现值系数	现　　值
20×4	400000	5％	0.9524	380960
20×5	360000	5％	0.9070	326520
20×6	320000	5％	0.8638	276416
20×7	250000	5％	0.8227	205675
20×8	200000	5％	0.7835	156700
合　计				1346271

由表 4-3 可见，企业预期从该资产的持续使用和使用寿命结束时的处置中形成的现金流量的现值为 1346271，大于其销售净价 1200000 元，所以，其可收回金额为 1346271 元。

3. 比较固定资产账面价值与可收回金额

该物业管理企业货运汽车的账面价值为 1500000 元，可收回金额为 1346271 元，其账面价值大于可收回金额的差额为 153729(1500000－1346271)元。

4. 进行账务处理

沿上例，该物业管理企业的会计分录编制如下：

借：营业外支出——计提的固定资产减值准备　　　　　　　　153729

　　贷：固定资产减值准备　　　　　　　　　　　　　　　　　　153729

如果当期应计提的固定资产减值准备金额低于已计提的固定资产减值准备的账面余额，企业应按其差额冲减已计提的固定资产减值准备，借记"固定资产减值准备"科目，贷记"营业外支出——计提的固定资产减值准备"科目。

（二）转回已确认的固定资产减值损失

一般情况下，如果有迹象表明以前期间据以计提固定资产减值的各种因素发生变化，

使得固定资产的可收回金额大于其账面价值，则以前期间已确认的减值损失应当转回，但转回的金额不应超过原已计提的固定资产减值准备。此外，在转回已确认的固定资产减值损失时，转回后固定资产的账面价值不应超过不考虑计提减值因素情况下计算确定的固定资产账面净值，即，取得固定资产时的原价扣除正常情况下计提的累计折旧后的余额。

（三）确认减值损失后计提固定资产折旧

已全额计提减值准备的固定资产，不再计提折旧。

已计提减值准备的固定资产，应当按照该固定资产的账面价值以及尚可使用寿命重新计算确定折旧率和折旧额；如果已计提减值准备的固定资产价值又得以恢复，应当按照固定资产价值恢复后的账面价值，以及尚可使用寿命重新计算确定折旧率和折旧额。因固定资产减值准备而调整固定资产折旧额时，对此前已计提的累计折旧不作调整。

【例 4-11】 某物业管理企业 20×1 年 1 月购入 1 台机器设备，原值为 200000 元，预计净残值为 8000 元，预计使用年限为 5 年，采用平均年限法计提折旧。20×2 年 12 月，该机器设备发生减值，可收回金额为 110000 元。计提减值准备后，该设备的剩余使用年限预计为 2 年，预计净残值为 2000 元。

（1）计算该机器设备 20×1 年 1 月至 20×2 年 12 月的累计折旧。

$$月折旧额 = \frac{200000 - 8000}{12 \times 5} = 3200 \text{ 元}$$

$$累计折旧 = 3200 \times (11 + 12) = 73600 \text{ 元}$$

（2）计算该机器设备 20×2 年 12 月 31 日的净值。

$$200000 - 73600 = 126400 \text{ 元}$$

（3）计提减值准备。

$$126400 - 110000 = 16400 \text{ 元}$$

借：营业外支出——计提的固定资产减值准备　　　　　　　　　　　16400
　贷：固定资产减值准备　　　　　　　　　　　　　　　　　　　　　　16400

（4）20×3 年 1 月起月折旧额。

$$\frac{110000 - 2000}{12 \times 3} = 3000 \text{ 元}$$

二、固定资产的处置

企业在经营过程中，对那些不适用或不需用的固定资产，可以通过对外出售的方式进行处置；对那些由于使用而不断磨损直到最终报废，或由于技术进步等原因发生提前报废，或由于遭受自然灾害等非正常损失发生毁损的固定资产应及时进行清理。固定资产处置一般通过"固定资产清理"科目进行核算。

此外，企业因其他原因，如对外投资、债务重组、非货币性交易等而减少的固定资产，也属于固定资产的处置。

【例 4-12】 某物业管理企业有一台设备，因使用期满批准报废。该设备原价为 186400 元，累计已提折旧 177080 元，已计提减值准备为 2300 元。在清理过程中，以银行存款支付清理费用 4000 元，残料变卖收入为 5400 元，支付的相关税金为 270 元。账务处理如下：

（1）固定资产转入清理

借：固定资产清理	7020
累计折旧	177080
固定资产减值准备	2300
贷：固定资产	186400

（2）发生清理费用和相关税费

借：固定资产清理	4270
贷：银行存款	4000
应交税金	270

（3）收到残料变价收入

| 借：银行存款 | 5400 |
| 　贷：固定资产清理 | 5400 |

（4）结转固定资产净损益

| 借：营业外支出——处置固定资产净损失 | 5890 |
| 　贷：固定资产清理 | 5890 |

思 考 题 与 习 题

1. 固定资产具有哪些基本特征？确认固定资产的具体标准是什么？

2. 固定资产应如何分类？

3. 理解不同来源取得的固定资产的价值构成。

4. 说明固定资产后续支出的会计处理方法。

5. 理解固定资产的期末计价。

6. （1）资料：某物业管理企业一固定资产原值为 100000 元，预计使用年限 5 年，预计净残值 2000 元。

（2）要求：

分别采用双倍余额递减法和年数总和法计算各年的折旧额。

7. （1）资料：某物业管理企业购入一项需要安装的固定资产，取得增值税专用发票上注明的设备买价为 50000 元，增值税额为 8500 元，支付的运输费为 1255 元，安装时领用库存材料 1500 元，支付工资 2000 元。安装完毕交付使用。

（2）要求：

根据以上资料编制相关会计分录。

8. （1）资料：某物业管理企业出售一座建筑物，原价 2000000 元，已使用 6 年，计提折旧 300000 元，支付清理费用 10000 元，出售的价格收入为 1900000 元，营业税率 5%（应计提的城建税和教育费附加略，假定该企业对固定资产未计提减值准备）。

（2）要求：

根据以上资料编制相关会计分录。

9. （1）资料：某物业管理企业盘盈排水泵一台，其同类资产市场价格为 5000 元，估计折旧数额为 1000 元。经批准，该盘盈设备作为营业外收入处理。

（2）要求：

根据以上资料编制相关会计分录。

第五章　无形资产及其他资产

第一节　无　形　资　产

一、无形资产概述

（一）无形资产的概念及其特征

无形资产，是指企业为生产商品、提供劳务、出租，或为管理目的而持有的、没有实物形态的非货币性的长期资产。无形资产一般具有如下特征：

（1）无形资产不具有实物形态

无形资产通常表现为某种权力、技术或获取超额利润的综合能力，比如，土地使用权、非专利技术、商誉等，它没有实物形态，却能够为企业带来经济利益，或使企业获取超额收益。

需要指出的是，某些无形资产的存在有赖于实物载体，比如，计算机软件需要存储在磁盘中，但这并没有改变无形资产本身不具有实物形态的特性。

（2）无形资产属于非货币性长期资产

无形资产区别于货币性资产的特征，就在于它属于非货币资产。无形资产属于长期资产，那是因为其能在超过企业的一个经营周期内为企业创造经济利益。那些虽然具有无形资产的其他特性却不能在超过一个经营周期内为企业服务的资产，不能作为企业的无形资产核算。

值得说明的是，长期待摊费用虽然也属于非货币性长期资产，但它不属于无形资产，因为长期待摊费用不属于企业为生产商品、提供劳务、出租，或为管理目的而持有的资产。

（3）无形资产是为企业使用而非出售的资产

企业持有无形资产的目的不是为了出售而是为了生产经营，即利用无形资产来提供商品、提供劳务、出租给他人或为企业经营管理服务。

无形资产为企业创造经济利益的方式，具体表现为销售产品或提供劳务取得的收入、让渡无形资产的使用权给他人取得的租金收入，也可能表现为因为使用无形资产而改进了生产工艺、节约了生产成本等。

（4）无形资产在创造经济利益方面存在较大不确定性

无形资产必须与企业的其他资产结合，才能为企业创造经济利益。所指"其他资产"包括足够的人力资源、高素质的管理队伍、相关的硬件设备、相关的原材料等。此外，无形资产创造经济利益的能力还较多地受外界因素的影响，比如相关新技术更新换代的速度、利用无形资产所生产产品的市场接受程度等。

（二）无形资产的内容

无形资产包括专利权、非专利技术、商标权、著作权、土地使用权、特许权、商誉等。

1. 专利权

专利权，是指国家专利主管机关依法授予发明创造专利申请人对其发明创造在法定期限内所享有的专有权利，包括发明专利权、实用新型专利权和外观设计专利权。

2. 非专利技术

非专利技术，也称专有技术，它是指不为外界所知、在生产经营活动中已采用了的、不享有法律保护的各种技术和经验。非专利技术一般包括工业专有技术、商业贸易专有技术、管理专有技术等。非专利技术可以用蓝图、配方、技术记录、操作方法的说明等具体资料表现出来，也可以通过卖方派出技术人员进行指导，或接受买方人员进行技术实习等手段实现。非专利技术具有经济性、机密性和动态性等特点。

3. 商标权

商标是用来辨认特定的商品或劳务的标记。商标权指专门在某类指定的商品或产品上使用特定的名称或图案的权利。商标权包括独占使用权和禁止权两个方面。独占使用权指商标权享有人在商标的注册范围内独家使用其商标的权利；禁止权指商标权享有人排除和禁止他人对商标独占使用权进行侵犯的权利。

4. 著作权

著作权又称版权，指作者对其创作的文学、科学和艺术作品依法享有的某些特殊权利。著作权包括两方面的权利，即精神权利(人身权利)和经济权利(财产权利)。前者指作品署名、发表作品、确认作者身份、保护作品的完整性、修改已经发表的作品等项权利，包括发表权、署名权、修改权和保护作品完整权；后者指以出版、表演、广播、展览、录制唱片、摄制影片等方式使用作品以及因授权他人使用作品而获得经济利益的权利。

5. 土地使用权

土地使用权，指国家准许某企业在一定期间内对国有土地享有开发、利用、经营的权利。根据我国土地管理法的规定，我国土地实行公有制，任何单位和个人不得侵占、买卖或者以其他形式非法转让。企业取得土地使用权的方式大致有以下几种：行政划拨取得、外购取得、投资者投入取得等。

6. 特许权

特许权，又称经营特许权、专营权，指企业在某一地区经营或销售某种特定商品的权利或是一家企业接受另一家企业使用其商标、商号、技术秘密等的权利。前者一般是由政府机构授权，准许企业使用或在一定地区享有经营某种业务的特权，如水、电、邮电通讯等专营权、烟草专卖权等；后者指企业间依照签订的合同，有限期或无限期使用另一家企业的某些权利，如连锁店分店使用总店的名称等。

7. 商誉

商誉通常是指企业由于所处的地理位置优越，或由于信誉好而获得了客户信任，或由于组织得当、生产经营效益高，或由于技术先进、掌握了生产诀窍等原因而形成的无形价值。这种无形价值具体表现在该企业的获利能力超过了一般企业的获利水平。商誉与整个企业密切相关，因而它不能单独存在，也不能与企业可辨认的各种资产分开出售。由于有助于形成商誉的个别因素不能单独计价，因此商誉的价值只有把企业作为一个整体看待时才能按总额加以确定。商誉可以是自创的，也可以是外购的。

（三）无形资产的分类

无形资产可以采用多种方法来分类，通常按取得方式以及是否可以辨认进行分类。

（1）按取得方式的不同，可以将无形资产分为外部取得无形资产和内部自创无形资产两大类。其中，外部取得无形资产又可以细分为外购无形资产、通过非货币交易换入无形资产、投资者投入无形资产、通过债务重组取得无形资产、接受捐赠取得无形资产等；内部自创无形资产指企业自行研究与开发取得的无形资产。

（2）按是否可以辨认，可以将无形资产分为可辨认无形资产和不可辨认无形资产。

一般来说，如果某项无形资产可以单独对外出租、出售、交换，而不须同时处置在同一获利活动中的其他资产，则说明该无形资产可以辨认。企业的无形资产中，除可辨认的无形资产外，剩下的商誉属于不可辨认无形资产。

二、无形资产的确认和计量

（一）无形资产确认

无形资产确认是指将符合无形资产确认条件的项目，作为企业的无形资产加以记录并将其列入企业资产负债表的过程。《企业会计制度》规定，无形资产在满足以下两个条件时，企业才能加以确认：①该资产产生的经济利益很可能流入企业；②该资产的成本能够可靠地计量。也就是说，某个项目要确认为无形资产，首先必须符合无形资产的定义，其次还要符合以上两项条件。

（二）无形资产入账价值

无形资产取得的途径较多，有外购、换入、投资者投入、债务重组取得、接受捐赠取得、自行开发等等。此处主要介绍以下几种取得方式下无形资产的计价：

1. 外购无形资产

购入的无形资产应以实际支付的价款作为入账价值，比如，某企业以 100 万元外购一项专利权，同时还发生相关费用 2 万元，那么该外购专利权的成本也即入账价值为 102 万元。

2. 投资者投入无形资产

投资者投入的无形资产，应以投资各方确认的价值作为入账价值；但企业为首次发行股票而接受投资者投入的无形资产，应以该无形资产在投资方的账面价值作为入账价值。

3. 接受捐赠取得无形资产

接受捐赠的无形资产的入账价值，应分别按以下情况确定：

（1）捐赠方提供了有关凭据的，按凭据上标明的金额加上应支付的相关税费确定。

（2）捐赠方没有提供有关凭据的，按如下顺序确定：同类或类似无形资产存在活跃市场的，应按参照同类或类似无形资产的市场价格估计的金额，加上应支付的相关税费确定；同类或类似无形资产不存在活跃市场的，按接受捐赠无形资产的预计未来现金流量现值确定。

值得注意的是，无形资产的惟一性决定了同类或类似无形资产的缺乏，以及相关市场不够活跃，因此，在捐赠方没有提供相关价值凭据的情况下，往往要借助于对其未来现金流量现值的计算来确定其入账价值。

4. 自行开发无形资产

自行开发并依法申请取得的无形资产，其入账价值应按依法取得时发生的注册费、律师费等费用确定；依法申请取得前发生的研究与开发费用，应于发生时确认为当期费用。

需要指出的是，无形资产的后续支出，是指无形资产入账后，为确保该无形资产能够给企业带来预定的经济利益而发生的支出，比如相关的宣传活动支出。由于这些支出仅是为了确保已确认的无形资产能够为企业带来预定的经济利益，因而应在发生当期确认为费用。

三、无形资产摊销

无形资产属于企业的长期资产，能在较长的时间里给企业带来效益。但无形资产通常也有一定的有效期限，它所具有的价值的权利或特权总会终结或消失，因此，企业应将入账的无形资产在一定年限内摊销。企业自用的无形资产，其摊销的无形资产价值应当计入当期管理费用；出租的无形资产，相关的无形资产摊销价值应当计入其他业务支出，并同时冲减无形资产的成本。

无形资产的成本，应当自取得当月起在预计使用年限内分期平均摊销，处置无形资产的当月不再摊销。即，无形资产摊销的起始和停止日期为：当月增加的无形资产，当月开始摊销；当月减少的无形资产当月不再摊销。值得注意的是，无形资产的残值应假定为零。

如果预计使用年限超过了相关合同规定的受益年限或法律规定的有效年限，该无形资产的摊销年限按如下原则确定：

(1) 合同规定受益年限但法律没有规定有效年限的，摊销期不应超过合同规定的受益年限；

(2) 合同没有规定受益年限但法律规定有效年限的，摊销期不应超过法律规定的有效年限；

(3) 合同规定了受益年限，法律也规定了有效年限的，摊销期不应超过受益年限和有效年限二者之中较短者；

(4) 如果合同没有规定受益年限，法律也没有规定有效年限的，摊销期不超过10年。

企业购入或以支付土地出让金方式取得的土地使用权，在尚未开发或建造自用项目前，作为无形资产核算，并按规定的期限分期摊销。企业因利用土地建造自用某项目时，将土地使用权的账面价值全部转入在建工程成本。

若预计某项无形资产已经不能给企业带来未来经济利益，应当将该项无形资产的摊余价值全部转入当期管理费用。

【例 5-1】 某物业管理企业于 20×2 年 5 月份购买了一项专利，支付价款 48000 元，该专利有效使用年限为 8 年，按直线摊销法每月应摊销额及摊销的会计分录如下：

(1) 根据专利权的有效使用年限计算每月摊销额

$$年摊销额 = 取得专利权的全部价款 / 有效使用年限$$
$$= 48000 / 8 = 6000 \ 元/年$$
$$月摊销额 = 6000 / 12 = 500 \ 元/月$$

(2) 编制会计分录如下：

借：管理费用——无形资产摊销   500
　　贷：无形资产——专利权   500

四、无形资产的期末计价

企业应当定期或者至少在每年年度终了检查各项无形资产预计给企业带来未来经济利益的能力，对预计可收回金额低于其账面价值，应当计提减值准备。

（一）当存在下列一项或若干项情况时，应当将该项无形资产的账面价值全部转入当期损益：

（1）某项无形资产已被其他新技术所替代，并且该项无形资产已无使用价值和转让价值；

（2）某项无形资产已超过法律保护期限，并且已不能为企业带来经济利益；

（3）其他足以证明某项无形资产已经丧失了使用价值和转让价值的情形。

（二）当存在下列一项或若干项情况时，应当计提无形资产减值准备：

（1）某项无形资产已被其他新技术所替代，使其为企业创造经济利益的能力受到重大不利影响；

（2）某项无形资产的市价在当期大幅度下跌，并在剩余摊销年限内不会恢复；

（3）某项无形资产已超过法律保护期限，但仍然具有部分使用价值；

（4）其他足以证明某项无形资产实质上已经发生了减值的情形。

【例 5-2】　2001 年 1 月 1 日，某物业管理企业外购 A 无形资产，实际支付的价款为 120 万元。根据相关法律，A 无形资产的有效年限 10 年，已使用 1 年。该企业估计 A 无形资产预计使用年限为 6 年。2002 年 12 月 31 日，由于与 A 无形资产相关经济因素发生不利变化，致使 A 无形资产发生价值减值，估计其可收金额为 25 万元。

2004 年 12 月 31 日，该物业管理企业发现，导致 A 无形资产在 2002 年发生减值损失的不利经济因素已全部消失，且此时估计 A 无形资产的可收回金额为 40 万元。假定不考虑所得税及其他相关税费的影响。

分析：2001 年 1 月 1 日，某物业管理企业预计 A 无形资产的预计使用年限为 6 年，没有超过相关法律对 A 无形资产规定的有效年限。会计制度规定，A 无形资产的成本应自 2001 年 1 月起于 6 年内摊销。考虑到减值损失及减值损失转回的情况，在摊销期间，A 无形资产的价值变化如下（表 5-1）。

无形资产价值变化表　　　　　　　　　　　　　　　　　　表 5-1

时间	项目	金额（万元）	时间	项目	金额（万元）
2001 年 1 月 1 日	成本	120	2004 年	摊销	6.25
2001 年	摊销	20	2004 年 12 月 31 日	减值损失转回前账面价值	12.50
2001 年 12 月 31 日	账面价值	100		减值损失转回	27.50
2002 年	摊销	20		减值损失转回后账面价值	40
	减值	55	2005 年	摊销	20
2002 年 12 月 31 日	账面价值	25	2005 年 12 月 31 日	账面价值	20
2003 年	摊销	6.25	2006 年	摊销	20
2003 年 12 月 31 日	账面价值	18.75	2006 年 12 月 31 日	账面价值	0

编制会计分录如下：

（1）2001 年 1 月 1 日购入：

```
借：无形资产                                    1200000
    贷：银行存款                                    1200000
```
（2）2001 年摊销：
```
借：管理费用                                     200000
    贷：无形资产                                     200000
```
（3）2002 年摊销：同 2001 年

（4）2002 年计提减值准备：
```
借：营业外支出——计提的无形资产减值准备          550000
    贷：无形资产减值准备                             550000
```
（5）2003 年摊销：
```
借：管理费用                                      62500
    贷：无形资产                                      62500
```
（6）2004 年摊销：同 2003 年

（7）2004 年 12 月 31 日减值损失转回：
```
借：无形资产减值准备                             275000
    贷：营业外支出——计提的无形资产减值准备          275000
```
（8）2005 年摊销：
```
借：管理费用                                     200000
    贷：无形资产                                     200000
```
（9）2006 年摊销：同 2005 年

（10）2006 年摊销无形资产和相关减值准备的余额：
```
借：无形资产减值准备                             275000
    贷：无形资产                                     275000
```

五、无形资产的转让

企业所拥有的无形资产，可以依法转让。企业转让无形资产的方式有两种：一是转让其所有权，二是转让其使用权。两者的会计处理有所区别。

无形资产所有权的转让即为出售无形资产，按实际取得的转让收入，借记"银行存款"等科目，按该项无形资产已计提的减值准备，借记"无形资产减值准备"科目，按无形资产的账面余额，贷记"无形资产"科目，按应支付的相关税费，贷记"应交税金"等科目，按其差额，贷记或借记"营业外收入——出售无形资产收益"或"营业外支出——出售无形资产损失"科目。

【例 5-3】 某物业管理企业将拥有的一项专利权出售，取得收入 150000 元，应交的营业税为 7500 元。该专利权的账面余额为 123760 元，已计提的减值准备为 4500 元。编制会计分录如下：
```
借：银行存款                                    150000
    无形资产减值准备                               4500
    贷：无形资产                                    123760
        应交税金——应交营业税                         7500
        营业外收入——出售无形资产收益                 23240
```

无形资产使用权的转让仅仅是将部分使用权让渡给其他单位或个人，出让方仍保留对该项无形资产的所有权，因而仍拥有使用、收益和处置的权利。受让方只能取得无形资产的使用权，在合同规定的范围内合理使用而无权转让。在转让无形资产使用权的情况下，由于转让企业仍拥有无形资产的所有权，因此，不应注销无形资产的账面摊余价值，转让取得的收入计入"其他业务收入"科目，发生与转让有关的各种费用支出及无形资产的摊销等，计入"其他业务支出"科目。

第二节 其 他 资 产

其他资产是指除流动资产、长期投资、固定资产、无形资产等以外的资产，如长期待摊费用。

一、长期待摊费用

长期待摊费用，是指企业已经支出，但摊销期限在 1 年以上（不含 1 年）的各项费用，包括固定资产大修理支出、租入固定资产的改良支出等。应当由本期负担的借款利息、租金等，不得作为长期待摊费用处理。

长期待摊费用应当单独核算，在费用项目的受益期限内分期平均摊销。大修理费用采用待摊方式的，应当将发生的大修理费用在下一次大修理前平均摊销；租入固定资产改良支出应当在租赁期限与预计可使用年限两者孰短的期限内平均摊销；其他长期待摊费用应当在受益期内平均摊销。

股份有限公司委托其他单位发行股票支付的手续费或佣金等相关费用，减去股票发行冻结期间的利息收入的余额，从发行股票的溢价中不够抵销的，或者无溢价的，若金额较小的，直接计入当期损益；若金额较大的，可作为长期待摊费用，在不超过两年的期限内平均摊销，计入损益。

除购置和建造固定资产以外，所有筹建期间发生的费用，先在长期待摊费用中归集，待企业开始生产经营起一次计入开始生产经营当期的损益。

如果长期待摊费用项目不能使以后会计期间受益的，应当将尚未摊销的该项目的摊余价值全部转入当期损益。

二、其他长期资产

其他长期资产一般包括国家批准储备的特准物资、银行冻结存款以及临时设施和涉及诉讼中的财产等。其他长期资产可以根据资产的性质及特点单独设置相关科目核算。

思 考 题 与 习 题

1. 无形资产具有哪些基本特征？包括哪些内容？应如何分类？
2. 理解无形资产的确认和计量、摊销、转让以及期末计价方法。
3. 试述其他资产的内容和会计处理方法。
4.（1）资料：某物业管理企业发生如下经济业务：

1）购入一项专利技术，发票价格为 246000 元，款项已通过银行转账支付。

2）接受某投资者以其所拥有的非专利技术投资，双方协定的价值为 450000 元，已办妥相关手续。

3）自行试制成功并依法申请取得了 A 项专利权，在申请专利权过程中发生专利登记费 29000 元，律师费 3800 元。

4）本期应摊销无形资产价值 50000 元。

5）将拥有的一项专利权出售，取得收入 120000 元，应交的营业税为 6000 元。该专利权的账面余额为 103000 元，已计提的减值准备为 3000 元。

（2）要求：

根据上述经济业务编制相关会计分录。

第六章 对外投资

投资是指企业为通过分配来增加财富，或为谋求其他利益，而将资产让渡给其他单位所获得的另一项资产。按照投资的变现能力及投资目的，投资通常分为短期投资和长期投资两类。

第一节 短期投资

一、短期投资的概念及特点

短期投资是指能够随时变现并且持有时间不准备超过 1 年的投资。按照投资性质的不同，短期投资可以分为短期债券投资、短期股票投资和短期其他投资。通常，企业用作短期投资的是能够上市流通的各种股票、债券等能随时变现的有价证券。短期投资应当符合以下两个条件：

第一，在公开市场交易并且有明确市价；

第二，持有投资作为剩余资金的存放形式，并保持其流动性和获利性。

凡是不符合上述条件的，不能作为短期投资。例如，企业购入的不能上市交易或虽能上市交易但不准备随时变现的股票、债券等，不能作为短期投资核算。

短期投资的持有期间通常不超过 1 年，但实际持有期间已超过 1 年的短期投资仍应作为短期，除非企业管理当局改变投资目的，即改短期持有为长期持有。

二、短期投资的核算

（一）短期投资核算内容

为了核算短期投资业务，企业应设置"短期投资"、"应收股利"、"应收利息"、"投资收益"、"短期投资跌价准备"等科目。

"短期投资"科目核算企业购入能随时变现并且持有时间不准备超过 1 年(含 1 年)的投资包括股票、债券等。该科目借方登记短期投资的取得成本，贷方登记短期投资持有期间所获得的现金股利和利息以及处置短期投资时结转的实际成本，期末余额反映结存的短期投资的实际成本。该科目应分别短期投资的种类设置明细科目进行明细核算。

"应收股利"科目核算企业因股权投资而应收的现金股利，企业应收其他单位的利润，也在本科目核算。

"应收利息"科目核算企业因债权投资而应收取的利息。

"投资收益"科目核算企业对外投资而取得的收益或发生的损失。

"短期投资跌价准备"科目核算短期投资采用成本与市价孰低法计价时，计提的市价低于成本的损失准备。该科目是短期投资的备抵科目，贷方登记计提的跌价准备，借方登记冲减的跌价准备，期末贷方余额反映企业已计提的短期投资跌价准备。

（二）短期投资入账价值的确定

按照《企业会计制度》的规定，短期投资在取得时应当按照投资成本计量。

企业取得短期投资的方式很多，这里仅介绍以现金方式取得短期投资入账价值的确定方法。

企业以现金方式取得的短期投资，应按实际支付的全部价款(包括税金、手续费等相关税费)作为短期投资成本入账，但实际支付的价款中所包含的下列款项不构成投资成本：

(1) 短期股票投资实际支付的价款中包含的已宣告但尚未领取的现金股利，这部分款项应作为应收股利处理。

(2) 短期债券投资实际支付的价款中包含的已到付息期但尚未领取的债券利息，这部分款项应作为应收利息处理。

(三) 短期投资的会计处理

短期投资的会计处理包括取得短期投资、收取现金股利和利息、出售短期投资以及计提短期投资跌价准备等内容，下面分别予以介绍。

1. 取得短期投资

企业以现金购买债券，按照实际支付的价款，借记"短期投资——债券投资"科目，贷记"银行存款"等科目。如果短期投资实际支付的价款中包含已到期尚未领取的债券利息，按照实际支付的价款扣除已到期尚未领取的利息后的差额，借记"短期投资——债券投资"科目，按已到期尚未领取的利息数额，借记"应收利息"科目，按实际支付的价款，贷记"银行存款"科目。

【例 6-1】 A 物业管理企业 2003 年 4 月 1 日以银行存款 90000 元购入甲公司同年 1 月 1 日发行的三年期债券作为短期投资。该债券年利率 6％，到期一次还本付息，另支付手续费等税费 600 元。A 物业管理企业应作如下会计处理：

计算短期投资成本：

债券成交金额	90000
加：相关税费	600
	90600

编制购入债券的会计分录：

借：短期投资——债券投资	90600	
贷：银行存款		90600

【例 6-2】 B 物业管理企业 2003 年 1 月 5 日以银行存款 110000 元买入乙公司于 2002 年 1 月 1 日发行的三年期债券作为短期投资，其中，已到付息期但尚未领取的债券利息为 8000 元。该债券按年付息，到期还本，年利率 8％，票面金额共计 100000 元。B 企业购买该债券时，另支付相关税费 500 元。B 企业应作如下会计处理：

计算短期投资成本：

债券成交金额	110000
加：相关税费	500
减：已到期尚未领取的债券利息	8000
	102 500

编制购入债券的会计分录：

借：短期投资——债券投资   102500

  应收利息   8000

 贷：银行存款   110500

物业管理企业以现金购买股票，应按照实际支付的价款，借记"短期投资——股票投资"科目，贷记"银行存款"等科目。如果短期股票投资实际支付的价款中包含已经宣告而尚未领取的现金股利，应按实际支付的价款扣除已经宣告而尚未领取的现金股利后的差额，借记"短期投资——股票投资"科目，按已经宣告而尚未领取的现金股利数额，借记"应收股利"科目，按实际支付的价款，贷记"银行存款"等科目。

【例 6-3】 *C* 物业管理企业从市场上购买丙公司股票 10000 股作为短期投资，每股买入价为 20 元，另发生相关税费 700 元，均用银行存款支付。*C* 企业应作如下会计处理：

计算短期投资成本：

股票成交金额（10000×20）   200000

加：相关税费   700

                     200700

编制购入股票的会计分录：

借：短期投资——股票投资   200700

 贷：银行存款   200700

2. 收取现金股利和利息

物业管理企业收取短期投资的现金股利和利息，包括两部分内容；一是取得短期投资时实际支付的价款中包含的已宣告但尚未领取的现金股利，或取得短期债券投资时实际支付的价款中包含的已到期尚未领取的利息；二是短期投资在持有期间所取得的现金股利和利息。前者属于企业在购买时暂时垫付的资金，是在投资时所取得的一项债权，应在实际收到时冲减已记录的应收股利和应收利息；后者属于被投资单位上年度或以前年度实现的利润的分配，属于投资前被投资单位所产生的利润的分配，不属于本企业的投资所得，应在实际收到时作为初始投资成本的收回，冲减短期投资的账面价值。

【例 6-4】 接例 6-2，*B* 物业管理企业 2003 年 1 月 10 日收到未领取的债券利息 8000 元。*B* 物业管理企业应编制如下会计分录：

借：银行存款   8000

 贷：应收利息   8000

【例 6-5】 接例 6-4，*B* 物业管理企业于 2003 年 1 月 31 日收到上述购入债券的上年利息 8000 元。*B* 企业应编制如下会计分录：

借：银行存款   8000

 贷：短期投资——债券投资   8000

3. 出售短期投资

物业管理企业出售短期投资获得的价款，先扣除短期投资账面价值（"短期投资"账面余额减去相应的跌价准备后的净额），再扣除已计入应收项目的现金股利和利息后的余额，作为投资收益或损失，计入当期损益。

物业管理企业出售股票、债券等短期投资时，按实际收到的金额，借记"银行存款"科目，按已计提的短期投资跌价准备，借记"短期投资跌价准备"科目，按出售短期投资的成本，贷记"短期投资"科目，按其领取的现金股利、利息，贷记"应收股利"、"应收利息"科目，按其差额，借记或贷记"投资收益"科目。

【例 6-6】 某物业管理企业将三个月前购入的账面余额为 30000 元，已计提短期投资跌价准备 1000 元的短期债券出售，收到价款 29500 元。该企业应作如下会计处理：

计算短期投资账面价值：

短期投资账面余额	30000
减：短期投资跌价准备	1000
	29000

计算投资收益：

短期投资取得价款	29500
减：短期投资账面价值	29000
	500

编制出售短期投资的会计分录：

借：银行存款	29500
短期投资跌价准备	1000
贷：短期投资——债券投资	30000
投资收益	500

4. 计提短期投资跌价准备

物业管理企业应在期末对短期投资按成本与市价孰低计价，对市价低于成本的差额，计提短期投资跌价准备。

短期投资计提跌价准备的理由是：短期投资主要是从证券市场购入的股票、债券等有价证券，由于证券市场价格总是处于波动之中，因此，对于购入证券的企业来讲，其持有证券的成本与市场价格之间就会存在差异。如市价高于其成本，则差额为未实现收益；如市价低于其成本，其差额为未实现损失，表明企业不能按投资的成本转换为现金，投资损失已经存在。如果证券价格持续下跌，企业在期末仍以持有证券的成本反映证券的价值，就会出现高估或虚增资产的情况，不符合会计的谨慎原则。因此《企业会计制度》规定，企业应当在期末时对短期投资按成本与市价孰低计价。

成本与市价孰低计价，是指当市价低于其成本时，按市价计价；当市价高于其成本时，则按成本计价。企业在具体运用短期投资成本与市价孰低时，应将股票、债券等短期投资的市价与其成本进行比较，如市价低于成本的，按其差额计提短期投资跌价准备，借记"投资收益"科目，贷记"短期投资跌价准备"科目；如已计提跌价准备的短期投资的市价以后又恢复，应在已计提短期投资跌价准备的范围内转回，借记"短期投资跌价准备"科目，贷记"投资收益"科目。

企业短期投资在运用成本与市价孰低计价时，可根据具体情况分别采用按投资总体、投资类别或单项投资的方法计算和确定短期投资跌价准备，如果某项短期投资比较重大（如占整个短期投资10％及以上），应按单项投资为基础计算并确定计提的跌价准备。这里主要介绍按投资总体计提短期投资跌价准备的方法。

按投资总体计提短期投资跌价准备的方法，是指按短期投资的总成本与总市价孰低计算提取跌价准备。

【例6-7】 甲物业管理企业2003年12月31日短期投资的总成本合计为10000元，按市价计算的短期投资总市价合计为7000元，假设甲物业管理企业以前各期均未提取短期投资跌价准备。甲企业应作如下会计处理：

计算应计提的短期投资跌价准备：

短期投资的总成本	10000
减：短期投资的总市价	7000
	3000

编制计提短期投资跌价准备的会计分录：

借：投资收益	3000	
贷：短期投资跌价准备		3000

短期投资跌价准备可按下列公式计算：

当期应提取的短期投资跌价准备＝当期市价低于成本的金额－"短期投资跌价准备"科目的贷方余额

当期短期投资市价低于成本的金额大于"短期投资跌价准备"科目的贷方余额，应按其差额提取跌价准备；如果当期短期投资市价低于成本的金额小于"短期投资跌价准备"科目的贷方余额，应按其差额冲减已计提的跌价准备；如果当期短期投资市价高于成本，应将已计提的跌价准备全部冲回，此时，短期投资是按成本计价。

【例6-8】 乙物业管理企业2003年12月31日短期投资市价低于成本的金额为5000元，"短期投资跌价准备"科目的贷方余额为4600元。该企业应作如下会计处理：

计算当期应计提的短期投资跌价准备：

当期市价低于成本的金额	5000
减："短期投资跌价准备"科目的贷方余额	4600
	400

编制计提短期投资跌价准备的会计分录：

借：投资收益	400	
贷：短期投资跌价准备		400

如果乙企业2003年12月31日短期投资市价低于成本的金额为4500元，则当年应转回的跌价准备金额为100元（4600－4500）。其会计分录如下：

借：短期投资跌价准备	100	
贷：投资收益		100

如果乙企业2003年12月31日短期投资的市价高于成本应将已计提的跌价准备全部冲回，即当年应冲回的跌价准备金额为4600元。其会计分录如下：

借：短期投资跌价准备   4600
　　贷：投资收益   4600

第二节　长　期　投　资

一、长期投资概述

（一）长期投资与短期投资的区别

长期投资是指短期投资以外的投资，包括持有时间准备超过 1 年(不含 1 年)的各种股权性质的投资、不能变现或不准备随时变现的债券、其他债权投资和其他长期投资。长期投资与短期投资既有共性之处，又有明显的区别。共性之处在于两者都是为谋求经济利益而对外进行投资的行为。两者的区别主要有以下两个方面：

（1）投资的目的不同。短期投资主要是利用本企业暂时闲置的资金对外投资，目的在于获取闲置资金收益，而长期投资的目的不仅仅在于谋取投资收益，更主要的在于影响和控制被投资单位，以实现企业的长远发展目标。

（2）投资持有的时间长短不同。短期投资持有时间一般不超过 1 年，可以随时变现；长期投资持有时间在 1 年以上，并且不能或不准备随时变现。

（二）长期投资的分类

长期投资按照投资性质可以分为长期债权投资和长期股权投资。

1. 长期债权投资

长期债权投资又可按照投资对象分为长期债券投资和其他债权投资。长期债券投资是指企业购入的在 1 年内(不含 1 年)不能变现或不准备随时变现的债券，如国债、公司债券等。其他债权投资是指除了长期债券投资以外属于债权性质的投资。

与股票投资相比，债券投资具有如下两个特征：一是债券投资风险小于股票投资，收益比较固定。一般情况下，债券投资可以按照债券票面金额(即面值)和规定的利率收回本息。即使在发行债券企业破产的情况下，债券投资也具有优先清偿权，可以先于该企业的股票投资者得到清偿。二是债券投资属于债权性质的投资，投资企业通常不能因此参与发行企业的生产经营管理，因此也无权参与其利润分配。

2. 长期股权投资

长期股权投资包括长期股票投资和其他股权投资。长期股票投资是指企业购入并长期持有的其他企业发行的股票。其他股权投资是指除了长期股票投资以外的其他股权性质的投资，如企业以一定货币资金、实物资产或无形资产等投入其他企业，取得该企业一定的股权，或者与其他企业共同出资组成合资企业等。

二、长期投资的核算内容

为了核算长期投资业务，物业管理企业应设置"长期股权投资"、"长期债权投资"、"长期投资减值准备"、"投资收益"等科目。

"长期股权投资"科目核算企业持有的各种长期股权性质的投资。该科目下应设置"股票投资"、"其他股权投资"明细科目，并在明细科目下按被投资单位设置明细账进行明细核算。

"长期债权投资"科目核算企业持有的各种长期债权性质的投资。企业应在该科目下设置"债券投资"和"其他债权投资"明细科目，并在"债券投资"明细科目下设置"面值"、"溢折价"和"应计利息"三级明细账进行明细核算。如果企业购入债券时发生的手续费等相关税费金额较大，还应设置"债券费用"三级明细科目进行核算。

"长期投资减值准备"科目属于"长期股权投资"和"长期债权投资"的备抵科目，核算企业提取的长期投资减值准备。

1. 长期债券投资的核算

（1）长期债券投资成本的确定

长期债券投资应以取得时的投资成本作为初始投资成本入账。物业管理企业以现金方式取得的长期债券投资，应按实际支付的全部价款（包括税金、手续费等相关税费）减去已到期但尚未领取的债券利息，作为初始投资成本入账。如果所支付的税金、手续费等相关税费金额较小可以直接计入当期财务费用，不计入初始投资成本；如果金额较大，则应在债券存续期间内，于计提利息、摊销溢折价时平均摊销，计入损益。

（2）按面值购入债券的会计处理

物业管理企业按面值购入债券时，应按债券面值，借记"长期债权投资——债券投资（面值）"科目，按支付的税金、手续费等相关税费。借记"长期债权投资——债券投资（债券费用）"科目（指金额较大的相关税费），或借记"财务费用"科目（指金额较小的相关税费），按实际支付的全部价款，贷记"银行存款"科目。

【例6-9】 甲物业管理企业于2003年1月1日购进某公司于当日发行的面值为2000000元两年期债券，共支付价款2020000元，其中包括经纪人佣金等费用20000元。甲企业应作如下会计分录：

借：长期债权投资——债券投资（面值）　　　　　　　　　　　　　　　2000000
　　　　　　　　——债券投资（债券费用）　　　　　　　　　　　　　 20000
　　贷：银行存款　　　　　　　　　　　　　　　　　　　　　　　　 2020000

（注：本例中债券费用金额较大，因此在"债券投资"明细科目下设置"债券费用"三级明细科目进行核算。）

【例6-10】 乙物业管理企业在2003年7月1日购进某公司于当日发行的面值为300000元的两年期债券，该债券票面年利率为8%，到期一次还本付息。共支付价款300100元，其中包括经纪人佣金等费用100元。乙企业购入债券时应作如下会计分录：

借：长期债权投资——债券投资（面值）　　　　　　　　　　　　　　　300000
　　财务费用　　　　　　　　　　　　　　　　　　　　　　　　　　　　100
　　贷：银行存款　　　　　　　　　　　　　　　　　　　　　　　　　300100

（注：本例中债券费用金额较小，直接计入当期损益）

期末，物业管理企业应根据持有债券的面值和票面利率计算当期债券投资应计利息，并作为投资收益，计入当期损益。如果企业持有一次还本付息的债券，期末计提应计利息时，一方面增加投资的账面价值，另一方面增加投资收益，即借记"长期债权投资——债券投资（应计利息）"科目，贷记"投资收益"科目；如果企业持有分期付息的债券，期末计提利息时，一方面增加应收利息，另一方面增加投资收益，即借记"应收利息"科目，贷记"投资收益"科目。

【例6-11】 以上例为例，乙物业管理企业在2003年12月31日，根据债券面值和票面利率计算持有该债券的应计利息12000元（300000×8%÷12×6）该债券到期一次还本付息。乙企业应做如下会计分录：

借：长期债权投资——债券投资（应计利息）　　　　　　　　　　　　12000

　　贷：投资收益　　　　　　　　　　　　　　　　　　　　　　　　　　12000

出售债券或到期收回债券本息时，按实际收到的金额，借记"银行存款"等科目（如果已计提长期投资减值准备的，还应按已计提的减值准备，借记"长期投资减值准备"科目），按债券本金，贷记"长期债权投资——债券投资（面值）"科目，按债券投资已计利息，贷记"长期债权投资——债券投资（应计利息）"或"应收利息"科目，按其差额，贷记或借记"投资收益"科目。

【例6-12】　丙物业管理企业于2003年12月31日收回债券本息360000元，该债券是2002年1月1日购入的面值为300000元的两年期一次还本付息债券，年利率为10%，丙企业对该债券系每半年计息一次。

2003年12月31日收回债券利息时：

$$300000×10\%×2＝60000元$$

其中已计入"长期债权投资——债券投资（应计利息）"科目的金额为：

$$300000×10\%÷12×6×3＝45000元$$

当期应收取的利息金额为：

$$300000×10\%÷12×6＝15000元$$

应编制的会计分录如下：

借：银行存款　　　　　　　　　　　　　　　　　　　　　　　　　　360000

　　贷：长期债权投资——债券投资（面值）　　　　　　　　　　　　　300000

　　　　　　　　　　　——债券投资（应计利息）　　　　　　　　　　45000

　　　　投资收益　　　　　　　　　　　　　　　　　　　　　　　　　15000

2. 长期股票投资的核算

（1）长期股票投资入账价值的确定

长期股票投资应以取得时的投资成本作为初始投资成本入账。以现金购入的长期股权投资，应按实际支付的全部价款（包括税金、手续费等相关税费）作为初始投资成本，实际支付的价款中包含已宣告而尚未领取的现金股利的，按实际支付的价款减去已宣告但尚未领取的现金股利后的差额，作为初始投资成本。

（2）长期股票投资的会计核算方法

长期股票投资的会计核算方法有两种：一是成本法；二是权益法。长期股权投资在什么情况下采用成本法，什么情况下采用权益法，投资企业持股比例很重要，但不是决定因素，起决定因素的是投资企业是否对被投资单位具有控制力，或是否对被投资单位施加重大影响。《企业会计制度》规定：企业对被投资单位无控制、无共同控制且无重大影响的，长期股权投资采用成本法核算；企业对被投资单位具有控制、共同控制或重大影响的，长期股权投资应当采用权益法核算。这里所指的"控制"是指有权决定一个企业的财务和经营政策，并能据以从该企业的经营活动中获取利益；"共同控制"是指按合同约定对某项经济活动所共有的控制；"重大影响"是指对一个企业的财务和经营政策有参与决策的权力，但并不决定这些政策。

通常情况下，企业对其他单位的投资占该单位有表决权资本总额 20％或 20％以上，或虽对其单位投资占该单位有表决权资本总额不足 20％但具有重大影响的，应当采用权益法核算。企业对其他单位的投资占该单位有表决权资本总额 20％以下，或对其单位的投资虽占该单位有表决权资本总额 20％或 20％以上，但不具有重大影响的，应当采用成本法核算。

（3）长期股票投资核算的成本法

长期股票投资采用成本法核算的一般程序如下：

1）初始投资或追加投资时，按照初始投资或追加投资后的初始投资成本作为长期股票投资的账面价值。其会计处理是：按照实际支付的价款，借记"长期股权投资——股票投资"科目，贷记"银行存款"等科目；如果实际支付的价款中包含已宣告发放的现金股利，应借记"长期股权投资——股票投资"、"应收股利"科目，贷记"银行存款"科目。

2）股票持有期内应于被投资单位宣告发放现金股利时确认投资收益。企业确认的投资收益，仅限于所获得的被投资单位在接受投资后产生的累积净利润的分配额，所获得的被投资单位宣告分派的现金股利超过上述数额的部分，作为初始投资成本的收回，冲减投资的账面价值。其会计处理是：在被投资企业宣告分派股利时，企业按被投资单位宣告发放的现金股利中属于应当由本企业享有的部分，借记"应收股利"科目，贷记"投资收益"或"长期股权投资"科目。实际收到现金股利时，借记"银行存款"科目，贷记"应收股利"科目。

【例 6-13】 某物业管理企业于 2003 年 1 月 2 日购买 A 公司发行的股票 50000 股准备长期持有，从而拥有 A 公司 5％的股份。该股票每股单价 6 元，另外，企业购买该股票时发生有关税费 5000 元，款项已由银行存款支付。该企业应作如下会计处理：

计算初始投资成本：

股票成交金额（50000×6）	300000
加：相关税费	5000
	305000

编制购入股票的会计分录：

借：长期股权投资——股票投资	305000
贷：银行存款	305000

如果该企业于 2004 年 3 月 20 日收到 A 公司宣告发放 2004 年度现金股利的通知，应分得现金股利 5000 元。该企业应编制如下会计分录：

借：应收股利	5000
贷：投资收益	5000

【例 6-14】 某物业管理企业于 2003 年 5 月 15 日以银行存款购买 B 公司的股票 100000 股作为长期投资，每股买入价为 10 元，每股价格中包含有 0.2 元的已宣告分派的现金股利，另支付有关税费 7000 元。该企业应作如下会计处理：

计算初始投资成本：

股票成交金额（100000×10）	1000000
加：相关税费	7000

减：已宣告分派的现金股利（100000×0.2）   20000
                                                                                          ───────
                                                                                          987000
编制购入股票的会计分录：
借：长期股权投资——股票投资   987000
    应收股利   20000
  贷：银行存款   1007000
假定该物业管理企业于2003年5月20日收到B公司分来的购买该股票时已宣告分派
的股利20000元。此时，该企业应编制如下会计分录：
借：银行存款   20000
  贷：应收股利   20000
（4）长期股票投资核算的权益法
长期股票投资采用权益法核算的一般程序如下：
1）初始投资或追加投资时，按照初始投资或追加投资后的初始投资成本作为长期股
票投资的账面价值。其会计处理与成本法相同。
【例6-15】 某物业管理企业2003年1月1日购买C股份公司发行的股票150000股
准备长期持有，从而拥有C股份公司50%的股票，每股销售价格为2元。另外，该企业
购买股票时支付相关税费2000元，款项由银行存款支付。该物业管理企业应作如下会计
处理：
计算初始投资成本：
股票成交金额（150000×2）   300000
加：相关税费   2000
                                                                                          ───────
                                                                                          302000

编制购入股票的会计分录：
借：长期股权投资——股票投资（投资成本）   302000
  贷：银行存款   302000
2）投资后，应根据投资企业享有的被投资单位所有者权益份额的变动，对投资的账
面价值进行调整，并分别以下情况处理：
a. 属于被投资单位当年实现的净利润而影响的所有者权益的变动，投资企业应按所
持表决权资本比例计算应享有的份额，增加长期股票投资的账面价值，并确认为当期投资
收益。其会计处理是：期末，企业按被投资单位实现的净利润计算的应分享的份额，借记
"长期股权投资——股票投资（损益调整）"科目，贷记"投资收益"科目。
【例6-16】 承上例，假设C公司本年实现净利润180000元。由于企业持有其50%
的股份，C公司实现的净利润180000元中有50%归该企业所享有，即该企业享有其中的
90000元。此时，企业应编制如下会计分录：
借：长期股权投资——股票投资（损益调整）   90000
  贷：投资收益   90000
b. 属于被投资单位当年发生的净亏损而影响的所有者权益的变动，投资企业应按所

持表决权资本的比例计算应分担的份额，减少长期股票投资的账面价值，并确认为当期投资损失。需要说明的是投资企业确认被投资单位发生的净亏损，应以长期股权投资账面价值减至零为限。其会计处理是：期末，企业按被投资单位发生的净亏损计算的应分担的份额，借记"投资收益"科目，贷记"长期股权投资——股票投资（损益调整）"科目。

【例 6-17】 承前例，如果 C 公司当年发生亏损 60000 元，由于该企业持有其 50％的股票，应承担 C 公司本年亏损中的 30000 元。企业应编制如下会计分录：

借：投资收益   30000
 贷：长期股权投资——股票投资（损益调整）   30000

c. 被投资单位宣告分派现金股利时，投资企业按表决权资本比例计算的应分得的现金股利，冲减长期股票投资账面价值。其会计处理是，按应分得的现金股利，借记"应收股利"科目，贷记"长期股权投资——股票投资（损益调整）"科目。

【例 6-18】 承例 6-15，假设企业当年收到 C 公司发放现金股利的通知，应分得股利为 3000 元。此时，该企业应编制如下会计分录：

借：应收股利   3000
 贷：长期股权投资——股票投资（损益调整）   3000

实际收到现金股利时：

借：银行存款   3000
 贷：应收股利   3000

3）长期股票投资处置的会计处理。

在有些情况下，企业也可能将长期持有的股票售出，以收回长期股票投资所占用的资金。处置长期股票投资时，按所收到的处置收入与长期股票投资账面价值的差额确认为当期投资损益。其会计处理是：按实际取得的价款，借记"银行存款"等科目（如果已计提投资减值准备的，还应按已提的减值准备，借记"长期投资减值准备"科目），按该股票投资的账面余额，贷记"长期股权投资——股票投资"科目，按尚未领取的现金股利，贷记"应收股利"科目，按其差额，贷记或借记"投资收益"科目。

【例 6-19】 某物业管理企业持有作为长期投资用的 D 公司 15000 股股票，以每股 10 元的价格卖出，支付相关税费 1000 元，取得价款 149000 元，款项已由银行收妥。该长期股票投资账面余额为 140000 元（未计提减值准备）。企业应作如下会计处理：

计算投资收益：

股票转让取得价款   149000
减：投资账面余额   140000
                ——————
                9000

编制出售股票投资时的会计分录：

借：银行存款   149000
 贷：长期股权投资——股票投资   140000
   投资收益   9000

三、长期投资减值

按照《企业会计制度》的规定：企业应当定期或者至少于每年年度终了，对长期投资逐项进行检查，如果由于市价持续下跌或被投资单位经营状况变化等原因导致其可收回金额低于投资的账面价值，应在期末时计提长期投资减值准备。

思 考 题 与 习 题

1. 短期投资应具备哪些条件？

2. 长期投资与短期投资有什么相同点和不同点？

3. 企业在核算长期债券投资时，应如何设置明细科目？

4. 长期股票投资的会计核算方法有哪两种？物业企业如何选用长期股票投资的核算方法？

5. (1) 资料：大华物业公司于 2003 年初购买甲公司普通股股票 20000 股，每股面值 100 元，支付经纪人手续费 5000 元。甲公司共发行普通股股票 50000 股，以面值发行。2003 年甲公司实现净利润 1000000 元，当年按每股面值的 5% 发放股利，大华物业公司收到股利 100000 元。2004 年甲公司发生亏损 100000 元。甲公司 2004 年接受现金损赠 100000 元。

(2) 要求：

分别采用成本法和权益法作出大华物业公司的会计处理。

6. (1) 资料：ABC 物业公司短期投资采用总体基础上的成本与市价孰低法计价，其有关资料如下：

1) 短期投资成本及市价如表 1（单位：人民币元）

短期投资成本及市价表　　　　　　　　　　　　　　　　　　　表 1

项　目	投资成本	市　价（2004 年 6 月 30 日）	市　价（2003 年 12 月 31 日）	市　价（2004 年 12 月 31 日）
股票 A	5000	5500	6000	
股票 B	8500	6900	8000	6600
股票 C	12000	11600	11800	11600
债券 D	9800	10000	11000	
债券 E	3000	2900	3500	3200
合　计	38300	36900	40300	21400

2) 该公司 2002 年 1 月份出售股票 A，出售所得收入 6500 元，支付相关税费 300 元；出售债券 D，出售所得收入 10000 元，支付相关税费 350 元。

(2) 要求：

1) 计算 2002 年 6 月 30 日、2002 年 12 月 31 日和 2003 年 6 月 30 日应计提的短期投资跌价准备，并作出相关会计分录。

2) 计算 2003 年 1 月份出售股票 A 和出售债券 D 对损益的影响金额，并作出相关会计分录。

第七章 负 债

第一节 负 债 概 述

一、负债的概念及特征

负债是指过去的交易、事项形成的现时义务，履行该义务预期会导致经济利益流出企业。从负债的定义可以看出，负债至少具有以下几个基本特征：

(1) 负债是由过去的交易或事项而产生的，即导致负债的交易或事项必须已经发生。

(2) 负债是企业承担的现时义务。由于有约束力的合同或法定要求，义务在法律上可能是强制执行的，如收到货物或劳务而发生的应付款项，即属于此类；另外，义务还可能产生于正常的业务活动、习惯以及为了保持良好的业务关系或公平处事的愿望。若企业定出一条方针，即使产品在保证期期满以后才显现缺陷也要予以免费修理，则企业在已售出的产品上预期将会发生的修理费用就是该企业的负债。

这里要注意，"现时义务"不等同于"未来承诺"。如果仅仅是企业管理基层决定今后某一时间购买资产，其本身并不产生现时义务。一般情况下，只有在资产已经获得时才产生义务。

(3) 现时义务的履行通常关系到企业放弃含有经济利益的资产，以满足对方的要求。现时义务的履行，可采取若干方式，例如：支付现金、转让其他资产、提供劳务、以其他义务替换该项义务、将该项义务转换为所有者权益等等。

(4) 负债通常是在未来某一时日通过交付资产(包括现金和其他资产)或提供劳务来清偿。有时，企业可以通过承诺新的负债或转化为所有者权益来了结一项现有负债，前一种情况只是负债的展期，后一种情况则相当于用增加所有者权益而了结债务。

二、负债的分类

按不同的标志，负债有以下几种分类：

(1) 按负债偿付期的长短，可分为流动负债和长期负债。流动负债是指需在一年或超过一年的一个营业周期内偿还的债务。长期负债是指偿还期在一年和超过一个营业周期以上的债务。

(2) 按负债金额的可确定性，可分为金额确定的负债和金额取决于企业经营成果的负债。对金额确定的负债企业到偿付期时，必须以原来确定的金额偿还，如短期借款、应付账款等。金额取决于经营成果的负债要根据企业一个会计期间经营成果才能确定负债金额，如应交税金、应付利润等。

(3) 按负债产生的原因，可分为商业性负债、融资性负债、其他性质的负债。商业性负债指企业在正常的生产经营过程中与其他单位或个人发生的应付未付、预收款项所形成的负债，如应付账款、预收账款等。融资性负债指因资金融通而发生的负债，如长期借款、短期借款等。其他性质的负债指不属于以上两种情况的负债。

第二节 流 动 负 债

一、流动负债的内容及特点

流动负债是指在一年或超过一年的一个营业周期内偿还的债务。物业管理企业的流动负债主要包括：短期借款、应付票据、应付账款、预收账款、代收款项、其他应付款、应付工资、应付福利费、应交税金、应付利润、其他应交款、预提费用等。

流动负债除具有负债的基本特征外，还具有以下一些特点：

（1）偿还期限短，为在债权人提出要求时即期偿付，或在一年、一个营业周期内必须履行的义务。

（2）债务的数额相对较小。

（3）债务一般以企业的流动资产清偿。

二、短期借款的核算

短期借款是指企业向银行或其他金融机构等借入的期限在一年以下（含一年）的各种借款。短期借款一般是企业为维持正常的生产经营所需的资金而借入的或者为抵偿某项债务而借入的款项。

短期借款的核算主要涉及三个方面：第一，取得短期借款的处理；第二，短期借款利息的处理；第三，归还短期借款的处理。

为了反映和监督短期借款的取得和归还情况，应设置"短期借款"科目。科目贷方登记企业借入的款项；借方登记按期归还的款项；余额在贷方，反映尚未归还的短期借款。

（一）取得短期借款的处理

企业借入的各种短期借款，借记"银行存款"科目，贷记"短期借款"科目。

（二）短期借款利息的处理

（1）如果短期借款的利息按期支付（如按季），或者利息是在借款到期归还本金时一并支付，且数额较大，可以采用预提的办法，按月预提计入当期损益。预提时，借记"财务费用"科目，贷记"预提费用"科目；实际支付时，按已经预提的利息金额，借记"预提费用"科目，按实际支付的利息金额与已经预提的利息金额的差额（即尚未计提的部分），借记"财务费用"科目，按实际支付的利息金额，贷记"银行存款"科目。

（2）如果企业的短期借款利息按月支付，或者利息是在借款到期归还本金时一并支付，且数额不大，可以在实际支付或收到银行的计息通知时，直接计入当期损益，借记"财务费用"科目，贷记"银行存款"或"现金"科目。

需要指出的是，如果短期借款属于企业为购建固定资产而专门借入的款项，那么其利息应按借款费用处理方法处理。

（三）归还短期借款的处理

归还短期借款时，借记"短期借款"科目，贷记"银行存款"科目；在总账科目下应按借款的种类设置明细账进行明细核算。

【例 7-1】 某物业管理企业为其经营的小卖部借入周转贷款 50000 元，借款期限 3 个月，年借款利率 7.2%，借入款项存入银行，3 个月后还本付息，作如下会计处理：

（1）借入款项时：

借：银行存款　　　　　　　　　　　　　　　　　　　　　　　50000

　　贷：短期借款　　　　　　　　　　　　　　　　　　　　　　　50000

（2）按月预提应付利息费用时：（每月应付利息费用为 50000×7.2％÷12＝300）

借：财务费用　　　　　　　　　　　　　　　　　　　　　　　　300

　　贷：预提费用　　　　　　　　　　　　　　　　　　　　　　　300

（3）3 个月后还本付息时：

借：短期借款　　　　　　　　　　　　　　　　　　　　　　　50000

　　预提费用　　　　　　　　　　　　　　　　　　　　　　　　900

　　贷：银行存款　　　　　　　　　　　　　　　　　　　　　　50900

三、应付票据的核算

应付票据是指企业购买材料、商品或接受劳务供应等而开出、承兑的商业汇票，包括商业承兑汇票和银行承兑汇票。商业承兑汇票由购货人直接承兑，如果购货企业申请并由开户银行承兑，则为银行承兑汇票。应付票据按票面是否注明利率，分为带息应付票据和不带息应付票据。我国商业汇票的付款期限最长不超过 6 个月。

物业管理企业应设置"应付票据"科目，核算票据的签发、承兑和偿付事项，并设置应付票据备查簿，详细登记每一应付票据的种类、号数、签发日期、到期日、票面金额、合同交易号、收款人姓名或单位名称，以及付款日期和金额等详细资料，到期付清款项时，在备查簿中注销相应的记录。

（一）应付票据的一般处理

企业开出承兑商业汇票或以承兑商业汇票抵付货款、应付账款时，借记"物资采购"、"库存商品"、"应收账款"等科目，贷记"应付票据"科目。支付银行汇票的手续费，借记"财务费用"科目，贷记"银行存款"科目。收到银行支付到期票据的付款通知，借记"应付票据"科目，贷记"银行存款"科目。

（二）应付票据利息的账务处理

应付票据利息的账务处理是针对带息票据而言的。

企业会计制度规定，企业开出的商业汇票，如为带息票据，应于期末计算应付利息，借记"财务费用"科目，贷记"应付票据"科目；票据到期支付利息时，按票据账面余额，借记"应付票据"科目，按未记的利息，借记"财务费用"科目，按实际支付的金额，贷记"银行存款"科目。

【例 7-2】　某物业管理企业 2003 年 11 月 1 日购入价值为 30000 元的商品，同时出具一张期限为三个月的带息票据，年利率为 10％。假定不考虑相关税费，相关账务处理如下：

（1）2003 年 11 月 1 日购入商品时

借：物资采购　　　　　　　　　　　　　　　　　　　　　　　30000

　　贷：应付票据　　　　　　　　　　　　　　　　　　　　　　30000

（2）2003 年 12 月 31 日，计算两个月的应付利息 500（30000×10％÷12×2）元

借：财务费用　　　　　　　　　　　　　　　　　　　　　　　500

　　贷：应付票据　　　　　　　　　　　　　　　　　　　　　　500

（3）2004 年 2 月 1 日到期支付票据本息时

借：应付票据	30500
财务费用	250
贷：银行存款	30750

（三）逾期应付票据的处理

应付票据到期，企业如无力支付票据，应按应付票据的账面余额，借记"应付票据"科目，贷记"应付账款"科目。到期不能支付的带息应付票据，转入"应付账款"科目核算后，期末不再计提利息。

四、应付账款的核算

应付账款指因购买材料、商品或接受劳务而发生的应付未付债务。它是买卖双方在购销活动中，由于取得物资与支付货款在时间上不一致而产生的负债，并且购货方没有开出商业票据。凡非购买商品或接受劳务而发生的应付款项（如应付各种赔款、应付租金、应付保证金等）不属于应付账款的核算范围，这类款项在"其他应付款"科目核算。应付账款入账时间的确定，应以所购买物资的所有权是否转移或接受的劳务是否已发生为标志。

物业管理企业应设置"应付账款"科目，核算应付账款的增减变动及结余。企业购入物资发生的应付账款，借记"物资采购"科目，贷记本科目；支付货款时，借记本科目，贷记"银行存款"科目。企业接受劳务而发生的应付账款，根据供应单位发票账单，借记有关成本费用科目，贷记本科目；支付款项时，与物资采购付款的核算方法相同。企业开出承兑汇票抵付应付账款时，借记本科目，贷记"应付票据"科目。

应付账款总账科目应按供应单位设置明细科目进行明细核算。

应付账款应按发票上记载的全部价值记账，企业获得的现金折扣不能抵减发票上的全价，而作为一项理财收益反映。

【例 7-3】　某物业管理企业采购房屋维修物资一批，价值 8000 元，增值税进项税 1360 元，款项约定 1 个月后支付。该笔款项到期时企业不能支付，开出一张应付票据抵付应付账款，作会计分录如下：

（1）采购时

| 借：物资采购 | 9360 |
| 　贷：应付账款 | 9360 |

（2）采购物资验收入库

| 借：库存材料 | 9360 |
| 　贷：物资采购 | 9360 |

（3）应付账款到期时

| 借：应付账款 | 9360 |
| 　贷：应付票据 | 9360 |

五、预收账款的核算

预收账款是物业管理企业按合同规定向单位和个人预收的物业管理费等。

物业管理企业应设置"预收账款"科目，核算企业按合同规定向有关单位和个人预收的款项，如企业为物业产权人、使用人提供的公共卫生清洁、公用设施的维护保养和保安、绿化等预收的公共性服务费等。

企业向有关单位和个人预收款项，借记"银行存款"科目，贷记本科目；收入实现时，借记本科目，贷记"经营收入"、"其他业务收入"科目。有关单位和个人补付的款项，借记"银行存款"科目，贷记本科目；退回多付的款项，作相反的分录。期末贷方余额反映企业向有关单位和个人预收的款项；期末如果是借方余额，反映应由有关单位和个人补付的款项。

预收账款应按有关单位和个人设置明细账。预收账款情况不多的企业，也可将预收的款项直接记入"应收账款"科目的贷方，不设置本科目。

【例7-4】 某物业管理企业向其物业产权人、使用人预收公用设施维修保养费、公共卫生清洁费和保安费共60000元，期末结算确定应补收5000元，作会计分录如下：

(1) 预收公用设施维修保养费、公共卫生清洁费和保安费时：

借：银行存款 　　　　　　　　　　　　　　　　　　　　　　60000
　　贷：预收账款 　　　　　　　　　　　　　　　　　　　　　60000

(2) 期末结算确定补收款：

借：预收账款 　　　　　　　　　　　　　　　　　　　　　　65000
　　贷：经营收入 　　　　　　　　　　　　　　　　　　　　　65000

(3) 补收相应款项时：

借：银行存款 　　　　　　　　　　　　　　　　　　　　　　5000
　　贷：预收账款 　　　　　　　　　　　　　　　　　　　　　5000

六、代收款项的核算

代收款项是代有关单位向物业所有人、使用人收取的代收代交费用。物业管理企业应设置"代收款项"科目核算企业因代收代交有关费用等应付给有关单位的款项，如代收的水电费、煤气费、电话费等，企业受物业产权人委托代为收取的房租等也在本科目中核算。

代收款项是贷方反映物业管理企业代收代交款项的增加，借方反映代收代交款项的支付，贷方余额反映企业尚未支付的代收款项。

企业收到代收的各项款项时，借记"银行存款"等科目，贷记本科目；交给有关单位时，借记本科目，贷记"银行存款"等科目。收取的代办手续费等服务收入时，借记本科目，贷记"经营收入"科目。

本科目应按代收代交费用种类设置明细账进行明细核算。

【例7-5】 乙物业管理企业代电信局向物业所有人、使用人收取电话费共计36710元，电信局按1%支付代收代交手续费。物业管理企业代收后交付电信局，作会计分录如下：

(1) 代收电话费时

借：现金 　　　　　　　　　　　　　　　　　　　　　　　　36710
　　贷：代收款项 　　　　　　　　　　　　　　　　　　　　　36710

(2) 支付代收电话费并计算手续费

借：代收款项 　　　　　　　　　　　　　　　　　　　　　　36710
　　贷：现金 　　　　　　　　　　　　　　　　　　　　　　　33039
　　　　经营收入 　　　　　　　　　　　　　　　　　　　　　3671

七、其他应付款的核算

其他应付款是指除应付票据、应付账款、应付工资等以外的应付、暂收其他单位或个人的款项，如：物业产权人、使用人入住时或入住后准备进行装修时，企业向其收取的可能因装修而发生的毁损修复、安全等方面费用的保证金等。

物业管理企业应设置"其他应付款"科目核算此款项。总账科目的借方反映应付、暂收款的支付，贷方反映发生的各种应收、暂付款项，贷方余额反映企业尚未支付的款项。具体核算时，发生的各种应付、暂收款项，借记"银行存款"等科目，贷记本科目；支付时，借记本科目，贷记"银行存款"等科目。

其他应付款应按债权人或应付、暂收款项的类别设置明细账进行明细核算。

【例7-6】 某物业产权人进行房屋装修，物业管理企业向其收取保证金3000元，装修完毕后，物业管理企业发现因其装修损坏了部分公用给水和排污管道，要进行部分更换，扣留产权人的部分保证金600元，作为代管基金，作会计分录如下：

（1）收取保证金时

借：银行存款 3000

贷：其他应付款——保证金 3000

（2）退还部分保证金

借：其他应付款——保证金 3000

贷：银行存款 2400

代管基金 600

八、应付工资的核算

工资作为企业支付给职工的劳动报酬，是企业使用职工的知识、技能、时间和精力而给予的一种补偿。企业职工工资在尚未支付之前，构成企业对职工的负债。工资总额是各单位在一定时间内直接支付给本单位全部职工的劳动报酬，主要由以下六个部分组成：计时工资；计件工资；奖金；津贴和补贴；加班加点工资；特殊情况下支付的工资。

物业管理企业应设置"应付工资"科目进行核算，集中反映企业应付职工的工资总额。"应付工资"科目的贷方反映应付职工的工资，借方反映实际支付给职工的工资，期末贷方余额反映应付未付的工资。具体核算时，向银行提取现金准备发放工资，借记"现金"，贷记"银行存款"科目；支付工资时，借记"应付工资"，贷记"现金"科目。从应付工资中扣还的各种款项，借记"应付工资"，贷记"其他应收款"、"其他应付款"等科目；月份终了，将本月发放的工资进行分配，借记"经营成本"、"其他业务支出"、"管理费用"、"应付福利费"等科目，贷记"应付工资"科目。

【例7-7】 丙物业管理企业提取30000元现金，发放工资。月份终了，分配应付的工资，其中物业管理、物业经营、物业大修业务人员工资20000元，商业用房经营人员6000元，管理部门人员工资4000元，作会计分录如下：

（1）提取现金时：

借：现金 30000

贷：银行存款 30000

（2）发放工资时：

借：应付工资 30000

　　　　贷：现金　　　　　　　　　　　　　　　　　　　　　　　30000
　　（3）分配工资费用
　　借：经营成本　　　　　　　　　　　　　　　　　　　　　　20000
　　　　其他业务支出　　　　　　　　　　　　　　　　　　　　6000
　　　　管理费用　　　　　　　　　　　　　　　　　　　　　　4000
　　　　贷：应付工资　　　　　　　　　　　　　　　　　　　　30000

九、应付福利费的核算

　　应付福利费是企业准备用于企业职工福利方面的资金。它是企业使用了职工的劳动技能、知识等以后除了有义务承担必要的劳动报酬外，还必须负担的对职工福利方面的义务。职工福利费按照职工工资总额14％计提，主要用于职工的医药费，医护人员的工资，职工因工伤赴外就医费，以及职工生活困难补助、理发室、幼儿园、托儿所人员的工资等费用。

　　对这类费用，物业管理企业应设置"应付福利费"科目进行核算。科目的借方反映应付福利费用的支用，贷方反映应付福利费用的提取，贷方余额反映已提取尚未支用的应付福利费。

　　企业计提的应付福利费，可以按照应付工资的分配方法分别借记与"应付工资"分配相应的成本、费用科目。如果物业管理企业有自己的医务福利部门，对其按人员工资总额提取的福利费应借记"管理费用"科目，贷记"应付福利费"科目。

　　【例7-8】　承上例，本月提取物业管理企业的应付福利费，当月支付职工工伤就医费2000元，作会计分录如下：
　　借：经营成本　　　　　　　　　　　　　　　　　　　　　　2800
　　　　其他业务支出　　　　　　　　　　　　　　　　　　　　840
　　　　管理费用　　　　　　　　　　　　　　　　　　　　　　560
　　　　贷：应付福利费　　　　　　　　　　　　　　　　　　　4200
　　借：应付福利费　　　　　　　　　　　　　　　　　　　　　2000
　　　　贷：现金　　　　　　　　　　　　　　　　　　　　　　2000

十、应交税金的核算

　　企业在一定时期内取得营业收入和实现利润，要按照规定向国家交纳各种税金，应交税金在交纳前所形成企业对国家的一项负债。物业管理企业应设置"应交税金"总账科目，并按照国家征收的各项税金设置明细科目进行核算。物业管理企业应交的税金一般有营业税、城市维护建设税、房产税、土地使用税、土地增值税、所得税等。企业交纳的印花税、耕地占用税及其他不需预计应交数额的税金，不在本科目核算。

　　（一）营业税

　　营业税是对境内提供应交劳务、转让无形资产或销售不动产的单位和个人按其计税金额计算交纳的一项流转税。物业管理企业发生的经营收入、管理收入要交纳营业税。物业管理企业可能还会发生一些商品销售、材料销售业务，理应交纳增值税，但是由于发生的数额相对较小，因此常常合并交纳营业税。

　　物业管理企业在应交税金总账下设置应交营业税明细科目核算企业应交纳的营业税。"应交营业税"明细科目借方反映企业已交纳的营业税，贷方反映应交的营业税，期末贷方余额反映尚未交纳的营业税。核算时，发生应交的营业税，借记"经营税金及附加"、"其他业务支出"等科目，贷记"应交税金——应交营业税"科目；上缴营业税时，借记"应交税金——应交营业税"科目，贷记"银行存款"等科目。

【例7-9】　某物业管理企业经营各种特约服务收取服务费4000元，按5％的比例税率计算交纳营业税，次月5日缴纳该项营业税，作会计分录如下：

（1）计算缴纳营业税：

借：经营税金及附加　　　　　　　　　　　　　　　　　　　　　　　　200

　　贷：应交税金——应交营业税　　　　　　　　　　　　　　　　　　　200

（2）上缴营业税：

借：应交税金——应交营业税　　　　　　　　　　　　　　　　　　　　200

　　贷：银行存款　　　　　　　　　　　　　　　　　　　　　　　　　　200

（二）城市维护建设税

城市维护建设税是国家对缴纳增值税、消费税、营业税的单位和个人就其实际缴纳的"三税"税额为计税依据而征收的一种税项，属于特定目的税，税款用于加强城市的维护建设。按税法规定，缴纳增值税、消费税、营业税的纳税人就是城建税的义务人。其税率由于纳税人所在地不同分三种：纳税人所在地为城区的，税率为7％；纳税人所在地为县城、镇的，税率为5％；纳税人所在地不在城区、县城或者镇的，税率为3％。物业管理企业在核算城市维护建设税时，按规定计算应交的税金，借记"经营税金及附加"、"其他业务支出"等科目，贷记"应交税金——城市维护建设税"科目；实际上缴时，借记"应交税金——城市维护建设税"科目，贷记"银行存款"科目。

（三）房产税、土地使用税、印花税

房产税是国家对在城市、县城、镇和工矿区征收的以房产为征税对象由房产产权所有人或经营人缴纳的税项。房产税依照房产原值一次减出10％～30％后的余额计算缴纳或按房屋租金计算缴纳。

城镇土地使用税是国家为了合理利用城镇土地，调节土地级差收入，提高土地使用效益，加强土地管理而开征的一种税。征税范围包括城市、县城、镇和工矿区内的国家所有和集体所有的土地。土地使用税以纳税人实际占用的土地面积，按单位面积税额标准计算缴纳。

印花税是对书立、领受购销合同等凭证行为征收的税款。它实行由纳税人根据规定自行计算应纳税额，购买并一次贴足印花税票的缴纳方法。应税凭证包括：购销、加工承揽、建设工程承包、财产租赁、货物运输、仓储保管、借款、财产保险、技术合同或者具有合同性质的凭证、产权转移书据、营业账簿、权利、许可证照等。印花税按比例税率或者按件定额计算缴纳税额。

物业管理企业计算应缴纳的房产税、土地使用税，借记"管理费用"科目，贷记"应交税金——应交房产税"、"应交税金——应交土地使用税"科目；上缴时，借记"应交税金——应交房产税"、"应交税金——应交土地使用税"科目。贷记"银行存款"科目。计算缴纳的印花税不需要通过"应交税金"科目核算，在购买印花税票时，直接借记"管理费用"或"待摊费用"科目，贷记"银行存款"科目。

（四）土地增值税

土地增值税是对转让国有土地使用权、地上建筑物及其附着物并取得收入的单位和个人，就其转让房地产所取得增值额征收的一种税。物业管理企业转让国有土地使用权、地上的建筑物及其附着物并取得收入，应依法缴纳土地增值税。增值额是指转让房地产取得收入减除规定的扣除项目金额后的余额。企业按增值额与扣除项目金额的比例大小选择适用的超率累进税率，计算应交的土地增值税。物业管理企业在"应交税金"总账科目下设置"土地增值税"明细科目核算。当期计算应缴纳的土地增值税，借记"经营税金及附加"科目，贷记"应交税金——应交土地增值税"科目；交纳税款时，借记"应交税金——应交土地增值税"科目，贷记"银行存款"科目；余额反映尚未上缴的土地增值税。

（五）所得税

企业所得税是指国家对境内企业生产、经营所得和其他所得依法征收的一种税。企业有生产经营所得和其他所得，应按规定缴纳企业所得税。物业管理企业在"应交税金"明细科目核算。当期应计入损益的所得税，作为一项费用，在净收益前扣除。企业按照一定方法计算所得税，核算应交所得税时，借记"所得税"等科目，贷记"应交税金——应交所得税"科目；上缴时，借记"应交税金——应交所得税"科目，贷记"银行存款"科目；余额反映尚未上缴的所得税。

十一、应付利润核算

应付利润是指企业应支付给投资者的利润，包括应付国家、其他单位以及个人的投资利润。物业管理企业应设置"应付利润"科目进行核算，贷方登记应付给投资者的利润；借方登记实际支付的利润；期末贷方余额为应付未付的利润。

十二、其他应交款核算

其他应交款是企业除了应交税金、应付利润以外的其他各种应上缴的款项，如教育费附加等。物业管理企业应设置"其他应交款"科目核算这些应上缴的款项结算情况。该总账科目贷方登记企业其他应上缴款项的增加数额；借方登记其他各种应交款的实际缴纳数额；贷方余额表示未交的其他应交款。该总账科目按其他应交款的种类设置明细账。核算时，计算出应交纳的各种款项，借记"经营税金及附加"、"其他业务支出"等科目，贷记"其他应交款"科目；上交各种款项，借记"其他应交款"科目，贷记"银行存款"等科目。

【例7-10】 某物业管理企业月份终了，计算出本期应交教育费附加300元，次月上交教育费附加，作会计分录如下：

（1）计算应交教育费附加

借：经营税金及附加 300

    贷：其他应交款——教育费附加 300

（2）上交教育费附加

借：其他应交款——教育费附加 300

    贷：银行存款 300

十三、预提费用核算

预提费用是企业在经营业务中预先提取出来，但是当期尚未支付的费用，包括预提的租金、借款利息、保险费等。按权责发生制原则，应对这些费用按期预提。物业管理企业设置"预提费用"科目核算企业的预提费用的提取、支出情况。"预提费用"科目贷方反映企业提取预提费用的增加，借方反映预提费用的支出、转出，期末贷方余额反映企业已提取尚未支付的预提费用。核算时，借记"管理费用"、"财务费用"等科目，贷记"预提费用"科目；支付预提费用时，借记"预提费用"科目，贷记"银行存款"等科目。

第三节 长 期 负 债

一、长期负债的概念及特点

长期负债是指偿还期限在一年或者超过一年的一个营业周期以上的债务。长期负债是企业能长期占有使用的重要资金来源，它包括长期借款、应付债券、长期应付款、代管基金等。长期负债除了具有负债的共同特点外，还具有如下特点：

（1）债务的偿还期限较长，一般可以超过一年或者一个营业周期以上，甚至没有明确的偿还期；

（2）债务的金额较大；

（3）债务可以采用分期偿还的方式，或者分期偿还利息，待一定日期后再偿还本金，或者确定债务的日期已满时一次偿还；

（4）长期负债的资金成本一般比短期负债的资金成本高。

长期负债的偿还期长、债务金额大等特点使企业可以利用长期负债增加企业经营能力。

二、长期借款核算

长期借款是企业从金融机构或者其他单位借入的，偿还期在一年或者超过一年的一个营业周期以上的贷款。物业管理企业因经营业务、修理业务以及其他业务活动需要或增加长期资产的需要，可借入长期借款。对企业借入的长期借款应设置"长期借款"科目，核算长期借款的借入、利息计提及借款偿还情况。科目贷方登记借款本息的增加额；借方登记借款本息的减少额；贷方余额反映企业尚未偿还的借款本息。核算时，借入长期借款，借记"银行存款"等科目，贷记"长期借款"科目；企业归还长期借款，借记"长期借款"科目，贷记"银行存款"等科目；发生的借款利息，借记"固定资产"、"财务费用"等科目，贷记"长期借款"科目。

长期借款利息费用如果与购建固定资产有关，应当按照权责发生制原则的要求，按期预提计入所购资产的成本或直接计入当期财务费用。对于将长期借款用于正常经营活动的应将其发生的利息支出记入当期损益。在筹建期间发生的长期借款利息（除为购建固定资产而发生的长期借款利息费用外）计入开办费。在清算期间发生的长期借款利息费用，计入清算损益。长期借款按借款单位设置明细账，并按借款种类进行明细核算。

【例 7-11】 某物业管理企业年初借入两年期长期借款 200000 元，年利率 10%，用于购买两套大修理用固定资产，资产甲价值 80000 元，不需要安装，购入后立即投入使用；资产乙价值 120000 元，购入后需要安装调试，安装调试期 6 个月。两年后归还长期借款本息。作会计分录如下：

（1）借入长期借款：

借：银行存款   200000

  贷：长期借款   200000

（2）第一年末计算借款利息：

借：财务费用   14000

    在建工程   6000

  贷：长期借款   20000

（3）第二年末偿还借款本息：

借：长期借款   220000

    财务费用   20000

  贷：银行存款   240000

三、应付债券的核算

债券是企业筹集长期使用资金而发行的一种书面凭证。通过凭证上所记载的利率、期限等，表明发行债券企业允许在未来某一特定时期还本付息。发行债券是企业筹集长期资金的方式之一。

物业管理企业如果符合国家对债券发行的要求，按国家规定发行债券，应设置"应付债券"总账科目，核算企业为筹集长期资金而实际发行的债券及其应付的利息。在"应付债券"总账科目下设置"债券面值"、"债券溢价"、"债券折价"和"应计利息"四个明细科目。

债券的发行价格和债券的票面值可能不等，这与债券的票面利率与同期银行存款利率是否相同有关。一般情况下，债券的票面利率高于银行存款利率，债券可按高于面值的价格发行，称为溢价发行，发行价与面值的差额称为溢价；如果债券的票面利率低于银行存款利率，债券按低于面值的价格发行，称为折价发行，面值与发行价的差额称为折价。

债券发行时，按债券面值记入"应付债券"科目的"债券面值"明细科目贷方，实际收到的价款与面值的差额，记入"债券溢价"明细科目贷方或"债券折价"明细科目借方。债券溢价或债券折价应在债券的存续期间内进行摊销，摊销方法可采用直线法，也可采用实际利率法。

【例 7-12】 某物业管理企业 2000 年 1 月 1 日发行票面利率 10%、三年期的公司债券 100000 元，到期一次还本付息，发行价为 106000 元，企业采用直线法摊销债券溢价，作会计分录如下：

（1）债券发行时：

借：银行存款   106000

  贷：应付债券——债券面值   100000

        ——债券溢价   6000

（2）2000 年 12 月 31 日，计提债券利息并摊销溢价时：

借：财务费用或在建工程   8000

    应付债券——债券溢价   2000

  贷：应付债券——应计利息   10000

（3）2001 年、2002 年末会计分录与（2）相同。

（4）2003 年 1 月 1 日还本付息是：

借：应付债券——应计利息   30000

        ——债券面值   100000

贷：银行存款   130000

【例 7-13】 A 物业管理企业于 2001 年 7 月 1 日发行三年期、到期一次还本付息、年利率为 8％、发行面值总额为 40000000 元的债券。若该债券按面值发行，其会计分录为：

借：银行存款   40000000
  贷：应付债券——债券面值   40000000

若 A 物业管理企业所筹集资金用于建造固定资产，至 2001 年 12 月 31 日时尚未完工，计提本年应付债券利息。

至 2001 年 12 月 31 日，A 物业管理企业发行在外的时间为 6 个月，该年应计的债券利息为：

$$40000000 \times 8\% \div 12 \times 6 = 1600000 \text{ 元}$$

借：在建工程   1600000
  贷：应付债券——应计利息   1600000

债券到期，物业管理企业支付债券本息时，借记"应付债券——债券面值"和"应付债券——应计利息"科目，贷记"银行存款"等科目。

2004 年 7 月 1 日，A 物业管理企业偿还债券本金和利息，本金 40000000 元，应计利息 9600000 元。

借：应付债券——债券面值   40000000
        ——应计利息   9600000
  贷：银行存款   49600000

债券折价发行的会计账务处理方法与债券溢价发行的账务处理基本相同。其差别仅在于：债券溢价发行时，债券溢价记在"应付债券"科目贷方，摊销时记在"应付债券"科目借方；债券折价发行时，债券折价记在"应付债券"科目借方，摊销时记在"应付债券"科目贷方。

四、长期应付款核算

物业管理企业在提供服务、从事经营以及其他业务活动时，为了解决经营资金不足，除向银行或其他单位借入长期资金或采取发行债券的方法筹集长期资金外，还可采用融资租入固定资产等其他方式筹集长期资金，采用补偿贸易方式也能为企业筹集到长期资金或者说节省长期资金支付占用。企业应设置"长期应付款"总账科目核算融资租赁应付补偿贸易方式形成的应付款。总账科目的贷方反映企业发生的各种长期应付款，借方反映企业实际支付的长期应付款，期末贷方余额表示尚未偿付的各种长期应付款数额。长期应付款应按照其种类设置明细账进行明细核算。

（一）融资租入固定资产的应付融资租赁款

融资租赁是指在实质上转移与一项资产所有权有关的全部风险和报酬的一种租赁。判断一项租赁是否属于融资租赁，不在于租约的形式，而在于交易的实质。租赁中与资产所有权有关的全部风险和报酬实质上已转移，这种租赁就应归类为融资租赁。具有以下情况之一的，通常可归类为融资租赁：

（1）在融资期终了时，资产的所有权最后可以转让给承租人；

（2）承租人有购买资产的选择权，其价格预计将充分低于行使选择权日的公允价值，在租赁开始日就相当肯定将来会行使这项选择权；

（3）租赁期为资产使用年限的大部分，资产的所有权最后可以转让，也可以不转让；

（4）在租赁开始日，租赁的最低付款额的现值大于或等于租赁资产的公允价值减去应当给出租人的补贴金和税款减免后的金额，资产所有权最后可以转让，也可以不转让。

融资租赁在租赁有效期内，租赁资产仍归出租人所有，但是会计核算不能仅按法律形式来进行处理和反映，而应该按照他们的交易的实质。承租方可以将融资资产视同自有资产进行账务处理。

融资租入固定资产时，按支付的融资租赁费，借记"固定资产"科目，贷记"长期应付款——应付融资租赁费"科目。如果融资租入需安装调试固定资产，按支付的融资租赁费，借记"在建工程"科目，贷记"银行存款"等科目；安装调试完毕，借记"固定资产——融资租入固定资产"科目，贷记"在建工程"科目。支付融资租赁费时，借记"长期应付款——应付融资租赁费"科目，贷记"银行存款"等科目。融资租赁期结束，企业行使购买权，应将固定资产从"融资租入固定资产"明细科目，转入自有固定资产科目。

【例 7-14】　某物业管理企业从设备租赁公司租入设备 1 台，按合同规定，设备租赁费为 200000 元，每年付款一次，分 5 年等额付款。每年末按年初所欠租金金额的 10％支付利息费用。租赁期满，承租方交付租金及利息费用后，设备归该物业管理企业所有。设备租入时，发生运输费及安装调试费 5000 元，企业已用银行存款支付，作会计分录如下：

（1）租入设备时：

借：在建工程　　　　　　　　　　　　　　　　　　　　　　200000

　　贷：长期应付款　　　　　　　　　　　　　　　　　　　　　　200000

（2）支出运输费及安装调试费：

借：在建工程　　　　　　　　　　　　　　　　　　　　　　　5000

　　贷：银行存款　　　　　　　　　　　　　　　　　　　　　　　5000

（3）设备安装完毕交付使用：

借：固定资产——融资租赁资产　　　　　　　　　　　　　　205000

　　贷：在建工程　　　　　　　　　　　　　　　　　　　　　　205000

（4）一年末支付租赁费和利息，其中租赁费 40000 元，利息 20000（200000×10％）元：

借：长期应付款　　　　　　　　　　　　　　　　　　　　　40000

　　财务费用　　　　　　　　　　　　　　　　　　　　　　20000

　　贷：银行存款　　　　　　　　　　　　　　　　　　　　　　60000

（5）第二、第三、第四、第五年末支付费和利息会计分录与（4）相似，差别仅在于财务费用金额不同，各年财务费用分别为 16000 元、12000 元、4000 元。

（6）每年计提该设备折旧费：

借：管理费用　　　　　　　　　　　　　　　　　　　　　　41000

　　贷：累计折旧——融资租入固定资产折旧　　　　　　　　　　41000

（7）付清租赁费和利息费用后，将融资租入固定资产转为自有固定资产：

借：固定资产——生产经营用固定资产　　　　　　　　　　205000

　　贷：固定资产——融资租入固定资产　　　　　　　　　　　205000

（二）应付补偿贸易引进的设备款

补偿贸易是从国外引进设备，再用该设备生产的产品归还设备价款。大型物业管理企业如果其经营涉及补偿贸易融资，可在"长期应付款"总账科目下设置"应付补偿贸易引进设备款"明细科目核算。该明细账科目的贷方反映企业发生的应支付的补偿贸易款，借方反映支付补偿贸易款，贷方余额反映企业尚未支付完的补偿贸易款。

五、代管基金核算

物业管理企业为物业所有人、使用人提供房屋共用部位、共用设施设备维修服务，需要房屋及物业所有人、使用人交纳一笔维修基金，由物业管理企业代管。代管基金应当专户存储、专款专用，并定期接受物业管理委员会或者物业所有人、使用人的检查和监督。物业管理企业对维修基金设置"代管基金"科目，专门核算企业应为物业所有人、使用人提供的维修的服务。总账科目的贷方反映"代管基金"的增加，借方反映代管基金的减少，贷方余额反映代管基金的结余。"代管基金"总账科目应按单栋房屋设置明细账，按户核算。与"代管基金"相应，在"银行存款"科目中设置"代管基金"明细科目，对代管基金实行专款专用管理。

企业收到代管基金，借记"银行存款——代管基金存款"科目，贷记"代管基金"科目；企业收到银行计息通知，属于代管基金存款利息收入的，借记"银行存款——代管基金存款"科目，贷记"代管基金"科目。企业有偿使用产权属于全体业主共用商业用房和共用设施设备，应负担的有关费用，如租赁费、承包费、有偿使用费等，应按受益对象，借记"经营成本"、"管理费用"、"其他业务支出"科目，贷记"代管基金"科目。

本企业承接房屋共用部位、共用设施设备大修、更新改造任务的，实际发生的工程支出，借记"物业工程"科目，贷记"银行存款"、"库存材料"等有关科目；工程完工，其工程款经业主委员会或者物业产权人、使用人、签证认可后进行转账，借记"代管基金"科目，贷记"经营收入——物业大修收入"科目；结转已完物业工程成本，借记"经营成本"科目，贷记"物业工程"科目。外单位承接本企业业务范围内大修任务，工程完工，其工程款经业主委员会或物业产权人、使用人签证认可后与承接单位进行结算，借记"代管基金"科目，贷记"银行存款"等科目。

【例 7-15】 某房地产开发公司出售商品房一栋，造价 200 万元，向该商品房的物业管理企业按造价的 3％一次性交纳房屋维修基金的 60000 元，作会计分录如下：

借：银行存款——代管基金存款   60000

     贷：代管基金   60000

【例 7-16】 某物业管理企业年初收到物业所有人、使用人交付的维修基金 50000 元，当年 8 月，某共用设备需要进行大修，企业与业主委员会达成协议，设备维修作价 30000 元，企业对设备大修共发生支出 28000 元（其中维修人员工资 15000 元，库存材料 13000 元），大修完成，经业主委员会签证后确认维修合格。9 月，物业管理企业因管理需要使用业主共用设施，应向全体业主支付使用费 60000 元。10 月，企业利用业主委员会提供的商业用房从事经营活动，应向业主委员会支付商业用房使用费 5500 元，可做会计分录如下：

（1）年初收到交付的资金：

借：银行存款——代管基金存款   50000

     贷：代管基金   50000

（2）8 月发生和完成设备大修：

借：物业工程   28000

| 贷：应付工资 | 15000 |
| 　库存材料 | 13000 |

（3）业主委员会签证后：

借：代管基金	30000
贷：经营收入——物业大修收入	30000
借：银行存款——基本结算户	30000
贷：银行存款——代管基金存款	30000
借：经营成本——物业大修成本	28000
贷：物业工程	28000

（4）9月份，向业主支付共用设施使用费：

借：管理费用	60000
贷：代管基金	60000
借：银行存款——代管基金存款	60000
贷：银行存款——基本结算户	60000

（5）10月份，向业主支付商业用房使用费：

借：其他业务支出	5500
贷：代管基金	5500
借：银行存款——代管基金存款	5500
贷：银行存款——基本结算户	5500

思 考 题 与 习 题

1. 什么是负债？负债的基本特征是什么？

2. 负债是如何进行分类的？

3. 流动负债的特征是什么？

4. 什么是长期负债？长期负债的特点是什么？

5. 在"应付债券"总账科目下应设置哪些明细科目？

6. "代管基金"有何特点？应如何进行核算？

7. （1）资料：某物业管理公司向银行借入流动资金贷款 200000 元，借款期限 6 个月，年借款利率为 12%，借入款项存入银行，半年后还本付息。

（2）要求：编制会计分录。

8. （1）资料：A 物业管理企业为维护房屋采购一批维修物资，不含税价 100000 元，增值税进项税额 17000 元，开出一张商业汇票抵付货款。

（2）要求：编制会计分录。

9. （1）资料：B 物业管理企业代自来水公司收取水费共计 28000 元，自来水公司按 2% 支付代收代交手续费。B 物业管理企业代收后交付自来水公司。

（2）要求：编制会计分录。

10. （1）资料：C 物业管理企业 3 月末计提工资 580000 元，其中物业管理、物业经营、物业大修业务人员工资 350000 元，商业用房经营人员工资 100000 元，管理部门人员工资 130000 元，同时计提应付福利费，4 月初提取现金 580000 元，发放工资。

（2）要求：编制会计分录。

11. （1）资料：D 物业管理企业本月取得经营收入共计 2100000 元，按 5% 的比例税率计算交纳营业税，按 7％的比例税率计算交纳城市维护建设税，按 3％的比例税率计算交纳教育费附加，次月 7 日用银行存款交纳上述各项税费。

（2）要求：

1）计算应交纳的营业税、城市维护建设税、教育费附加；

2）编制会计分录。

12.（1）资料：E 物业管理企业于 2002 年 1 月 1 日发行票面利率 12％，2 年期的企业债券 200000元，到期一次还本付息，发行价 220000 元，企业采用直线法摊销债券溢价。已知发行款项拟用于建造固定资产。

（2）要求：编制会计分录。

13.（1）资料：某房产公司出售商品房一栋，造价 400 万元，向该商品房的物业管理企业按造价的4.5％一次性交纳房屋维修基金。该款项已存入银行。

（2）要求：编制会计分录。

第八章 成 本 费 用

第一节 成 本 费 用 概 述

一、费用的概念

企业在生产经营过程中，必然会发生各种消耗，包括劳动对象、劳动手段以及活劳动的消耗。费用是指企业在生产和销售商品、提供劳务等日常活动中所发生的各种消耗。

费用具有如下特征：

（1）费用最终导致企业资源减少。具体表现为企业的资金支出或表现为资产的耗费。因此，费用本质上是一种企业资源的流出，它与企业收入的资源流入正好相反。发生费用的目的是为了取得收入，从而获得更多的资产。

（2）费用最终会减少企业的所有者权益。一般而言，企业的所有者权益会随收入的增加而增加；相反，企业的所有者权益会随费用的增加而减少。但是，企业在生产经营过程中，有的支出是不能归入费用的：一是资本性支出，如企业以银行存款购建固定资产，只是一项资产和另一项资产等额增减，并没有影响所有者权益，因而不构成费用；二是企业偿债性支出，如以银行存款归还前期所欠债务，只是一项资产和一项负债等额减少，对所有者权益没有影响，亦不构成费用；三是企业向所有者分配利润，虽然减少了企业的所有者权益，但其属性是对利润的分配，不作为费用。

物业管理企业在一定会计期间发生的耗费中，为提供一定种类和一定数量的专业服务所发生的消耗，即物业服务过程中所消耗的直接材料费用、直接人工费用以及其他直接费用等的总和，就形成物业服务业务的经营成本。

物业管理企业在一定会计期间所发生的不能直接归属于某个特定服务项目的费用，包括为组织和管理服务活动等所发生的管理费用和财务费用，以及服务过程中发生的营业费用，则归属于期间费用，在发生时直接计入相应会计期间的损益。

二、费用的分类

物业管理企业的费用按其经济用途，可分为经营成本和期间费用两大类。

（一）经营成本

经营成本按照其计入方式的不同，分为直接费用和间接费用。

1. 直接费用

直接费用是指物业管理企业在提供服务过程中发生的直接材料费、直接人工工资以及其他直接费用。

（1）直接材料费，指物业管理企业在提供服务过程中所消耗的直接用于服务项目的原材料、低值易耗品以及辅助材料。

（2）直接人工工资，指物业管理企业在提供服务过程中，直接参加物业服务的人工工资和按人工工资总额及规定的比例计提的职工福利费。

（3）其他直接费用，指物业管理企业发生的除直接材料和直接人工以外的，与提供物业管理服务有直接关系的费用。

直接费用应当按照费用的实际发生额进行核算，按照服务项目进行归集，直接计入服务项目的经营成本。

2. 间接费用

间接费用是指物业管理企业下属管理单位管理人员的工资、奖金、福利费、水电费、办公费、差旅费、交通运输费、低值易耗品摊销及其他费用等。间接费用应按一定的程序和方法进行分配，核算计入相关服务项目的经营成本。

（二）期间费用

期间费用是指物业管理企业当期发生的直接计入损益的费用。期间费用主要包括管理费用、营业费用、财务费用。

第二节 物 业 工 程

一、物业工程的概念和内容

物业工程是指物业管理企业承接的共用设施、设备大修、更新改造工程以及对物业产权人、使用人或业主委员会所提供的房屋进行装饰装修等工程。

物业工程按其具体实施的方式不同可以分为自营方式和出包方式两种。

自营方式，是指物业管理企业自行组织施工队伍进行施工，独自完成工程任务项目。

出包方式，是指物业管理企业委托其他单位承包工程。在该种方式下，根据出包的具体方式又可以分为包工包料和包工不包料两种情况。

物业管理企业对物业工程核算时，应设置"物业工程"科目，该科目用来核算物业工程所发生的各项支出。即科目借方记录物业工程发生的各项支出；贷方记录结转已完工程的成本；期末为借方余额，反映在建工程的实际成本。"物业工程"科目应按具体的工程项目设置明细账进行分类核算。

（一）自营工程的核算

物业管理企业自行组织施工时，"物业工程"科目借方核算物业管理企业在工程施工中所发生的各项费用，包括材料费、人工费、机械费、其他直接费用和间接费用等。以上费用如果在发生时就能确认由哪个工程项目承担，则应直接计入该工程项目成本中，借记"物业工程——××工程"科目，贷记"库存材料"、"应付工资"、"银行存款"等相关科目。以上费用如果在发生时不能确认由哪个工程项目承担，而是由多个工程项目共同承担的费用支出，应设置相关的科目暂记有关费用支出，再按一定标准分配计入有关的物业工程项目，例如，增设"工程间接费用"科目。物业管理企业承接的工程完工交付使用时，其工程价款经业主委员会或物业产权人、使用人签证认可后进行转账，借记"代管基金"科目，贷记"经营收入——××收入"科目，结转已完物业工程成本，借记"经营成本"科目，贷记"物业工程——××工程"科目。

物业管理企业对业主委员会或物业产权人、使用人提供的管理用房、商业用房进行装饰装修工程完工交付使用时，结转工程成本，借记"长期待摊费用"科目，贷记"物业工程—××工程"科目。

【例 8-1】 某物业管理企业自行组织对其所管理的某小区内公共照明系统进行改造。改造过程中费用为：其使用相应的设备 40000 元；材料 3000 元；参与施工工人工资 4000 元；工程完工后，工程价款 60000 元，作相应的会计分录如下：

(1) 计算物业工程成本：

借：物业工程——照明工程	47000
贷：库存设备	40000
库存材料	3000
应付工资	4000

(2) 工程完工后，经业主委员会签证认可，结转物业收入：

① 借：代管基金	60000
贷：经营收入——物业大修收入	60000
② 借：银行存款——基本结算户	60000
贷：银行存款——代管基金存款	60000

(3) 结转已完工工程成本

借：经营成本——物业大修成本	47000
贷：物业工程——照明工程	47000

【例 8-2】 某物业管理企业自行组织对业主委员会提供的管理用房进行装修，使用材料及相关备件 8000 元；参与施工人员工资 4200 元，所作会计分录如下：

(1) 计算工程成本：

借：物业工程——装修工程	12200
贷：库存材料	8000
应付工资	4200

(2) 工程完工后，结转工程成本：

借：长期待摊费用	12200
贷：物业工程——装修工程	12200

(3) 以后，每年摊销时：

借：管理费用	×××
贷：长期待摊费用	×××

(二) 出包工程的核算

物业管理企业委托其他单位承包工程时，其工程的具体支出在承包单位核算。这种方式下"物业工程"科目实际是物业管理企业与承包单位的结算科目，物业管理企业将与承包单位结算的工程价款作为工程成本，通过"物业工程"科目核算。物业管理企业按规定支付给承包单位工程价款时，借记"物业工程——××工程"科目，贷记"银行存款"等科目。工程完工交付使用时，账务处理与自营工程相同。

【例 8-3】 某物业管理企业委托某装饰装修公司对业主委员会提供的商业用房进行装修，共支付给承包单位的装修价款 10600 元，所作会计分录如下：

(1) 支付工程价款时：

借：物业工程——装修工程	10600

　　　　贷：银行存款　　　　　　　　　　　　　　　　　　　　10600
　　（2）工程完工交付使用时：
　　借：长期待摊费用　　　　　　　　　　　　　　　　　　　10600
　　　　贷：物业工程——装修工程　　　　　　　　　　　　　　10600
　　（3）以后，每年摊销时：
　　借：管理费用　　　　　　　　　　　　　　　　　　　　　×××
　　　　贷：长期待摊费用　　　　　　　　　　　　　　　　　　×××

第三节　经　营　成　本

一、经营成本的概念及内容

（一）经营成本的概念和核算对象

经营成本是指物业管理企业在物业管理服务活动中，所发生的各项实际支出。

做好经营成本的核算，对于正确反映物业管理企业的各项服务成果，加强成本控制，考核目标执行情况，提高企业经济效益等，都具有十分重要的意义。

物业管理企业经营成本的核算，首先应确定成本核算的对象，因为，在服务对象中所发生的各项成本支出，应按照核算对象进行归集。成本核算对象一般根据财会制度的相关规定，结合物业管理的特点和实际情况，按照业务类别来确定。经营成本核算对象应为：物业大修成本、物业经营成本、物业管理成本等。实行营业成本与营业收入配比，有利于企业进行经营成果的核算。

（二）经营成本的内容

经营成本的内容具体包括：管理服务人员的工资及按规定提取的福利费；绿化管理费；清洁卫生费；保安费；物业管理企业固定资产折旧费等。

经营成本由物业管理企业设置损益类科目"经营成本"科目进行核算，该科目应与经营收入相对应的经营成本设置物业大修成本、物业经营成本、物业管理成本等明细科目，进行明细核算。该科目借方登记各项成本的实际发生额，贷方登记经营成本的结转数额；期末将该科目的余额全部转入"本年利润"科目，结转后，该科目无余额。

二、经营成本的核算原则

经营成本的核算要求真实反映和准确计算企业在物业管理过程中所发生的各种耗费，并按照一定的程序和方法对这些耗费加以归集和分配，核算对象的成本。

经营成本的核算应遵循如下原则：

（1）加强基础工作的原则。这是确保成本准确核算的重要前提。如果物业管理企业成本核算工作不健全，计量不准确，记录不完整，定额不合理，成本核算就不能真实反映各种耗费水平的目的。

（2）真实性和及时性原则。成本核算中所运用的数据资料，必须真实可靠，一定要以审核无误的原始凭证作为计算依据。同时还要根据企业管理和报表的需要，及时提供成本核算资料以及成本的核算结果。

（3）实际成本计价原则。物业管理企业应当按实际成本发生额计算成本，不得用估计成本及其他成本代替实际成本。

（4）权责发生制原则。本期支付的，应由本期和以后各期负担的，应按一定的标准分配计入本期和以后各期的成本，本期尚未支付的，但应由本期承担的费用，应进行预提计入本期成本。这样，才能正确反映各期的成本和损益水平。

（5）成本分期标准原则。成本核算一般按月进行核算。核算的收入与成本的起止日期必须一致，以确保当期成本、损益的真实性。

（6）一贯性和相关性原则。成本核算中的各种计算方法，必须前后一致，不得随意变更，才能使各期的资料具有统一口径，前后连贯一致，相互可比。成本核算方法应根据各种规章制度结合自身的经营特点进行确定，但一经确定，不得随意变更。

三、经营成本的核算

以下按经营成本的核算对象，分别进行经营成本的核算。

（一）物业管理成本的核算

1. 公共性服务成本的核算

公共性服务成本是物业管理企业经营成本的主要内容，包括物业公共设施——照明、电梯、消防、停车场等的管理和维修费用，公共环境的卫生清洁费用，绿化费用，保安费用等支出。

公共性服务根据服务的具体方式，可由物业管理企业自营，也可采用出包方式。

（1）自营方式服务成本的核算。采用自营方式进行服务时，将发生的各项费用直接计入"经营成本——物业管理——公共性服务成本"科目的借方，同时计入"银行存款"、"库存材料"、"低值易耗品"、"应付工资"等科目的贷方。

【例8-4】 某物业管理企业某月对3号楼公共场所进行清洗绿化花费1600元，其中人工费用800元，领取低值易耗品400元，其他花费400元。低值易耗品实行一次结转，结转有关成本时作如下会计分录：

借：经营成本——物业管理——公共性服务成本 1600
　　贷：应付工资 800
　　　　低值易耗品 400
　　　　银行存款 400

实际发放人工工资时：

借：应付工资 800
　　贷：银行存款 800

（2）出包方式服务成本的核算。物业管理企业对部分公共性服务也可以采用出包方式。例如，对某住宅小区的电梯维修维护，由于该工作有较强的专业性，物业管理企业就可以与具有该技术的单位或个人签订服务承包合同，即成本为合同标的结算价款。合同价款一般按月预付，年度结算。

【例8-5】 某物业管理企业把小区内的电梯维护工作承包给某电梯专业维修队，合同规定每月预付1000元费用，每年年终进行总结算，以管理费和修理费计算，多退少补。本年度终了时总结算为15000元，作会计分录如下：

每月预付时：

借：经营成本——物业管理——公共性服务成本 1000
　　贷：银行存款 1000

年终结算补差时：

借：经营成本——物业管理——公共性服务成本   3000

  贷：银行存款   3000

2. 公众代办性服务成本的核算

在公众代办性服务中，物业管理企业按规定收取百分之几的代办服务费，因此，此类服务的成本一般为人工费，根据物业管理企业的"工资结算汇总表"和"派工单"所列人工费进行成本核算。

【例 8-6】 某物业管理企业所属服务队，本月发生工资总额 2000 元。将"派工单"汇总结算时，该队本月实际总工时 2000 小时，其中代办服务为 1600 小时，经计算代办服务应分配的人工费为 1600 元。作会计分录如下：

借：经营成本——物业管理——代办服务成本   1600

  贷：应付工资   1600

3. 特约服务成本的核算

物业管理企业受业主或住户的委托完成特约服务所耗费的材料和人工费进行核算。例如，某物业管理企业家电特约维修时，维修家电时所耗的材料费和人工费就构成此项服务的经营成本。

【例 8-7】 某物业管理企业受住户委托为其维修 TCL 电视，耗费修理配件和材料共计 300 元，实际人工费用 100 元。核算特约服务成本时，作如下会计分录：

借：经营成本——物业管理——特约服务成本   400

  贷：原材料   300

    应付工资   100

（二）物业经营成本的核算

物业管理企业经营由业主委员会或物业产权所有人、使用人提供的房屋、设施等承包给物业管理企业经营。物业管理企业支付给产权人、业主委员会的租赁费、承包费等计入"经营成本——物业经营"科目的借方，贷记"银行存款""应付账款"等科目。

【例 8-8】 某物业管理企业使用业主共用场所经营停车场。物业管理企业 2002 年共应向业主支付使用费 9000 元，应作如下会计分录：

费用结算时

借：经营成本——物业经营成本   9000

  贷：应付账款——业主   9000

实际支付使用费时：

借：应付账款——业主   9000

  贷：银行存款   9000

（三）物业大修成本的核算

物业管理企业承接的共用设施设备大修更新改造等任务。按实际发生的支出在"物业工程"科目核算。月份终了，结转物业工程中已完工程成本，借记"经营成本——物业大修"科目，贷记"物业工程"科目。

第四节 期 间 费 用

期间费用是物业管理企业当期所发生的费用中的一个组成部分，指本期发生的直接计入损益的费用，包括管理费用、财务费用和营业费用。

一、管理费用

（一）管理费用的概念及其内容

管理费用是指物业管理企业行政管理部门为组织和管理服务而发生的各种费用，它包括的项目有：公司经费、职工教育经费、工会经费、劳动保险费、咨询费、业务招待费、相关税金、技术开发费、咨询费、无形资产摊销、审计费、递延资产摊销、诉讼费、坏账损失等其他管理费用。

公司经费是指物业管理企业管理人员的工资、奖金及福利费、差旅费、固定资产修理费、折旧费、办公费、水电通讯费、交通运输费、财产保险费、低值易耗品摊销等其他公司经费。

职工教育经费是指按职工工资总额的一定比例计提的费用，它用于物业管理企业职工的学习、培训等。

工会经费是指按职工工资总额的一定比例计提的费用，交付工会组织的经费。

待业保险费是指物业管理企业按国家有关规定交纳的待业保险金。

劳动保险费是指物业管理企业离退休职工的退休金、职工退职金、职工死亡丧葬补助费、抚恤金、按规定支付各项退休统筹基金等。

咨询费是指物业管理企业向有关机构进行经营管理咨询、科学技术咨询等支付的费用，比如聘请经济顾问、法律顾问等发生的费用。

业务招待费是指物业管理企业为经营服务发生的各种合理需要的应酬费用。业务招待费是管理费用核算的一个重要组成部分，发生业务招待费时，必须按规定的标准列入管理费用。全年销售净额（指销售额扣除折让、折扣的余额）在 1500 万元以下的，不超过销售净额的 5‰；全年销售净额超过 1500 万元但不足 5000 万元的，不超过该部分销售净额的 3‰；全年销售净额超过 5000 万元但不足一亿元的，不超过该部分销售净额的 2‰；全年销售净额超过一亿元的，不超过该部分销售净额的 1‰。

坏账损失是指物业管理企业应收账款被确认为坏账时所造成的损失以及按规定提取的坏账准备。

管理费用属于期间费用，在发生的当期直接计入当期损益。

（二）管理费用的核算

物业管理企业发生的管理费用应在"管理费用"科目中核算，并按费用项目进行明细分类核算。物业管理企业发生的各项管理费用计入"管理费用"科目的借方，贷记"现金"、"银行存款"、"应付工资"、"累计折旧"、"坏账准备"、"无形资产"等科目。期末，将管理费用全额转入"本年利润"科目的借方，计入当期损益。结转后"管理费用"科目期末无余额。

【例 8-9】 某物业管理企业当月发生管理费用总额 38740 元。其中，行政管理人员工资 24000 元，职工福利费 3360 元，折旧费 11000 元，印花税 180 元，待业保险费 200 元。

上述费用支出时所作会计分录为：

(1)结转管理人员工资时：

借：管理费用——工资   24000

  贷：应付工资   24000

(2)计提职工福利费时：

借：管理费用——职工福利费   3360

  贷：应付福利费   3360

(3)计提折旧费时：

借：管理费用——折旧费   11000

  贷：累计折旧   11000

(4)支付印花税款时：

借：管理费用——印花税   180

  贷：银行存款   180

(5)支付待业保险费时：

借：管理费用——待业保险费   200

  贷：银行存款   200

(6)月末结转以上管理费用时：

借：本年利润   38740

  贷：管理费用   38740

二、财务费用

(一)财务费用的概念及内容

财务费用是指物业管理企业为筹集物业管理及服务所需资金等而发生的费用。包括的项目有：利息支出(减利息收入)、汇总损失(减汇总收益)以及相关的手续费等。为购建固定资产专门借款所发生的借款费用，在固定资产达到预定可使用状态前按规定应予资本化的部分，不作为财务费用核算。

(二)财务费用的核算

物业管理企业发生的财务费用在"财务费用"科目中核算，并按照费用项目进行明细分类核算。物业管理企业发生财务费用时，借记"财务费用"科目，贷记"银行存款"、"预提费用"等科目。期末，将财务费用全额转入"本年利润"科目的借方。结转后，"财务费用"科目期末无余额。

【例8-10】 某物业管理企业6月份计提本月短期借款利息800元。作会计分录为：

借：财务费用——借款利息   800

  贷：预提费用——借款利息   800

该物业管理企业支付第二季度短期借款利息2400元，作会计分录为：

借：预提费用——借款利息   2400

  贷：银行存款   2400

三、营业费用

(一)营业费用的概念及内容

营业费用是指物业管理企业专设营销机构发生的各项经费及其他营销费用。包括营销机构的职工工资、职工福利费、办公费、折旧费、修理费等其他费用。其他营销费用包括保险费、展览费、广告费等费用。

（二）营业费用的核算

物业管理企业发生的营业费用在"营业费用"科目中核算，并按费用项目进行明细分类核算。物业管理企业在发生各项营业费用时，借记"营业费用"科目，贷记"现金"、"银行存款"、"应付工资""应付福利费"等科目。期末，应将营业费用全额转入"本年利润"科目的借方，计入当期损益。结转后，"营业费用"科目期末应无余额。

【例8-11】 某物业管理企业对其经营的球场进行广告促销，全年该企业于年初一次性支付广告宣传费36000元，每月平均负担3000元。所作会计分录如下：

（1）支付广告费用时：

借：待摊费用——广告宣传费 　　　　　　　　　　　　　36000

　　贷：银行存款 　　　　　　　　　　　　　　　　　　　　36000

（2）每月摊销待摊费用时：

借：财务费用——广告宣传费 　　　　　　　　　　　　　3000

　　贷：待摊费用——广告宣传费 　　　　　　　　　　　　3000

（3）期末结转营业费用时：

借：本年利润 　　　　　　　　　　　　　　　　　　　　×××

　　贷：营业费用 　　　　　　　　　　　　　　　　　　　×××

思 考 题 与 习 题

1. 费用的特征及分类。

2. 物业工程的类型。

3. 期间费用的组成及各自的核算范围。

4.（1）资料：兴达物业管理公司自行组织对业主委员会提供的管理用房进行装修，共使用原材料及各种配件10000元，应付施工人员工资4000元。

（2）要求：

编制兴达物业管理公司的相关会计分录。

5.（1）资料：某物业管理企业于2004年3月对其管理的公共通道进行清洗，共计花费1000元，其中工人工资500元。

（2）要求：

编制结转有关成本时的会计分录。

第九章 收入利润

第一节 收入的确认

一、收入的概念及特点

（一）收入的概念

《企业会计准则——收入》中，将收入定义为企业在销售商品、提供劳务及让渡资产使用权等日常活动中所形成的经济利益的总流入。包括销售商品收入、劳务收入、利息收入、使用费收入、租金收入等，但不包括为第三方或客户代收的款项。

（二）收入的特点

收入具有如下基本特征：

（1）收入从企业的日常活动中产生，而不是从偶发的交易或事项中产生。比如，工商企业的收入是从其销售商品、提供工业性劳务等日常活动中产生的，而不是从处置固定资产等非日常活动中产生的。所以，这种非日常活动虽然为企业带来经济利益，其流入的经济利益是利得，而不是收入，也不能作为收入核算。

（2）收入可能表现为企业资产的增加，如增加银行存款、应收账款等；也可能表现为企业负债的减少，例如，以商品或劳务抵偿债务；或者两者兼而有之。如商品销售的贷款中部分抵偿债务，部分收取现金。但这里所说的抵债不包括债务重组中的商品抵债。

（3）收入能导致企业所有者权益的增加。收入能增加资产或减少负债或二者兼而有之，所以，根据"资产＝负债＋所有者权益"这一会计等式，企业取得收入一定能增加所有者权益。但收入减去相关成本费用后的净额，则可能增加所有者权益（盈利），也可能减少所有者权益（亏损）。这里仅指收入本身能导致所有者权益的增加，而不是指收入减去成本费用后的毛利对所有者权益的影响。

（4）收入只包括本企业经济利益的流入，不包括为第三方或客户代收的款项，如代收利息、增值税、代收运杂费等。代收的项目，一方面增加企业的资产，一方面增加企业的负债，因此，不能增加企业的所有者权益，不属于本企业的经济利益，也不能作为本企业的收入处理。

二、收入的分类

收入可以有不同的分类，对物业管理企业而言，收入按照其主次分类标准，可以分为主营业务收入和其他业务收入两大类。

（一）主营业务收入

主营业务收入，又称为经营收入是指物业管理企业在物业管理活动中，为业主委员会、物业产权人、使用人提供维修、管理和服务等劳务而取得的各项收入。

主营业务收入主要包括：

1. 物业管理收入

物业管理企业向物业产权人、使用人收取的公共性服务费收入、公众代办性服务费收入和特约服务收入等。

2. 物业经营收入

物业管理企业经营物业产权人、使用人及业主委员会提供的房屋、建筑物和共用设施取得的收入，如经营停车场、游泳池、各类球场等共用设施所取得的收入。

3. 物业大修收入

物业管理企业接受业主委员会、物业产权人、使用人的委托，对房屋共用部位、共用设施设备进行大修取得的收入。

（二）其他业务收入

其他业务收入，是指除主营业务收入以外的其他业务活动所取得的收入。包括房屋中介代销手续费收入、废品回收收入以及无形资产转让收入等。

三、收入的确认

收入的确认实际上就是指收入在什么时候记账核算，并在利润表上反映出来。收入是企业在一定时期内经营成果的集中体现，是企业经营活动中流入的资产，或减少的负债，或两者兼而有之。

物业管理企业取得的各项收入，应按下列原则进行确认：

（1）物业管理、经营收入，通常应当在劳务已经提供，同时收讫价款或取得收取价款的凭证时确认为营业收入的实现。

（2）物业大修收入，应当经业主委员会或者物业产权人、使用人签证认可后，确认为营业收入。

（3）物业管理企业与业主委员会或者物业产权人、使用人双方签订付款合同或协议的，应当根据合同或者协议所规定的付款日期确认收入的实现。

（4）其他业务收入的确认原则与主营业务收入的确认原则相同。

第二节　收入的核算

一、主营业务收入的核算

物业管理企业在物业管理活动中取得的收入通过"主营业务收入"或"经营收入"科目核算，另设置了与收入相关的"主营业务成本"或"经营成本"、"经营税金及附加"等损益类科目进行经营成果的核算。下面以"经营收入""经营成本"进行核算。

物业管理企业通过设置"经营收入"科目核算物业管理收入、物业经营收入、物业大修收入。该科目属于损益类科目，贷方核算实现的经营收入，按经营收入的种类设置明细账进行明细核算。

（一）物业管理收入的核算

物业管理收入，物业管理企业可以根据实际管理需要，按照物业管理收入的组成内容设置明细账进行明细核算，包括公共性服务费收入、公众代办性服务费收入、特约服务费收入等。

1. 公共性服务费收入的核算

公共性服务费包括公共卫生清洁、公共设施维修保养、保安、绿化费用等。它是物业管理企业物业管理活动的主要内容。物业管理公共性服务费的构成项目有：①管理、服务人员的工资及按规定提取的福利费；②公共设施、设备日常运行、维修及保养费；③绿化管理费；④清洁卫生费；⑤保安费；⑥办公费；⑦物业管理企业固定资产折旧费；⑧相关税费。

物业管理企业收入核算中，对公共性服务费的计算以房屋的建筑面积为计算依据。各套房屋的建筑面积，是指除了各套房屋"自用"建筑面积外，还应包括合理分摊"公用"建筑面积。

在物业管理企业的这些收入核算中，所涉及的物业管理企业的专业术语有：

"自用部位"指一套住宅内部，由住户自用的起居室、卧房、厨房、卫生间、过道和阳台等部位。

"自用设备"指一套住宅内部，由住宅业主，使用人自用的门窗、卫生洁具以及通向总管的供热、排水、燃气管道、电线等设备。

"共用部位"指一幢住宅内部，由整幢住宅的业主，使用人共同使用的门厅、楼梯、公共通道、传达室、电话分线间以及突出层面的有围护结构的楼梯间、水箱间等部位。

"共用设备"指一幢住宅内部，由整幢住宅的业主、使用人共同使用的供水管道、排水管道、照明灯具、垃圾管道、水箱、水泵、消防设备等设备。

各套房屋分摊的"公用"建筑面积应以原套房屋的"自用"建筑面积占该幢楼房总的"自用"建筑面积的百分比进行分摊。各套房屋建筑面积的计算，可按以下公式进行：

各套房屋"自用"建筑面积应分摊的

$$\text{"公用"建筑面积的分摊率} = \frac{\text{该幢楼房"公用"建筑面积}}{\text{该幢楼房"自用"建筑面积总和}} \times 100\%$$

某套房屋建筑面积 = 该套房屋的"自用"建筑面积 × (1 + 某套房屋"自用"面积应分摊的"公用"建筑面积的分摊率)

【例 9-1】 某幢楼房的建筑面积共为 7000m²，其中各套房屋"自用"建筑面积总和为 6000m²，"公用"建筑面积为 1000m²。则：

$$\text{各套房屋"自用"建筑面积应分摊的"公用"建筑面积的分摊率} = \frac{1000}{6000} \times 100\% = 17\%$$

即每 100m² 的"自用"建筑面积应分摊 17m² 的"公用"建筑面积。

假如某套房屋的"自用"建筑面积为 120m²，物业管理企业每月公共性服务费定为 0.60 元/m²，则：

$$\text{该套房屋建筑面积} = 120 \times (1 + 17\%) = 140m^2$$

该套房屋每月应交公共性服务费为：

$$140 \times 0.6 = 84 \text{元}$$

公共性服务费收入一般采用定期预收的办法，往往为 6 个月预收一次，分月度计算经营收入。预收服务费收入可记入"预收账款"科目贷方，也可直接记入"应收账款"科目的贷方。

【例 9-2】 某物业管理企业 1 月份预收业主上半年公共性服务费，该业主每月公共性服务费为 84 元，一次预收 6 个月。所作会计分录如下：

(1) 预收公共性服务费时：

借：现金   504
  贷：经营收入——物业管理收入——公共性服务收入   84
    预收账款——公共性服务收入   420
（2）以后每月（2～6月）服务费结转时：
借：预收账款——公共性服务收入   84
  贷：经营收入——物业管理收入——公共性服务收入   84

2. 公众代办性服务费收入的核算

房屋业主或使用人委托物业管理企业代缴水电费、煤气费、有线电视费、电话费等各种代办业务，物业管理企业可适当收取代办服务费，不受委托则不得收费。

【例9-3】 某物业管理企业1月份为各房屋业主和租住户代缴有线电视费共计1000元，按2%收取代办服务费为20元。所应作的会计分录如下：
借：现金   1020
  贷：代收款项——代收有线电视费   1000
    经营收入——物业管理收入——公众代办性服务费收入   20
解缴电视收视费时：
借：代收款项——代收有线电视费   1000
  贷：现金（银行存款）   1000

【例9-4】 某物业管理企业为某号楼业主代办申请安装天然气设备，收取安装申请费3000元，代办费200元。企业应作会计分录如下：
借：银行存款   3200
  贷：代收款项——代收天然气安装费   3000
    经营收入——物业管理收入——公众代办性服务费收入   200
解缴天然气安装费时：
借：代收款项——代收天然气安装费   3000
  贷：银行存款   3000

3. 特约服务费的核算

对于房屋业主和租住户个别需要的特约服务，如进行装修，自用设备维修等收费。其服务费由物业管理企业定价，服务内容统一规定，并明码标价，服务自愿。

【例9-5】 某物业管理企业接受某业主特约委托对该房屋进行装修，按照业主的要求该工程的预算额为30000元，按3%收取特约服务费900元。所作会计分录如下：
借：银行存款   30900
  贷：其他应付款——某房屋装修公司   30000
    经营收入——物业管理收入——特约服务费收入   900
工程结束，按合同价款支付工程款时：
借：其他应付款——某房屋装修公司   30000
  贷：银行存款   30000

（二）物业经营收入的核算

物业经营收入是指物业管理企业经营业主委员会或物业产权人、使用人提供的房屋、建筑和共用设施取得的收入。如房屋出租收入和经营停车场、游泳池、各类球场等共用设施收入。企业物业经营收入，借记"应收账款"、"银行存款"等科目，贷记"经营收入——物业经营收入"科目。

【例9-6】　某物业管理企业经营产权人提供的游泳池，每月收入25000元。所作会计分录如下：

借：银行存款　　　　　　　　　　　　　　　　　　　　　　　　　　25000

　　贷：经营收入——物业经营收入——游泳池收入　　　　　　　　　　　　25000

【例9-7】　某物业管理企业经营业主委员会提供的球场，该月的收入为40000元，款项尚未收取，确认收入所应作的会计分录如下：

借：应收账款——球场使用者　　　　　　　　　　　　　　　　　　　　40000

　　贷：经营收入——物业经营收入——球场收入　　　　　　　　　　　　　40000

收到款项时：

借：银行存款　　　　　　　　　　　　　　　　　　　　　　　　　　40000

　　贷：应收账款——球场使用者　　　　　　　　　　　　　　　　　　　40000

（三）物业大修收入的核算

物业大修收入是物业管理企业接受业主委员会或物业产权人，使用人的委托，对房屋共用部位、共用设施设备进行大修取得的收入。企业承接房屋共用设施设备大修工程，工程完工，其工程款经业主委员会或物业产权人、使用人签证认可后进行转账，借记"代管基金"科目，贷记"经营收入——物业大修收入"项目。

【例9-8】　某物业管理企业承接某楼共用电梯的大修任务，实际发生工程支出6000元，工程完工后，其工程价款7000元已经物业产权人签证认可。所作会计分录如下：

借：物业工程　　　　　　　　　　　　　　　　　　　　　　　　　　6000

　　贷：银行存款　　　　　　　　　　　　　　　　　　　　　　　　　6000

结转确认收入时：

① 借：代管基金　　　　　　　　　　　　　　　　　　　　　　　　　7000

　　　贷：经营收入——物业大修收入　　　　　　　　　　　　　　　　　7000

② 借：银行存款——基本结算户　　　　　　　　　　　　　　　　　　　7000

　　　贷：银行存款——代管基金存款户　　　　　　　　　　　　　　　　7000

③ 借：经营成本——物业大修成本　　　　　　　　　　　　　　　　　　6000

　　　贷：物业工程　　　　　　　　　　　　　　　　　　　　　　　　6000

二、其他业务收支的核算

其他业务收支不属于企业主要经营业务，根据重要性原则，对其他业务收支的核算采取比较简单的方法。

（一）其他业务收入

物业管理企业的其他业务收入指除主营业务以外的其他业务活动所取得的收入，包括房屋中介代销手续费收入，材料物资销售收入、废品收入、商用房屋经营收入及无形资产转让收入等。如物业管理企业利用业主委员会提供的商业用房，开办健身房、歌舞厅、美容美发店、饮食店等的经营收入。

物业管理取得的各项其他业务收入，借记"银行存款"、"应收账款"等科目，贷记"其他业务收入"科目。"其他业务收入"科目应按其他业务的种类设置明细账，如"房屋中介代销手续费收入"、"物资销售收入"、"废品回收收入"、"商业用房经营收入"等。

（二）其他业务支出

其他业务支出是指物业管理企业除主营业务以外的其他业务所产生的各项支出。包括销售商品，提供劳务而发生的相关成本、费用以及相关税金及附加等。物业管理企业发生的其他支出时，借记"其他业务支出"科目，贷记"应付工资"、"银行存款"、"应交税金"、"其他应交款"等科目。"其他业务支出"应设置明细账，如"房屋中介代销手续费支出"、"物资销售支出"、"废品回收支出"、"商业用房经营支出"等。

期末，应将"其他业务收入"、"其他业务支出"科目的余额转入"本年利润"科目，结转后应无余额。

【例 9-9】 某物业管理企业开设餐饮部，某一天的营业收入为 3000 元，营业支出为 2000 元，其中，应付工资 500 元，耗用材料 1500 元。所作会计分录如下：

取得收入时：

借：现金   3000

 贷：其他业务收入——餐饮收入   3000

发生相关支出时：

借：其他业务支出   2000

 贷：应付工资   500

   库存材料   1500

三、经营税金及附加的核算

物业管理企业在其经营过程中，应按税法规定，以营业收入为对象和计算依据，向税务机关交纳一定数量的经营税金及附加。包括：营业税、城市维护建设税、教育费附加等。

物业管理企业通过设置"经营税金及附加"科目，根据经营收入及规定计算缴纳的税金及附加。该科目属于损益类科目，借方登记应交纳的税金及附加等，贷方登记结转数额。其他业务收入应交的税金及附加通过"其他业务支出"科目进行核算。企业月底计提的营业税、城市维护建设税记入"应交税金"科目，计提的教育费附加记入"其他应交款"科目，待实际缴纳时，再冲销"应交税金"及"其他应交款"科目。

【例 9-10】 某物业管理企业当月经营收入共计 80000 元，其他业务收入共计 20000 元，按 5% 交纳营业税，按营业税的 7% 交纳城市维护建设税，按营业税的 2% 交纳教育费附加。所应作的分录如下：

（1）计算营业税：

经营收入营业税：80000×5%＝4000 元

其他业务收入营业税：20000×5%＝1000 元

借：经营税金及附加   4000

  其他业务支出   1000

 贷：应交税金——应交营业税   5000

（2）计算城市维护建设税时：

经营收入城市维护建设税：4000×7%＝280 元

其他业务收入城市维护建设税：1000×7%＝70 元

借：经营税金及附加   280

其他业务支出	70
贷：应交税金——城市维护建设税	350

　（3）计算教育费附加

经营收入教育费附加：4000×2%＝80元

其他业务收入教育费附加：1000×2%＝20元

借：经营税金及附加	80
其他业务支出	20
贷：其他应交款——应交教育费附加	100

第三节　利　　润

利润是企业生产经营成果的综合反映，是企业会计核算的重要组成部分。物业管理企业在一定期间内全部收入抵补全部支出的盈余就是利润。

一、利润总额的构成

物业管理企业利润总额包括营业利润、投资净收益以及营业外收支净额等。其有关公式为：

利润总额＝营业利润＋投资净收益＋营业外收支净额＋补贴收入

（一）营业利润

这是物业管理企业在经营活动中所取得的净收益。其计算公式为：

营业利润＝经营利润＋其他业务利润－管理费用－财务费用

其中：经营利润＝经营收入－经营成本－营业费用－经营税金及附加

（二）投资净收益

投资净收益，是指物业管理企业对外投资收益减去对外投资损失后的净额。其中，投资收益是指公司对外投资所获得的股利和利息等收益，公司对外投资到期收回或中途转让取得的款项高于实际投资数额或账面净值的差额，以及按照权益法核算的股权投资在被投资单位增加的所有者权益中所拥有的数额；投资损失是指公司对外投资到期收回或中途转让取得的款项低于实际投资数额或账面净值的差额，以及按照权益法核算的股权投资在被投资单位减少的所有者权益中应分担的数额。

（三）补贴收入

补贴收入是指物业管理企业按照规定应取得和已取得的各种补贴收入。包括国家拨入的亏损补帖、退还的增值税等。物业管理企业取得的各种补贴收入在"补贴收入"科目进行核算。

（四）营业外收支净额

营业外收支是指物业管理企业与经营活动没有直接关系的各项收支。营业外收支净额是指营业外收入扣除营业外支出后的净额。

1. 营业外收入

营业外收入并不是物业管理企业的经营资金耗费所产生的，不需要物业管理企业付出代价，实际是一种纯收入，不可能也不需要与有关费用进行配比。因此，在对营业外收入进行核算时，应当严格区分营业外收入与营业收入的界限。营业外收入主要包括处置固定资产净收益、罚没收入、固定资产盘盈、确定无法支付的应付款项，教育费附加返还款等。

2. 营业外支出

营业外支出是指不属于物业管理企业的经营费用，但应从企业实现的利润中扣除的支出。它主要包括固定资产盘亏、处置固定资产净损失、固定资产和无形资产因自然灾害等造成的非正常损失、罚没支出、公益性损赠等。

二、利润总额的核算

（一）科目的设置

为了核算物业管理企业的利润总额，需要设置下列科目：

1. "本年利润"科目

物业管理企业应设置"本年利润"科目用以核算企业在本年度实现的利润总额。该科目为损益类科目。期末结转利润时，物业管理企业将"经营收入"、"其他业务收入"、"营业外收入"科目的余额转入该科目的贷方；将"经营成本"、"营业费用"、"经营税金及附加"、"其他业务支出"、"管理费用"、"财务费用"、"营业外支出"等科目的余额转到该科目的借方；将"投资收益"科目的贷方余额转入该科目的贷方，若为借方余额作反方向结转。收支相抵后，"本年利润"科目贷方余额，反映本年度实现的利润；若为借方余额，反映本年度发生的亏损。年度终了，应将本科目的余额转入"利润分配"科目，结转后无余额。

2. "投资收益"科目

物业管理企业应设置"投资收益"科目，用以核算物业管理企业对外投资取得的收益或发生的损失。期末应将本科目的余额转入"本年利润"科目，结转后本科目应无余额。

3. "营业外收入"科目

该科目属于损益类科目，科目的贷方反映本期发生的各项营业外收入，期末应将该科目余额转入"本年利润"科目的贷方，结转后该科目无余额。

4. "营业外支出"科目

该科目属于损益类科目，科目的借方反映本期发生的各项营业外支出，期末应将该科目余额转入"本年利润"科目的借方，结转后该科目无余额。

（二）利润总额的实例核算

【例9-11】　某物业管理企业年末固定资产清理净收益20000元，因债权人死亡无法归还的应付款项4000元，所作会计分录如下：

发生时：

(1) 借：固定资产清理　　　　　　　　　　　　　　　　20000

　　　　贷：营业外收入——固定资产清理收益　　　　　　　　　　20000

(2) 借：其他应付款　　　　　　　　　　　　　　　　　4000

　　　　贷：营业外收入　　　　　　　　　　　　　　　　　　　　4000

期末结转时：

借：营业外收入　　　　　　　　　　　　　　　　　　24000

　　贷：本年利润　　　　　　　　　　　　　　　　　　　　　24000

【例9-12】　某物业管理企业期末固定资产盘亏1台，原值50000元，净值10000元，本期罚款支出5000元。所作会计分录如下：

固定资产盘亏时：

借：累计折旧 40000

　　待处理财产损溢 10000

　　贷：固定资产 50000

批准结转时：

借：营业外支出——固定资产盘亏损失 10000

　　贷：待处理财产损溢 10000

缴纳罚款时：

借：营业外支出——罚款支出 5000

　　贷：银行存款 5000

期末结转时：

借：本年利润 15000

　　贷：营业处支出——固定资产盘亏损失 10000

　　　　　　　　——罚款支出 5000

【例 9-13】 某物业管理企业当月应结转经营收入 10000 元，其他业务收入 500 元，营业外收入 300 元，投资收益 200 元，经营成本 6200 元，经营税金及附加 600 元，营业费用 500 元，其他业务支出 200 元，管理费用 700 元，财务费用 60 元，营业外支出 100 元。

所作会计分录如下：

（1）结转收入：

借：经营收入 10000

　　其他业务收入 500

　　营业外收入 300

　　投资收益 200

　　贷：本年利润 11000

（2）结转成本及费用时：

借：本年利润 8360

　　贷：经营成本 6200

　　　　经营税金及附加 600

　　　　营业费用 500

　　　　其他业务支出 200

　　　　管理费用 700

　　　　财务费用 60

　　　　营业外支出 100

"本年利润"科目贷方发生额 11000 与借方发生额 8360 元轧抵后的贷方余额即为利润总额 2640 元。利润总额减去企业所得税后即为企业的税后利润。

第四节　企业所得税

一、所得税概述

（一）所得税的性质

会计准则和税法体现着不同的经济关系，服务于不同的目的。按照会计准则的要求，会计核算必须遵循一般会计原则，其目的是为了全面、真实、公允地反映企业的财务状况、经营业绩以及财务状况变动的全貌，为会计报表的使用者提供有用的财务信息资料，为投资者、债权人、企业管理者多方面决策提供可靠的依据。税法是以课税为目的，根据经济合理、公平税负、促进竞争的原则，依据有关的税收法规，确定一定时期纳税人应交纳的税额。从所得税角度考虑，主要确定企业的应纳税所得额（简称应税所得），以对企业的经营所得以及其他所得而征税。

会计准则和税收法规的本质区别在于确认收入和费用的时点及标准不同。因此，按照会计准则计算的利润与按照税法规定计算的应纳税所得额之间不一定相同。

所得税是企业的一项资产流出，通常在净利润前扣除。一般认为，所得税属于企业的一项费用。

（二）所得税的计算

1. 应纳税所得额的计算

按照我国《企业所得税暂行条例》的规定，应纳税所得额按以下公式计算：

$$应纳税所得额 = 收入总额 - 准予扣除项目金额$$

收入总额包括：生产经营收入、财产转让收入、利息收入、租赁收入、特许权使用费收入、股息收入及其他收入等。

准予扣除项目包括：成本、费用、税金、损失等。

2. 应纳所得税额的计算

$$应纳所得税额 = 应纳税所得额 × 适用所得税率$$

二、税前会计利润与应纳税所得额的差异

如上所述，会计准则和税法两者的目的不同，对收益、费用、资产、负债等的确认时间和范围也不同，从而导致税前会计利润与应纳税所得额之间产生差异。其差异主要有以下两种类型：

（一）永久性差异

永久性差异，指某一会计期间，由于会计准则和税法在计算收益、费用或损失时的口径不同，所产生的税前会计利润与应纳税所得额之间的差异。这种差异在本期发生，不会在以后各期转回。

永久性差异有以下几种类型：

（1）按会计准则规定核算时作为收益计入会计报表，但在计算应纳税所得额时不确认为收益。如我国《企业所得税暂行条例实施细则》规定，企业购买的国债利息收入不计入应纳税所得额，不交纳所得税，但按照会计准则规定，企业购买国债产生的利息收入，计入损益。

（2）按会计准则规定核算时不作为收益计入会计报表，在计算应纳税所得额时作为收益，需要交纳所得税。如企业以自己生产的产品用于工程项目，税法上规定按该产品的售价与成本的差额计入应纳税所得额，但按会计准则规定则按成本转账，不产生利润，不计入当期损益。

（3）按会计准则规定核算时确认为费用或损失计入会计报表，在计算应纳税所得额时则不允许扣减。如各种赞助费，按会计准则规定计入当期利润表，减少当期利润，但在计

算应纳税所得额时则不允许扣减。

（4）按会计准则规定核算时不确认为费用或损失，在计算应纳税所得额时则允许扣减。从产生永久性差异的四种情况看，可归结为两类：一类是作税前会计利润的收益和可在税前会计利润中扣除的费用或损失，但不作为计算应纳税所得额的收益和不能在应纳税所得额前扣除的费用或损失；另一类是不作为税前会计利润的收益和不能在税前会计利润中扣除的费用或损失，但在计算应纳税所得额时作为收益和可在应纳税所得额前扣除的费用或损失。

（二）时间性差异

时间性差异，指税法与会计准则在确认收益、费用或损失时的时间不同而产生的税前会计利润与应纳税所得额的差异。时间性差异发生于某一会计期间，但在以后一期或若干期能够转回。时间性差异主要有以下几种类型：

（1）企业取得的某项收益，在会计报表上确认为当期收益，但按照税法规定需待以后期间确认为应纳税所得额。如按照会计准则规定，对长期投资采用权益法核算的企业，应在期末按照被投资企业的净利润及其投资比例确认投资收益；但按照税法规定，如果投资企业的所得税率大于被投资企业的所得税率，投资企业从被投资企业分得的利润要补交所得税，这部分投资收益补交的所得税需待被投资企业实际分得利润或于被投资企业宣告分派利润时才计入应纳税所得额，从而产生应纳税时间性差异。

（2）企业发生的某项费用或损失，在会计报表上确认为当期费用或损失，但按照税法规定待以后期间从应纳税所得额中扣减。如产品保修费用，按照权责发生制原则可于产品销售的当期计提；但按照税法规定于实际发生时从应纳税所得额中扣减，从而产生可抵减时间性差异。

（3）企业取得的某项收益，在会计报表上于以后期间确认受益，但按照税法规定需计入当期应纳税所得额，从而产生可抵减时间性差异。

（4）企业发生的某项费用或损失，在会计报表上于以后期间确认为费用或损失，但按照税法规定可以从当期应纳税所得额中扣减。如固定资产折旧，按照税法规定可以采用加速折旧方法，出于财务会计目的采用直线法，在固定资产使用初期，从应纳税所得额中扣减的折旧金额会大于计入当期损益的折旧金额，从而产生应纳税时间性差异。

企业在计算应纳税所得额时，按会计准则计算的税前会计利润是其计算应纳税所得额的基础。

三、所得税的会计处理

（一）应付税款法

1. 应付税款法的核算特点

应付税款法，是将本期税前会计利润与应纳税所得额之间产生的差异均在当期确认所得税费用。这种核算方法的特点是，本期所得税费用按照本期应纳税所得额与适用的所得税税率计算的应纳所得税，即本期从净利润中扣除的所得税费用等于本期应交的所得税（即应纳所得税）。时间性差异产生的影响所得税的金额均在本期确认所得税费用，或在本期抵减所得税费用。例如，按照我国税法规定，企业支付的违反税收的罚款不能在应纳税所得额前扣除，但按照会计准则规定，支付的违反税收的罚款列入营业外支出，在税前会计利润中扣除。在这种情况下，必然使税前会计利润与应纳税所得额之间产生差异。又如，企业采用的会计折旧方法如与税法规定不一致，可能产生税前会计利润与应纳税所得额不一致。在采用应付税款法进行会计处理时，应按税法规定，对本期税前会计利润进行调整，调整为应纳税所得额。按照应纳税所得额计算的本期应交所得税，作为本期的所得税费用。

所得税采用应付税款法核算的，需要设置两个科目：

(1)"所得税"科目，核算企业从本期损益中扣除的所得税费用。

(2)"应交税金——应交所得税"科目，核算企业应交的所得税。

2. 应付税款法的账务处理

【例9-14】 某物业管理企业核定的全年计税工资总额为100000元，2003年实际发放的工资为120000元，该企业2003年利润表上反映的税前会计利润为150000元，所得税率为33%。该企业本期应交所得税和本期所得税费用如下：

(1) 税前会计利润： 150000

加：计税工资与实发工资差额 20000

应纳税所得额 170000

所得税率 33%

本期应交所得税 56100

本期所得税费用 56100

(2) 2003年会计分录：

借：所得税 56100

贷：应交税金——应交所得税 56100

(3) 实际上交所得税：

借：应交税金——应交所得税 56100

贷：银行存款 56100

可见，在应付税款法下，本期发生的时间性差异不单独核算，与本期发生的永久性差异同样处理。也就是说，不管税前会计利润多少，在计算交纳所得税时均应按税法规定对税前会计利润进行调整，调整为应纳税所得额，再按应纳税所得额计算出本期应交的所得税，作为本期所得税费用，即本期所得税费用等于本期应交所得税。

(二) 纳税影响会计法

1. 纳税影响会计法的核算特点

纳税影响会计法，是将本期时间性差异的所得税影响金额，递延和分配到以后各期，即将本期产生的时间性差异对所得税的影响采取跨期分摊的办法。采用纳税影响会计法，所得税被视为企业在获得收益时发生的一项费用，并应随同有关的收入和费用计入同一期内，以达到收入和费用的配比。时间性差异影响的所得税金额，包括在利润表的所得税费用项目内，以及资产负债表中的递延税款余额里。

纳税影响会计法与应付税款法的主要区别是：应付税款法不确认时间性差异对所得税的影响金额，时间性差异的所得税影响金额确认为本期所得税费用或抵减本期所得税费用；纳税影响会计法确认时间性差异的所得税影响，并将确认的时间性差异的所得税影响金额计入"递延税款"科目的借方或贷方，同时确认所得税费用或抵减所得税费用。

例如，企业本期折旧费用3000元，税法允许在应纳税所得额前扣除的折旧费用为

4000 元，所得税率 33%，在采用纳税影响会计法核算时，此项时间性差异的所得税影响金额为 330[（4000－3000）×33%] 元，记入"递延税款"科目的贷方，表明在未来计入损益的所得税费用大于税法允许在应纳税所得额前扣除的折旧费用时应交的所得税。同时，由于本期折旧费用为 3000 元，小于允许在应纳税所得额前扣除的折旧费用（在不存在其他因素的情况下），会使税前会计利润大于应纳税所得额，为使本期实现的税前会计利润与所得税费用相配比，时间性差异 1000 元产生的所得税影响金额在"递延税款"中核算。采用应付税款法核算时，时间性差异 1000 元产生的所得税影响金额 330 元，作为减少本期所得税费用的因素。

纳税影响会计法与应付税款法的共同点是：按会计准则计算的税前会计利润与按税法规定计算的应纳税所得额之间产生的永久性差异，均在产生的当期确认为所得税费用或抵减所得税费用。

采用纳税影响会计法核算时，除了需要设置"所得税"和"应交税金——应交所得税"科目外，还需要设置"递延税款"科目。核算企业由于时间性差异产生的影响所得税金额和以后各期转回的金额，以及采用债务法时，反映税率变动或开征新税时调整的递延税款金额。该科目借方登记本期税前会计利润小于应纳税所得额的时间性差异对纳税额的影响以及本期转销已确认的时间性差异对纳税额的影响，贷方登记本期税前会计利润大于应纳税所得额的时间性差异对纳税额的影响及本期转销已确认时间性差异对纳税额的影响。期末余额可能在借方也可能在贷方，表示尚未转销的时间性差异影响纳税的金额。

2. 在税率不变情况下的会计处理

在采用纳税影响会计法核算所得税时，假如所得税率保持不变，则本期发生的时间性差异对未来所得税的影响，表明今后转回时间性差异时应付或可抵减的所得税。下面以例子说明在税率不变的情况下，采用纳税影响会计法的核算方法。

【例 9-15】 某物业管理企业某项设备按税法规定使用 6 年，按会计规定使用 3 年，该项设备原始价值为 300000 元，按直线法计提折旧（不考虑净残值）。假设，该企业每年税前会计利润为 2500000 元，所得税率为 33%。

(1) 按税法规定该设备的年折旧额＝300000÷6＝50000 元

　　按会计规定该设备的年折旧额＝300000÷3＝100000 元

　　时间性差异：100000－50000＝50000 元

(2) 第一、二、三年每年：

按税前会计利润计算的应交所得税＝2500000×33%＝825000 元

按应纳税所得额计算的应交所得税＝（2500000＋50000）×33%＝841500 元

由于时间性差异对纳税的影响＝50000×33%＝16500 元

作会计分录如下：

借：所得税　　　　　　　　　　　　　　　　　　　　　　　　825000

　　递延税款　　　　　　　　　　　　　　　　　　　　　　　16500

　　贷：应交税金——应交所得税　　　　　　　　　　　　　　　　841500

(3) 第四、五、六年每年：

按税前会计利润计算的应交所得税＝2500000×33%＝825000 元

按应纳税所得额计算的应交所得税＝（2500000－50000）×33%＝808500 元

核销时间性差异对纳税的影响＝50000×33％＝16500 元

作会计分录如下

借：所得税   825000

 贷：应交税金——应交所得税   808500

  递延税款   16500

3. 在税率变动情况下的会计处理

在税率变动情况下运用纳税影响会计法核算时，有两种可供选择的方法，即递延法和债务法。选择不同的方法进行处理，结果不完全相同。

（1）递延法。它是把本期由于时间性差异而产生的影响纳税的金额，保留到这一差异发生相反变化的以后期间予以转销。当税率变更或开征新税时，不需调整由于税率的变更或新税的征收对"递延税款"余额的影响。发生在本期的时间性差异影响纳税的金额，用现行税率计算：以前各期发生的而在本期转销的各项时间性差异影响纳税的金额，按照原发生时的税率转销。

物业管理企业采用递延法时，应按照税前利润总额加减发生的永久性差异（或税前利润总额）计算的所得税费用，记入"所得税"科目借方；按照应纳税所得额（含时间性差异）计算的当期应缴纳的所得税，记入"应交税金"科目贷方；两者之间差额记入"递延税款"科目借方或贷方；本期转销的递延税款，由"递延税款"科目借方或贷方转入所得税科目。

递延法的特点在于：采用递延法核算时，资产负债表上的递延税款余额，并不代表收款的权利和付款的义务。采用递延法进行会计处理时，递延税款的账面余额按照产生时间性差异的时期所适用的所得税税率计算确认，而不是用现行税率计算。在税率变动或开征新税时，对递延税款的账面余额不作调整。即递延税款账面余额不符合负债和资产的定义，不能完全反映为企业的一项负债和一项资产；本期发生的时间性差异影响所得税的金额，用现行税率计算，以前发生而在本期转回的各项时间性差异影响所得税的金额，一律用当初原有税率计算。

（2）债务法。它是把本期由于时间性差异而产生的影响纳税的金额，保留到这一差异发生相反变化的以后期间予以转销，当税率变更或开征新税时，递延税款的余额需要按照税率的变动或新税的开征进行调整，转销时，按照调整后的税率转销。

债务法的特点在于：本期的时间性差异预计对未来所得税的影响金额，在资产负债表上作为未来应付税款的债务，或者作为代表预付未来税款的资产，采用债务法进行会计处理时，递延税款的账面余额按照现行所得税税率计算，而不是按照产生时间性差异的时期所适用的所得税税率计算。因此，在税率变动或开征新税时，递延税款的账面余额要进行相应的调整，在采用债务法时，本期发生或转回的时间性差异的所得税影响金额，均应用现行税率计算确定。

【例 9-16】 某物业管理企业启用某设备原值 400000 元（不考虑净残值），企业选定固定资产折旧年限为 4 年，按照税法规定折旧年限为 8 年。该企业 1996～2003 年利润表上反映的税前会计利润为 150000 元，1996～1997 年所得税率为 33％；1998～2003 年所得税率为 40％。该企业 1996～2003 年应交所得税、递延税款和所得税费用会计处理如下：

按照税法计算每年应提折旧＝200000÷8＝25000 元

按照企业选定折旧年限计算每年应提折旧＝200000÷4＝50000元

第一种方法：递延法：

(1)1996年：

税前会计利润	150000
加：时间性差异(折旧差额)	25000
应纳税所得额	175000
所得税率	33％
本期应交所得税(175000×33％)	57750
时间性差异对所得税的影响(25000×33％)	8250
本期所得税费用(57750－8250)	49500

作会计分录如下

借：所得税	49500	
递延税款	8250	
贷：应交税金——应交所得税		57750

(2)1997年账务处理同1996年。

(3)1998年：

税前会计利润	150000
加：时间性差异(折旧差额)	25000
应纳税所得额	175000
所得税率	40％
本期应交所得税(175000×40％)	70000
时间性差异对所得税的影响(25000×40％)	10000
本期所得税费用(70000－10000)	60000

作会计分录如下：

借：所得税	60000	
递延税款	10000	
贷：应交税金——应交所得税		70000

(4)1999年账务处理同1998年。

(5)2000年：

税前会计利润	150000
减：时间性差异(折旧差额)	25000
应纳税所得额	125000
所得税率	40％
本期应交所得税(125000×40％)	50000
转回的时间性差异对所得税的影响(25000×33％)	8250
本期所得税费用(50000＋8250)	58250

作会计分录如下

借：所得税	58250	
贷：应交税金——应交所得税		50000

| | 递延税款 | 8250 |

（6）2001年账务处理同2000年。

（7）2002年：

税前会计利润	150000
减：时间性差异（折旧差额）	25000
应纳税所得额	125000
所得税率	40％
本期应交所得税（125000×40％）	50000
转回的时间性差异对所得税的影响（25000×40％）	10000
本期所得税费用（50000＋10000）	60000

作会计分录如下：

借：所得税 60000

  贷：应交税金——应交所得税 50000

    递延税款 10000

（8）2003年账务处理同2002年。

第二种方法，债务法：

（1）1996年：

税前会计利润	150000
加：时间性差异（折旧差额）	25000
应纳税所得额	175000
所得税率	33％
本期应交所得税（175000×33％）	57750
时间性差异对所得税的影响（2500×33％）	8250
本期所得税费用（57750－8250）	49500

作会计分录如下

借：所得税 49500

    递延税款 8250

  贷：应交税金——应交所得税 57750

（2）1997年账务处理同1996年。

（3）1998年：

税前会计利润	150000
加：时间性差异（折旧差额）	25000
应纳税所得额	175000
所得税率	40％
本期应交所得税（175000×40％）	70000
时间性差异对所得税的影响（25000×40％）	10000
税率变动调整递延税款金额（50000×7％）	3500
本期所得税费用（70000－10000－3500）	56500

作会计分录如下：

借：所得税	56500	
递延税款	13500	
贷：应交税金——应交所得税		70000

（4）1999年：

税前会计利润	150000
加：时间性差异（折旧差额）	25000
应纳税所得额	175000
所得税率	40%
本期应交所得税（175000×40%）	70000
时间性差异对所得税的影响（25000×40%）	10000
本期所得税费用（70000—10000）	60000

作会计分录如下：

借：所得税	60000	
递延税款	10000	
贷：应交税金——应交所得税		70000

（5）2000年：

税前会计利润	150000
减：时间性差异（折旧差额）	25000
应纳税所得额	125000
所得税率	40%
本期应交所得税（125000×40%）	50000
转回的时间性差异对所得税的影响（25000×40%）	10000
本期所得税费用（50000＋10000）	60000

作会计分录如下：

借：所得税	60000	
贷：应交税金——应交所得税		50000
递延税款		10000

（6）2001年、2002年、2003年账务处理同2000年。

从上述例子可见，递延法的目的是使所得税费用与计算税前会计利润时而确认的所得相配比，因此，本期时间性差异的所得税影响是递延的，并且被看作是今后转回时间性差异时期的所得税费用（或利益）。债务法的目的是将时间性差异的所得税影响看作资产负债表中的一项资产或一项负债，因此，时间性差异预计的所得税影响被定义和报告为未来应交或应收的所得税。递延法和债务法的本质区别在于：运用债务法时，由于税率变更或开征新税需要对原已确认的递延所得税负债或递延所得税资产的余额进行相应调整；而递延法则不需要对此进行调整，由此可见，递延法更注重利润表，即利润表上的所得税费用与其相关期间税前会计利润的配比；债务法更注重资产负债表，即债务法计算确认的递延所得税负债和递延所得税资产更符合负债或资产的定义。企业某一时期应交的所得税是按照应税所得和现行税率计算的结果，是构成本期所得税费用的主要内容。递延税款是对本期所得税费用的调整。

第五节 利 润 分 配

一、利润分配概述

企业取得的净利润，应当按规定进行分配。利润的分配过程和结果，不仅关系到所有者的合法权益，而且还关系到企业的稳定及发展。

企业本年实现的净利润加上年初未分配利润为可供分配利润。企业利润分配的内容和程序如下：

（1）提取法定盈余公积。法定盈余公积按照本年实现净利润的一定比例提取：股份制物业管理企业按公司法规定按净利润的 10％提取。企业提取的法定盈余公积累计额超过其注册资本的 50％以上的，可以不再提取。

（2）提取法定公益金。股份制物业管理企业按照本年实现净利润的 5％～10％提取法定公益金；其他物业管理企业按不高于法定公益金的提取比例提取公益金。企业提取的法定公益金用于企业职工的集体福利设施。

（3）提取任意盈余公积。股份制物业管理企业提取法定盈余公积后，经过股东会决议，可以提取任意盈余公积，其他物业管理企业也可根据需要提取任意盈余公积。任意盈余公积的提取比例由企业视情况而定。

（4）分配给投资者。企业提取法定盈余公积和法定公益金后，可以按规定向投资者分配利润。

（5）企业如果发生亏损，可以用以后年度实现的利润弥补。企业以前年度亏损未弥补完，不能提取法定盈余公积和法定公积金。在提取法定盈余公积和法定公积金前，不得向投资者分配利润。

二、利润分配的核算

（一）科目设置

企业应设置"利润分配"科目，核算利润分配情况，下设的明细科目有：

（1）"盈余公积补亏"明细科目，核算企业用盈余公积弥补的亏损。

（2）"提取法定盈余公积"明细科目，核算企业按规定提取的法定盈余公积。

（3）"提取法定公益金"明细科目，核算企业按规定提取的法定公益金。

（4）"提取任意盈余公积"明细科目，核算企业提取的任意盈余公积。

（5）"应付利润"明细科目，核算企业分配给投资者的利润。

（6）"未分配利润"明细科目，核算企业全年实现的净利润（或净亏损）、利润分配和尚未分配利润。

（二）利润分配的具体核算

在具体核算时，年度终了，公司其他各种明细账户的余额转入"未分配利润"明细账户，经结转后，利润分配中"盈余公积补亏"、"提取盈余公积""应付利润"、"应付优先股利"、"应付普通股股利"等明细账户期末余额。

如果物业公司在结账后发现以前年度会计事项，当涉及到以前年度损益的，应在"利润分配—未分配利润"账户中调整。在调整增加上年度利润或调整减少上年度亏损时，应借记有关账户，贷记"利润分配—未分配利润"账户，在调整减少上年度利润或调整增加上年度亏损时，应借记"利润分配—未分配利润"账户，贷记有关账户。

【例 9-17】　某物业管理企业 2003 年实现净利润 600000 元，按 10％提取法定盈余公积；按 5％提取法定公益金；分配给投资者现金股利 100000 元。所作会计分录如下：

（1）结转本年利润

借：本年利润　　　　　　　　　　　　　　　　　　　　　　　　600000

　　贷：利润分配——未分配利润　　　　　　　　　　　　　　　　　　　600000

（2）提取法定盈余公积和法定公益金

借：利润分配——提取法定盈余公积　　　　　　　　　　　　　　60000

　　　　　　——提取法定公益金　　　　　　　　　　　　　　　30000

　　贷：盈余公积　　　　　　　　　　　　　　　　　　　　　　　　　90000

（3）分配现金股利

借：利润分配——应付利润　　　　　　　　　　　　　　　　　　100000

　　贷：应付利润　　　　　　　　　　　　　　　　　　　　　　　　　100000

（4）结转明细科目

借：利润分配——未分配利润　　　　　　　　　　　　　　　　　190000

　　贷：利润分配——提取法定盈余公积　　　　　　　　　　　　　　　60000

　　　　　　　——提取法定公益金　　　　　　　　　　　　　　　30000

　　　　　　　——应付利润　　　　　　　　　　　　　　　　　100000

思考题与习题

1. 收入的特点及分类。

2. 各套房屋建筑面积的计算。

3. 物业管理企业相关税金的征收规定。

4. 利润总额的构成。

5. 所得税的账务处理方法。

6.（1）资料：某幢楼房的建筑面积共计为 8000m²，其中"公用"建筑面积共计为 1200m²，该幢楼房共有 40 套住房。

（2）要求：

计算各套房屋的建筑面积。（各套房屋的建筑面积相同）

7.（1）资料：某物业管理企业受某住户委托，对其居住的房屋进行装修，将住户的该工程承包给装修公司，工程预算额为 25000 元，按 2％收取服务费。

（2）要求：

编制该笔业务的会计分录。

第十章 所有者权益

第一节 所有者权益概述

一、所有者权益的概念

所有者权益是指所有者在企业资产中享有的经济利益,又称为净资产。它在数量上表现为企业的全部资产减去全部负债后的净额。所有者权益相对于债权人权益而言其区别表现为:

(1) 所有者权益不需要偿还,除非发生减资、清算,而债权人能凭借其债权按固定比率向企业收取利息,并到期收回本金。

(2) 所有者权益能够参与企业经营决策以及收益的分配,并承担了企业债务、经营亏损和破产的风险责任,而负债则不能。

(3) 负债往往先清偿,而所有者权益只有在清偿所有的负债之后才返还给所有者。

二、所有者权益的分类

(1) 按形成来源分类,它可以分为投入资本和留存收益。投入资本是指所有者初始和追加投入的资本以及其他集团和个人投入的不属于负债的资本。按投资主体不同可分为国家资本、法人资本、个人资本以及外商资本等。国家资本是指有权代表国家投资的政府部门或机构以国有资产投入企业而形成的资本。法人资本是指企业法人以其依法可支配的资产投入企业形成的资本。个人资本是指社会个人或本企业内部职工以个人合法财产投入企业形成的资本。外商资本是指外国和我国香港、澳门、台湾地区投资者投入企业形成的资本。留存收益是指企业从经营活动所得税后利润的留存部分及接受捐赠等形成的资本公积金。

(2) 按经济内容分类,它可以分为实收资本、资本公积、盈余公积和未分配利润。

第二节 实 收 资 本

一、实收资本的概念

企业要进行经营,必须有一定的资本。实收资本是指企业根据国家有关规定和合同的协议实际收到投资人投入的资本总额。投资人既可以以货币资产投资,也可以以实物资产和无形资产投资。实物资产包括房屋建筑物、机器设备及其他物料。无形资产投资包括工业产权、非专利技术和土地使用权等。投资者以无形资产出资的,必须进行评估作价,并依法办理财产转移手续。根据国家有关规定,我国有限责任公司的投资者和股份有限公司的发起人以工业产权、非专利技术作价出资金额一般不得超过注册资本的 20%,如有特殊情况，应当经工商行政管理机关审查批准，但最高不得超过注册资本的30%。

二、实收资本的核算

物业管理企业对投入资本进行核算，应设置"实收资本"科目（股份有限公司设置"股本"科目）。企业收到的各种资本本额，记入该科目贷方，依法批准减少的资本额记入该科目借方。期末贷方余额反映投资者实际投入企业资本额。对企业的投入资本应按投资主体设置明细账进行明细分类核算，并设置备查簿详细记录企业的注册资本总额，以及各投资者的出资比例和认缴的股份。

（一）以货币资产形式投入

物业管理企业收到投资者作为资本投入的货币资产时，按照实际收到的金额，借记"现金"、"银行存款"科目，贷记"实收资本"科目。对于不同投资者投入的货币资金，企业应分别设置明细科目进行明细核算。

【例10-1】 甲乙两公司投资组建一物业管理企业，注册资金为1000000元，双方出资比例为7：3。接到开户银行通知，收到甲投入现金700000元，乙投入现金300000元。作会计分录如下：

借：银行存款 1000000
  贷：实收资本——法人资本金（甲） 700000
           ——法人资本金（乙） 300000

（二）以实物形式投入

物业管理企业收到投资人投入的房屋、机器设备等固定资产时，应按投资单位的账面原值借记"固定资产"科目，按评估确认的价值贷记"实收资本"科目，按账面原值大于评估确认价值的差额贷记"累计折旧"科目。如果评估确认的价值大于投资单位账面原值，即按评估确认价值借记"固定资产"科目，贷记"实收资本"科目。

【例10-2】 某物业管理企业收到某公司投入1台设备，账面原值为90000元，累计折旧为30000元，双方评估确认价值为50000元。作会计分录如下：

借：固定资产 90000
  贷：实收资本——法人资本金（某公司） 50000
     累计折旧 40000

若评估价值为91000元，则作会计分录如下：

借：固定资产 91000
  贷：实收资本——法人资本金（某公司） 91000

（三）以无形资产形式投入

物业管理企业收到投资者投入无形资产，应按评估确认的价值入账。

【例10-3】 某物业管理企业收到某一专利发明人的投资，双方评估确认价值为70000元。作会计分录如下：

借：无形资产——专利权 70000
  贷：实收资本——个人资本金 70000

三、实收资本的增减变动

（一）实收资本增加的核算

实收资本增加的主要途径是将资本公积、盈余公积转为实收资本，但将盈余公积转增资本金后，企业的法定盈余公积一般不得低于注册资本的 25%。

【例 10-4】 某物业管理企业经批准将盈余公积 500000 元按投资者投资比例转增资本金，其中甲乙投资比例为 7:3。作会计分录如下：

借：盈余公积　　　　　　　　　　　　　　　　　　　500000
　贷：实收资本——法人资本金（甲）　　　　　　　　　　　350000
　　　　　　　——法人资本金（乙）　　　　　　　　　　　150000

（二）实收资本减少的核算

企业实收资本减少的原因主要有：一是资本过剩；二是企业发生重大亏损需要减少实收资本。有限责任公司和一般企业按发还投资的数额借记"实收资本"科目，贷记"银行存款"等科目。

股份有限公司应按面值注销资本。超出面值付出的价格应区分不同情况进行处理：凡属按面值发行的，应先直接冲销盈余公积，如不足再冲销未分配利润；凡属按溢价发行的，则应首先冲销溢价收入，其次冲销盈余公积，如再不足，最后冲销未分配利润。

第三节　资　本　公　积

一、资本公积的概念

资本公积是物业管理企业在筹集资本金过程中，由于资本本身所引起的各种增值。它不是企业经营活动带来的，而是由投资者投入但不能够成为实收资本，或从其他来源取得，不属于某个投资者所有，而属于整个投资者所共有，属于所有者权益的范畴。

二、资本公积的核算

物业管理企业应设置"资本公积"科目，核算资本公积的增减变动及结存。该科目属于所有者权益类，贷方登记资本公积的增加数，借方登记资本公积的减少数，贷方余额表示资本公积的结存。企业应按形成资本公积的类别，进行明细核算。

（一）资本溢价或股本溢价的核算

资本溢价一般有两种情况：一是股份制企业的发行股票溢价；二是一般企业的实收资本超过注册资本的差额。

股份制物业管理企业在采用溢价发行股票的情况下，企业发行股票取得的收入相当于股票面值的部分，记入"股本"科目；超过股票面值的部分，在扣除委托证券商代理发行股票而支付的手续费、佣金等有关费用后，作为溢价收入，记入"资本公积"科目。

【例 10-5】 某物业管理企业经批准发行股票 100000 股，每股面值 1 元，发行价格 4 元，收到某证券公司交来的转账支票，面额 350000 元（发行收入 400000 元，手续费 50000 元）。作会计分录如下：

借：银行存款　　　　　　　　　　　　　　　　　　　350000
　贷：股本　　　　　　　　　　　　　　　　　　　　　100000
　　　资本公积——股票溢价　　　　　　　　　　　　　　250000

相同数量的投资，由于出资时间不同，其对企业的影响程度不同，由此而带给投资者的权利也不同，往往前者大于后者，所以，新加入的投资者要付出大于原有投资者的出资额，才能取得与投资者相同的投资比例。另外，企业经营过程中实现利润的一部分，留在企业，形成留存收益，新加入的投资者如与原投资者共享这部分留存收益，也要求其付出大于原有投资者的出资额，才能取得与投资者相同的投资比例。投资者投入的资本中按其投资比例计算的出资额部分，应记入"实收资本"科目，大于部分应记入"资本公积"科目。

【例 10-6】 某物业管理企业原来由三个所有者投资组成，每一所有者各投资 50000元，共计实收资本 150000 元，经营一年以后，有另一投资者加入该企业，经协商企业将注册资本增加到 200000 元，该投资者缴入 70000 元，拥有该企业 25％的股份。作会计分录如下：

借：银行存款   70000

  贷：实收资本   50000

      资本公积——资本溢价   20000

（二）接受捐赠资产的核算

企业接受的捐赠，包括货币捐赠和实物捐赠。

物业管理企业接受捐赠的实物资产，应当按照同类资产的市场价格或根据提供的有关凭证所确定的价值扣除未来应交所得税后的差额暂记入"资本公积——接受捐赠资产准备"科目。在处置该项捐赠的实物资产或使用时，由于该项资产上的所有收益已经实现，应将原记入"资本公积——接受捐赠资产准备"科目的金额转入"资本公积——其他资本公积转入"科目。在按规定程序增加资本时，可将已转入"资本公积——其他资本公积转入"的部分用于转增资本（或股本）。

企业接受的现金捐赠，直接记入"资本公积——其他资本公积转入"科目。

【例 10-7】 某物业管理企业接受某单位捐赠人民币 60000 元。作会计分录如下：

借：银行存款   60000

  贷：资本公积——其他资本公积转入   60000

【例 10-8】 某物业管理企业接受某单位捐赠机器 1 台，原值 50000 元，同类机器市场确认价值为 40000 元，作会计分录如下：

（1）收到机器设备时

借：固定资产   50000

  贷：资本公积——接受捐赠资产准备   26800

      递延税款   13200

      累计折旧   10000

（2）在处置该项捐赠的机器时，作会计分录如下：

借：资本公积——接受捐赠资产准备   26800

  贷：资本公积——其他资本公积转入   26800

（三）法定资产重估增值的核算

根据国家有关部门规定，企业的资产如发生产权变动时，应该请有关部门的资产评估机构对现有资产的价值办理评估、验证和确认手续。因进行重估产生的资产增值，其数量表现为重估后的资产价值高于资产原来账面价值的差额。这部分增值应借记有关部门资产科目；贷方按扣除未来应交所得税后的余额，记入"资本公积——资产评估增值准备"科目。在评估资产未计提折旧、摊销、使用或处置前，不能作其他自理，待评估资产计提折旧、摊销、使用或处置后，再将增值部分转入"资本公积——其他资本公积转入"科目。在按规定程序增加资本时，可将已转入"资本公积——其他资本公积转入"的部分用于转增资本(或股本)。

【例10-9】　某物业管理企业根据国家规定对现有各项财产进行评估，经有关部门确认固定资产部分增值100000元，原材料增值20000元，库存商品增值2000元。所作会计分录如下：

(1) 借：固定资产　　　　　　　　　　　　　　　　　　　　　100000
　　　　原材料　　　　　　　　　　　　　　　　　　　　　　　20000
　　　　库存商品　　　　　　　　　　　　　　　　　　　　　　　2000
　　　　贷：资本公积——资产评估增值准备　　　　　　　　　　　81740
　　　　　　递延税款　　　　　　　　　　　　　　　　　　　　　40260

(2) 当处置或使用时，作会计分录如下：

借：资本公积——资产评估增值准备　　　　　　　　　　　　　81740
　贷：资本公积——其他资本公积转入　　　　　　　　　　　　　81740

(四)外币资本折算差额的核算

物业管理企业收到投资者投入的外币资产，按收到出资额当日的汇率折合的人民币金额借记有关资产科目，按合同约定汇率或按收到出资额当日的汇率折合的人民币金额贷记"实收资本"科目，按收到出资额当日的汇率折合的人民币金额与按合同约定汇率折合的人民币金额之间的差额借记或贷记"资本公积——外币资本折算差额"科目核算。

(五)资本公积转增资本的核算

企业形成的资本公积，按照法定程序，可转增资本金。

【例10-10】　某物业管理企业经有关部门批准并办妥增资手续后，将资本公积100000元转增资本金。作会计分录如下：

借：资本公积——其他资本公积转入　　　　　　　　　　　　100000
　贷：实收资本　　　　　　　　　　　　　　　　　　　　　　　100000

第四节　盈　余　公　积

一、盈余公积的概念

盈余公积是物业管理企业按照规定从净利润中提取的各种积累资金。盈余公积根据其用途不同分为公益金和一般盈余公积两类。公益金专门用于企业职工福利设施的支出。现行制度规定，公司制企业按照税后利润的5%～10%的比例提取法定公益金。一般盈余公积分为两种：一是法定盈余公积。公司制企业的法定盈余公积按照税后利润的10%的比例提取(非公司制企业也可按照超过10%的比例提取)，法定盈余公积累计额已达注册资本的50%时可以不再提取。二是任意盈余公积主要是公司制企业按照股东大会的决议提取。企业提取的盈余公积主要用于弥补亏损、转增资本或分派股利。

二、盈余公积的核算

企业进行盈余公积的账务处理，应设置"盈余公积"科目。该科目贷方登记提取的盈余公积，借方登记按规定使用盈余公积，期末贷方余额为盈余公积的结余数。在盈余公积总分类科目下还应设置"一般盈余公积"和"公益金"两个明细科目。

（一）提取盈余公积的核算

【例 10-11】 某物业管理企业当年实现税后利润 100000 元，按规定分别按 10％、5％的比例提取法定盈余公积 10000 元和法定公益金 5000 元，作会计分录如下：

借：利润分配——提取盈余公积 15000
　贷：盈余公积——一般盈余公积 10000
　　　　　　　——公益金 5000

（二）使用盈余公积的核算

1. 弥补亏损

【例 10-12】 某物业管理企业决定用盈余公积 9000 元弥补亏损。所作会计分录如下：

借：盈余公积——一般盈余公积 9000
　贷：利润分配——盈余公积补亏 9000

2. 转增资本

【例 10-13】 某物业管理企业决定用盈余公积 400000 元转增资本金，经有关部门同意并办妥增资手续后，作会计分录如下：

借：盈余公积——一般盈余公积 400000
　贷：实收资本 400000

3. 分派股利

【例 10-14】 某物业股份有限公司本年度只有微利，经股东会决定用盈余公积 200000 元补充利润。作会计分录如下：

借：盈余公积——一般盈余公积 200000
　贷：利润分配——未分配利润 200000
借：利润分配——应付股利 200000
　贷：应付股利 200000

（三）使用公益金的核算

公益金是企业所者权益的一部分，是指专门用于集体福利设施支出的一种准备金。未使用前以银行存款等流动资产形态存在，使用后转变为固定资产形态。但无论其形态如何变化，这些资产的所有者权益关系仍属于公益金性质，不会发生变化。当这部分资金按用途使用购建了职工医院、托儿所、宿舍等，划拨特定用途的原因消失，就将公益金转为一般盈余公积金。当对用公积金购建的职工宿舍等固定资产进行处置时，应作相反分录转回。

【例 10-15】 某物业管理企业动用"盈余公积"科目中的公益金 20000 元购置"职工之家"的文娱设备，并以银行存款支付。作会计分录如下：

借：固定资产 20000
　贷：银行存款 20000

当设备已交付使用时，冲销公益金科目：

借：盈余公积——公益金 20000
　贷：盈余公积——一般盈余公积 20000

处置时作相反分录转回。

盈余公积无论用于弥补无损、转增资本金，还是购置集体福利设施，只不过是所有者权益所支配的资产实物形态的变化，并不影响所有者权益数额的变动。

第五节 未 分 配 利 润

一、未分配利润概念

未分配利润是物业管理企业留待以后年度进行分配的结存利润，也是企业所有者权益的组成部分。从数量上说，未分配利润是期初未分配利润，加上本期实现的净利润，减去提取的各种盈余公积和分出利润后的余额。

二、未分配利润的核算

为了反映企业未分配利润情况，在"利润分配"科目中，设置"未分配利润"明细科目。会计年度终了时，应将全年实现的利润总额从"本年利润"科目借方转入"利润分配——未分配利润"科目的贷方(亏损分录相反)。同时，将全年已分配的利润从利润分配各明细科目转入"未分配利润"明细科目，结转后"利润分配——未分配利润"科目的贷方余额为未分配的利润，如为借方余额，为未弥补的亏损。(实例详见第九章第五节)

思 考 题 与 习 题

1. 所有者权益的特征及组成内容。

2. 形成企业资本公积的来源。

3. (1)资料：某物业管理企业接受捐赠机器一台原值 100000 万。同类机器市场确认价值 90000 元。

(2)要求：

编制该笔业务分录。

4. (1)资料：某物业管理企业收到某公司投入设备，账面原值为 90000 元，累计折旧为 27000 元，双方评估确认价值为 20000 元。

(2)要求：

编制会计分录。

第十一章　财务会计报告

财务会计报告是指企业对外提供的、用以反映企业某一特定日期的财务状况和某一会计期间经营成果及现金流量的文件。它由会计人员依据日常的会计核算资料，按照国家会计法规的规定编制。按照《中华人民共和国会计法》的规定，企业的财务会计报告应当包括"会计报表、会计报表附注和财务情况说明书"。本章将着重介绍会计报表。

第一节　会计报表概述

一、会计报表的作用

会计报表，是以日常核算资料为依据，通过整理、汇总而编制的，总括反映会计主体在一定时期的财务状况、经营成果和财务状况变动的书面文件。

编制会计报表是会计核算工作的一个重要环节。其主要作用在于：

(1) 帮助投资人和债权人进行正确的决策。投资人需要了解接受投资企业的财务状况和经营成果(侧重于经营成果)，借以分析投资的风险及其报酬率的高低，以便做出合理的投资决策；债权人了解接受贷款企业的财务状况和经营成果(侧重于财务状况)，借以分析企业的偿债能力，以便做出合理的借贷决策。

(2) 评价和预测未来的财务变化。根据会计报表提供的信息资料，预测企业预期现金净流入量及其时间分布；预测企业是否能取得足够的现金流入，以清偿到期债务、支付股利、重新投资以及满足生产经营活动中的其他现金需要，从而帮助会计报表使用者对未来经济的发展做出正确决策。

(3) 有利于政府进行宏观管理。根据财务报表提供的信息，便于国家综合经济部门把握经济发展方向和速度，使社会经济能健康、有序地发展；便于财政部门监督财经法规、制度和纪律的执行情况，及时调整财经政策；便于税务部门征收税款，调整税收政策。

二、会计报表的种类

会计报表主要有资产负债表、利润表、现金流量表、利润分配表等。这些报表可根据不同方式分类：

(1) 按会计报表之间的关系可分为主表和附表。主表也称基本会计报表，是反映会计主体财务状况和经营成果基本情况的报表，主要有资产负债表、利润表和现金流量表。附表是指对主表中的某些项目进行更为详细反映的报表，主要有利润分配表等。

(2) 按会计报表的性质分为动态报表和静态报表。动态报表是反映会计主体在一定时期内经济活动情况的报表，主要有利润表和现金流量表。静态报表是反映会计主体在一定时期末的财务状况的报表，主要是资产负债表。

(3) 按编报日期可分为年度、半年度、季度和月报表。月度、季度会计报表是指月度和季度终了提供的会计报表。半年度会计报表是指在每个会计年度的前 6 个月结束后对外提供的会计报表，月度、季度、半年度会计报表统称为中期会计报表；年度会计报表是指年度终了对外提供的会计报表。

(4) 按会计报表的编报单位可分为单独报表和合并报表。单独报表是反映一个独立企业经济活动情况的报表。合并报表是将两个或两个以上的股权上有密切关系的独立企业的经济活动情况合并在一起的报表。

(5) 按报送对象不同可以分为对外报表和对内报表。对外报表是提供给企业外部，供政府有关部门、投资者、债权人及证券机构等使用，其种类、格式、内容由《企业会计制度》规定。对内报表是适应企业经营管理需要而编制的各种报表，由于不对外公开，无需统一规定种类、格式、内容，由企业自行规定。

我国《企业会计制度》规定，对外会计报表的编号、名称、编报期如表 11-1 所示。

会计报表编号、名称和编报时间　　　　　　　　　　　　表 11-1

会计报表编号	会计报表名称	编报时间要求
会企 01 表	资产负债表	中期报告、年度报告
会企 02 表	利 润 表	中期报告、年度报告
会企 03 表	现金流量表	(至少)年度报告
会企 01 表附表 1	资产减值准备明细表	年 度 报 告
会企 01 表附表 2	股东权益增减变动表	年 度 报 告
会企 01 表附表 3	应交增值税明细表	中期报告、年度报告
会企 02 表附表 1	利润分配表	年 度 报 告
会企 02 表附表 2	业务分部报表	年 度 报 告
会企 02 表附表 3	地区分部报表	年 度 报 告

三、会计报表的编制要求

会计报表提供的会计信息具有十分重要的作用，因此，编制时必须遵循一定的要求。根据《企业财务会计报告条例》的规定，编制会计报表的一般要求是："数字真实，计算准确，内容完整，报送及时。"

(1) 数字真实。会计报表要为使用者提供有用的信息，各项目的数据就必须是真实可靠的。数字真实可靠是编制会计报表的基本要求。

(2) 计算准确。为了保证会计报表各项目数字的真实性，企业必须根据核实无误的账簿记录和其他有关资料正确地分析、计算填列。计算准确无误是数字真实的可靠保证。

(3) 内容完整。会计报表需要运用一系列的经济指标，来总括反映会计主体的经济活动情况，会计人员不仅应按规定编送全部应报送的报表，而且要填写本企业发生的全部项目。

(4) 报送及时。会计报表应在规定的时间内及时报送，以满足使用者的需要，不得拖延，以致影响使用者决策。一般情况下，月报需在月度终了后 6 天内(节假日顺延，下同)对外提供；季报应当于季度终了后 15 天内对外提供；半年报应当于年度中期结束后 60 天内(相当于两个连续的月份)对外提供；年报应当于年度终了后 4 个月内对外提供。

第二节 资产负债表

一、资产负债表的内容和格式

资产负债表是反映企业在某一特定日期财务状况的报表。它反映企业在某一特定日期所拥有或控制的经济资源、所承担的现时义务和所有者对净资产的要求权。在我国，资产负债表采用账户式结构，报表分左右两方，在左方列示资产各项目，反映全部资产的分布及存在形态；右方列示负债和所有者权益各项目，反映全部负债和所有者权益的内容及构成情况。资产各项目按其流动性由大到小顺序排列；负债各项目按其到期日的远近顺序排列。资产负债表左右双方平衡，即资产总计等于负债和所有者权益总计。资产负债表见表11-2。

二、资产负债表的编制方法

资产负债表的编制是以日常会计核算记录的数据为基础进行归类、整理和汇总，加工成报表项目的过程。我国资产负债表主体部分的各项目都列有"年初数"和"期末数"两个栏目，是一种比较资产负债表。

（一）"年初数"的填列方法

表中"年初数"栏内各项目数字，应根据上年末资产负债表"期末数"栏内所列数字填列。如果本年度资产负债表规定的各个项目的名称和内容同上年度不相一致，应对上年年末资产负债表各项目的名称和数字按照本年度的规定进行调整，按调整后的数字填入本表"年初数"栏内。

（二）"期末数"的填列方法

"期末数"是指某一会计期末的数字，即月末、季末、半年末或年末的数字。资产负债表各项目"期末数"的数据来源，可以通过以下几种方式取得：

（1）直接根据总账科目的余额填列。这些项目有：应收票据、应收股利、应收利息、应收补贴款、固定资产原价、累计折旧、固定资产减值准备、固定资产清理、物业工程、递延税款借项、短期借款、应付票据、应付工资、应付福利费、应交税金、应付股利、其他应交款、其他应付款、递延税款贷项、实收资本、资本公积、盈余公积等。

（2）根据几个总账科目的余额计算填列。如"存货"项目，根据"原材料"、"库存商品"、"委托代销商品"、"委托加工物资"、"生产成本"、"物资采购"、"材料成本差异（借方－贷方）"等科目的期末余额合计填列。这些项目有：货币资金、存货、未分配利润等。

（3）根据有关资产科目与其备抵科目抵消后的净额填列。如"短期投资"项目，根据"短期投资"科目的期末余额减去"短期投资跌价准备"科目的期末余额后的金额填列。除了"固定资产"分别按"固定资产"、"固定资产减值准备"、"累计折旧"单独列示外。这些项目有：应收账款、短期投资、存货、长期股权投资、物业工程、无形资产、长期债权投资等。

（4）根据总账科目和明细科目的余额分析计算填列。如"长期借款"项目，根据"长期借款"总账科目余额扣除"长期借款"科目所属的明细科目中反映的将于一年内到期的长期借款部分分析计算填列。这些项目有：长期债权投资、长期借款、长期应付款、应付债券等。

（5）根据有关明细科目的余额计算填列。如"应收账款"项目应根据"应收账款"和"预收账款"科目所属明细科目期末借方余额的合计填列。这些项目有：应收账款、应付账款、预付账款、预收账款等。

三、资产负债表编制举例

【例 11-1】 某物业管理企业 2003 年度有关资料及经济业务如下：

（一）资料

1. 该公司 2003 年 1 月 1 日有关科目的余额（表 11-2）

科 目 余 额 表

表 11-2

单位：元

科 目 名 称	借 方 余 额	科 目 名 称	贷 方 余 额
现金	16000	应付账款	4000
银行存款	79000	短期借款	33000
短期投资	15000	预收账款	39000
应收账款	27000	代收款项	4000
其他应收款	600	其他应付款	400
坏账准备（贷方）	135	应付工资	2600
库存材料	5000	应付福利费	2000
低值易耗品	1400	应交税金	2400
物业工程	5000	其他应交款	600
待摊费用	400	预提费用	28100
长期股权投资	110000	长期借款	50000
固定资产	90000	代管基金	40000
累计折旧（贷方）	18000	实收资本	200000
固定资产购建支出	55000	盈余公积	4000
无形资产	22000	利润分配（未分配利润）	18165
长期待摊费用	20000		
资产总计	428265	负债及所有者权益总计	428265

2. 该公司 2003 年度发生的经济业务

（1）从东源公司购入材料一批，价款 50000 元，增值税 8500 元，材料已验收入库，全部款项以银行存款支付。

（2）长期待摊费用摊销 2000 元。

（3）公司出售不需用设备 1 台，收到价款 20000 元，该设备原价 30000 元，已提折旧 8000 元。该设备已运走。

（4）为业主提供公共设施维修保养服务，共收取服务费 20000 元，款项已预收。

（5）归还短期借款本金 25000 元，利息 1250 元，已预提。

（6）公司从事房屋中介服务，现成功介绍一套住宅，收取中介代销手续费收入 20000 元，该项服务发生的支出为 13800 元已用银行存款支付。

（7）提取现金 10000 元，准备发放工资。

(8) 发放工资 10000 元。

(9) 分配工资费用。其中服务人员工资 4000 元，维修人员工资 2000 元，管理人员工资 4000 元。

(10) 提取职工福利费，按 14% 提取。

(11) 摊销无形资产 2200 元。

(12) 计提折旧 3000 元，计入管理费用。

(13) 收到 3 号楼全体业主委托管理的房屋共用部位、共用设施设备维修金 30000 元。

(14) 为业主提供公用设施维修保养服务，共发生服务费 18000 元，款项已预收。

(15) 收到应收账款 8000 元，存入银行（注：按 5‰ 计提坏账准备）。

(16) 该公司工程部门修理送货三轮车耗用外胎两只计 120 元，另以现金支付修理费 20 元。

(17) 该公司经营服务部门领用玻璃器皿等管理用具一批，实际成本为 50 元，采用一次性摊销法。

(18) 支付上年度已预提的广告宣传费 24000 元，本月的广告宣传费 2000 元，全部款项用银行存款支付。

(19) 该物业管理公司 1 月份为各房屋业主和租住户代缴自来水费共计 10000 元，按 2% 收取代办服务费为 200 元。

(20) 该公司经营业主委员会提供的停车场，每月收入 20000 元。

(21) 为房屋产权人提供公共性服务，收取服务费 20000 元，领用材料 600 元，耗电支付银行存款 1000 元。

(22) 本年度经营收入 78200 元，其他业务收入共计 20000 元，按 5% 交纳营业税。

(23) 对 1 号楼、5 号楼、8 号楼电梯进行维修，实际发生工程支出 30000 元。

(24) 计提城建税及教育费附加。

(25) 将各收支科目结转本年利润。

(26) 计算并结转应交所得税。

(27) 提取盈余公积 1651.48 元，公益金 825.74 元，支付投资者利润 1000.40 元。

(28) 将利润分配各明细科目的余额转入"未分配利润"明细科目，结转本年利润。

（二）根据以上经济业务编制会计分录和资产负债表

1. 根据以上经济业务作会计分录

(1) 借：库存材料 58500
　　　贷：银行存款 58500

(2) 借：管理费用 2000
　　　贷：长期待摊费用 2000

(3) 借：固定资产清理 22000
　　　累计折旧 8000
　　　贷：固定资产 30000
　　借：银行存款 20000
　　　贷：固定资产清理 20000
　　借：营业外支出 2000

	贷：固定资产清理	2000
(4)	借：预收账款	20000
	贷：经营收入	20000
(5)	借：短期借款	25000
	预提费用	1250
	贷：银行存款	26250
(6)	借：银行存款	20000
	贷：其他业务收入—房屋中介代销手续费收入	20000
	借：其他业务支出	13800
	贷：银行存款	13800
(7)	借：现金	10000
	贷：银行存款	10000
(8)	借：应付工资	10000
	贷：现金	10000
(9)	借：经营成本	6000
	管理费用	4000
	贷：应付工资	10000
(10)	借：经营成本	840
	管理费用	560
	贷：应付福利费	1400
(11)	借：管理费用—无形资产摊销	2200
	贷：无形资产	2200
(12)	借：管理费用—折旧费	3000
	贷：累计折旧	3000
(13)	借：银行存款	30000
	贷：代管基金	30000
(14)	借：预收账款	18000
	贷：经营收入	18000
(15)	借：银行存款	8000
	贷：应收账款	8000
	借：坏账准备	40
	贷：管理费用—坏账损失	40
(16)	借：管理费用—修理费	140
	贷：库存材料	120
	现金	20
(17)	借：管理费用	50
	贷：低值易耗品	50
(18)	借：营业费用	2000
	贷：银行存款	2000

```
          借：预提费用—应付广告宣传费                              24000
              贷：银行存款                                              24000
  (19) 借：银行存款                                        10200
          贷：代收款项—代收自来水费                                  10000
              经营收入—物业管理收入—公众代办性服务费收入                 200
  (20) 借：银行存款                                        20000
          贷：经营收入—物业经营收入—停车场收入                       20000
  (21) 借：银行存款                                        20000
          贷：经营收入—物业管理收入                                  20000
      借：经营成本—物业管理成本                             1600
          贷：银行存款                                              1000
              库存材料                                               600
  (22) 借：经营税金及附加                                    3910
          其他业务支出                                     1000
          贷：应交税金—应交营业税                                  4910
  (23) 借：经营成本                                        30000
          贷：银行存款                                              30000
  (24) 借：经营税金及附加                                   273.70
          其他业务支出                                    70.00
          贷：应交税金—应交城建税                                 343.70
      借：经营税金及附加                                   117.30
          其他业务支出                                    30.00
          贷：其他应交款—教育费附加                               147.30
  (25) 借：经营收入                                        78200
          其他业务收入                                    20000
          贷：本年利润                                            98200
      借：本年利润                                        73551
          贷：管理费用                                            11910
              营业外支出                                          2000
              其他业务支出                                        14900
              经营成本                                           38440
              营业费用                                           2000
              经营税金及附加                                      4301
  (26) 本年应交所得税＝(98200－73551)×33％＝8134.17 元
      借：所得税                                        8134.17
          贷：应交税金—应交所得税                                8134.17
      借：本年利润                                      8134.17
          贷：所得税                                           8134.17
  (27) 本年应提法定盈余公积＝(98200－73551－8134.17)×10％＝1651.48 元
```

借：利润分配—提取盈余公积   1651.48

    贷：盈余公积—法定盈余公积   1651.48

本年应提取法定公益金＝(98200－73551－8134.17)×5％＝825.74 元

借：利润分配—提取盈余公积   825.74

    贷：盈余公积—法定公益金   825.74

本年分配投资者利润 1000.40 元

借：利润分配—应付利润   1000.40

    贷：应付利润   1000.40

(28) 借：利润分配—未分配利润   3477.62

      贷：利润分配—提取盈余公积   2477.22

          利润分配—应付利润   1000.40

    借：本年利润   16514.83

      贷：利润分配—未分配利润   16514.83

2. 根据上述资料编制 2003 年 12 月 31 日的科目余额表(表 11-3)

科 目 余 额 表

表 11-3

单位：元

科 目 名 称	借 方 余 额	科 目 名 称	贷 方 余 额
现金	15980	应付账款	4000
银行存款	41650	短期借款	8000
短期投资	15000	预收账款	1000
应收账款	19000	代收款项	14000
其他应收款	600	其他应付款	400
坏账准备(贷方)	95	应付工资	2600
库存材料	62780	应付福利费	3400
低值易耗品	1350	应交税金	15787.87
物业工程	5000	其他应交款	747.3
待摊费用	400	预提费用	2850
长期股权投资	110000	长期借款	50000
固定资产	60000	代管基金	70000
累计折旧(贷方)	13000	实收资本	200000
固定资产购建支出	55000	盈余公积	6477.22
无形资产	19800	利润分配(未分配利润)	31202.21
长期待摊费用	18000	应付利润	1000.4
资产总计	411465	负债及所有者权益总计	411465

3. 编制资产负债表(表 11-4)

编制单位：××公司　　　　2003 年 12 月 31 日　　　　单位：元

资　产	行次	年初数	期末数	科目名称	行次	年初数	期末数
流动资产				流动负债			
货币资金	1	95000	57630	短期借款	32	33000	8000
短期投资	2	15000	15000	应付票据	33		0
应收票据	3	0	0	预收账款	34	39000	1000
应收账款	4	27000	19000	代收款项	35	4000	14000
减：坏账准备	5	135	95	其他应付款	36	400	400
应收账款净额预付账款	6	26865	18905	应付账款	37	4000	4000
预付账款	7	0	0	应付工资	38	2600	2600
应收补贴款	8	0	0	应付福利费	39	2000	3400
其他应收款	9	600	600	应交税金	40	2400	15787.87
存货	10	11400	69130	其他应交款	41	600	747.3
待摊费用	11	400	400	预计负债	42		0
待处理流动资产损失	12	0	0	一年内到期的长期负债	43		0
一年内到期的长期债券投资	13	0	0	预提费用	44	28100	2850
其他流动资产	14			其他流动负债	45		0
				应付股利	46		1000.4
流动资产合计	15	149265	161665	流动负债合计	47	116100	55785.57
长期投资				长期负债			
长期股权投资	16	110000	110000	应付债券	48		
长期投资合计	17	110000	110000	长期借款	49	50000	50000
固定资产				长期应付款	50		
固定资产原价	18	90000	60000	代管基金	51	40000	70000
减：累计折旧	19	18000	13000	专项应付款	52		
固定资产净值	20	72000	47000	其他长期负债	53		
减：固定资产减值准备	21			长期负债合计	54	90000	120000
固定资产净额	22	72000	47000	递延税项			
固定资产清理	23			递延税项贷项	55		
固定资产购建支出	24	55000	55000	负债合计	56	206100	175785.57
固定资产合计	25	127000	102000	所有者权益			
无形资产及其他资产				实收资本	57	200000	200000
无形资产	26	22000	19800	减：已归还投资	58		
长期待摊费用	27	20000	18000	实收资本净额	59	200000	200000
其他长期资产	28			资本公积	60		
无形资产及其他资产合计	29	42000	37800	盈余公积	61	4000	6477.22
				其中：法定公益金	62		825.74
递延税项				未分配利润	63	18165	31202.21
递延税项借项	30			所有者权益合计	64	222165	237619.43
资产总计	31	428265	411465	负债及所有者权益总计	65	428265	411465

第三节 利 润 表

一、利润表的内容和格式

利润表是反映企业一定会计期间经营成果的报表。

该表反映的主要内容，是将企业一定时期内的营业收入与营业成本进行配比，从而求出这一会计期间的净收益。

利润表包括表头和表体两部分。表头列示本表的名称、编制单位和反映经营成果实现的会计期间。表体的结构可采用多步式利润表结构（其格式如表 11-6），分为正表项目和补充资料两大部分，主要包括以下四个方面的内容：

（1）构成经营利润的各个要素。经营利润以经营收入为基础减去为取得经营收入而发生的相关成本、税金后得出。

（2）构成营业利润的各个要素。营业利润在经营利润的基础上，加其他业务利润，减营业费用、管理费用和财务费用后得出。

（3）构成利润总额的各个要素。利润总额在营业利润的基础上，加减投资利润、补贴收入、营业外收支后得出。

（4）构成净利润的各个要素。净利润在利润总额的基础上，减去所得税费用后得出。

二、利润表的编制方法

按照我国企业利润表的格式要求，利润表一般设有"本月数"和"本年累计数"两栏，其填列方法如下：

（1）报表中"本月数"栏反映各项目的本月实际发生数，在编制月度报表时，应根据有关利润类账户的本月发生额分析填列；在编制中期报表中，应将"本月数栏"改为"上年同期数"栏，填列上年同期累计实际发生数；在编制年度报表时，应将"本月数"栏改为"上年数"栏，填列上年全年累计实际发生数。如果上年度利润表的项目名称和内容与本年度利润表不相一致，应对上年度报表项目的名称和数字按本年度的规定进行调整，填入报表的"上年数"栏。

报表中"本年累计数"栏，反映各项目年初起至报告期末止的累计实际发生数。

（2）报表中各项目主要根据各利润科目的发生额分析填列。

三、利润表编制举例

【例 11-2】 根据例 11-1 的资产，该公司 2003 年度有关利润科目的余额见表11-5。

利 润 科 目 余 额 表 11-5

单位：元

科 目 名 称	借方发生额	贷方发生额	科 目 名 称	借方发生额	贷方发生额
经营收入		78200	投资收益		
经营成本	38440		营业外收入		
经营税金及附加	4301		营业外支出	2000	
营业费用	2000		其他业务收入		20000
管理费用	11910		其他业务支出	14900	
财务费用			所得税	8134.17	

根据上述资料编制该公司 2003 年度利润表见表 11-6。

利 润 表 　　　　　　　　　　　　　　　　表 11-6

编制单位：××公司　　　2003 年 12 月　　　　　　　　　　　　单位：元

项　　目	行　次	本　月　数	本年累计数
一、经营收入	1		78200.00
减：经营成本	2		38440.00
	3		
经营税金及附加	4		4301.00
二、经营利润	5		35459.00
加：其他业务利润 减：营业费用	6		5100.00 2000.00
管理费用	7		11910.00
财务费用	8	（略）	
三、营业利润	9		26649.00
加：投资收益	10		
补贴投入	11		
营业外收入	12		
减：营业外支出	13		2000.00
加：以前年度利润调整	14		
四、利润总额	15		24649.00
减：所得税	16		8134.17
五、净利润	17		16514.83

四、利润分配表的编制

利润分配表是利润表的附表，用以反映企业利润分配情况和年末未分配利润节余情况的报表，应按年编报。

利润分配表按照利润分配的顺序分项列示，各项目分设"本年实际"和"上年实际"两栏。报表中的"本年实际"栏下列各项目，应根据本年的"本年利润"及"利润分配"科目所属明细科目的记录分析填列。"上年实际"栏，根据上年度利润分配表中的"本年实际"栏所填列的数据填列。如果上年度利润分配表与本年度利润分配表的项目名称和内容不相一致，应对上年度报表项目的名称和数字按本年度的规定进行调整，填入报表的"上年实际"栏。

【例 11-3】　根据例 11-2 资料假设该公司按净利润的 10％计提法定盈余公积金，按净利润的 5％计提法定公益金，分配投资者利润 1000.40 元。有关资料见表 11-7。

资 料 表 　　　　　　　　　　　　　　　　表 11-7

　　　　　　　　　　　　　　　　　　　　　　　　　　　　　单位：元

项　　目	2003 年	2002 年
本年利润（贷方余额）	16514.83	

项　目	2003 年	2002 年
提取盈余公积（借方余额）	1651.48	
提取法定公益金	825.74	
应付股利（借方余额）	1000.4	
未分配利润（贷方余额）		18165

根据上述资料，可以编制该公司 2003 年度的利润分配表，见表 11-8。

利　润　分　配　表　　　　　　　　表 11-8

编制单位：××公司　　　　　2003 度　　　　　　　　　　　　单位：元

项　目	行　次	本 年 实 际	上　年　实　际
一、净利润	1	16514.83	
加：年初未分配利润	2	18165.00	
其他转入	3		
二、可供分配的利润	4	34679.83	
减：提取法定盈余公积	5	1651.48	
提取法定公益金	6	825.74	
提取职工奖励及福利金	7		
利润归还投资	8		（略）
提取企业发展基金	9		
三、可供投资者分配的利润	10	32202.61	
减：应付优先股股利	11		
提取任意盈余公积	12		
应付普通股股利	13	1000.40	
转作资本的普通股股利	14		
四、未分配利润	15	31202.21	

第四节　现金流量表

一、现金流量表概述

（一）现金流量表的定义

现金流量表是反映企业一定会计期间内现金和现金等价物流入和流出信息的会计报表，它是一张动态报表。编制现金流量表的主要目的，是为会计报表使用者提供企业一定会计期间内现金和现金等价物流入和流出的信息，以便于会计报表使用者了解和评价企业获取现金和现金等价物的能力，并据此预测企业未来现金流量。

（二）现金流量表的作用

在市场经济条件下，企业的现金流转情况在很大程度上影响着企业的生存和发展。企业现金充裕，就可以及时购入必要的材料物资和固定资产、及时支付工资、偿还债务、支付股利和利息；反之，轻则影响企业的正常生产经营，重则危及企业的生存。根据现金流量表的主要目的可以看出，现金流量表在评价企业经营业绩、衡量企业财务资源和财务风险以及预测企业未来前景方面，有着十分重要的作用。具体来说，现金流量表的作用主要表现为三个方面：

1. 现金流量表有助于评价企业支付能力、偿债能力和周转能力

通过现金流量表，并配合资产负债表和利润表，将现金与流动负债进行比较，计算出现金比率；将现金流量净额与发行在外的普通股加权平均股数进行比较，计算出每股现金流量；将经营活动现金流量净额与净利润进行比较，计算出盈利现金比率。可以了解企业的现金能否偿还到期债务、支付股利和进行必要的固定资产投资，了解企业现金流转效率和效果，等等，从而便于投资者做出投资决策、债权人做出信贷决策。

2. 现金流量表有助于预测企业未来现金流量

评价过去是为了预测未来。通过现金流量表所反映的企业过去一定期间的现金流量以及其他生产经营指标，可以了解企业现金的来源和用途是否合理，了解经营活动产生的现金流量有多少，企业在多大程度上依赖外部资金，就可以据以预测企业未来现金流量，从而为企业编制现金流量计划、组织现金调度、合理节约地使用现金创造条件，为投资者和债权人评价企业的未来现金流量，做出投资和信贷决策提供必要信息。比如，根据上一期间销售商品和提供劳务产生的现金，参考下一期间的销售前景和收账政策、客户信用等因素，就可以预测下一期间销售商品、提供劳务产生的现金。通过上一期间用于支付工资的现金金额，考虑下一期间用工规模、工资标准等其他因素，就可以预测下一期间支付工资所需要的现金。

3. 现金流量表有助于分析企业收益质量及影响现金净流量的因素

利润表中列示的净利润指标，反映了一个企业的经营成果，这是体现企业经营业绩的最重要的一个指标。但是，利润表是按照权责发生制原则编制的，它不能反映企业经营活动产生了多少现金，并且没有反映投资活动和筹资活动对企业财务状况的影响。通过编制现金流量表，可以掌握企业经营活动、投资活动和筹资活动的现金流量，将经营活动产生的现金流量与净利润相比较，就可以从现金流量的角度了解净利润的质量。并进一步判断，是哪些因素影响现金流入，从而为分析和判断企业的财务前景提供信息。

二、现金流量表的编制基础及几个基本概念

现金流量表是以现金为基础编制的，这里的现金包括库存现金、可以随时用于支付的存款以及现金等价物。

要了解现金流量表，必须首先掌握以下几个基本概念：

1. 库存现金

库存现金是指企业持有的、可随时用于支付的现金限额，也就是现金账户核算的现金。

2. 银行存款

银行存款是指企业存在金融企业、随时可以用于支付的存款，它与银行存款账户核算的银行存款基本一致，主要的区别是编制现金流量表所指的银行存款是可以随时用于支付的银行存款，如结算户存款、通知存款等。

3. 其他货币资金

其他货币资金是指企业存在金融企业有特定用途的资金，也就是其他货币资金账户核算的银行存款，如外埠存款、银行汇票存款、银行本票存款、信用证保证金存款、在途货币资金等。

需要注意的是，银行存款和其他货币资金中有些不能随时用于支付的存款，如：不能随时支取的定期存款等，不应作为现金，而应列作投资；提前通知金融企业便可支取的定期存款，则应包括在现金范围内。

4. 现金等价物

现金等价物是指企业持有的期限短、流动性强、易于转换为已知金额的现金、价值变动风险很小的投资。现金等价物的支付能力相当于现金，能够满足企业即期支付的需要。现金等价物的定义本身，包含了判断一项投资是否属于现金等价物的四个条件，即：①期限短；②流动性强；③易于转换为已知金额的现金；④价值变动风险很小。其中所称的期限短，一般是指从购买之日起，三个月内到期。具体到一个企业来说，哪些投资可以确认为现金等价物，需要根据具体情形加以判断。典型的现金等价物是自购买之日起三个月内到期的短期债券。

5. 现金流量

现金流量是现金流量表的基础概念，指现金和现金等价物的流入和流出。现金净流量是现金流量表所要反映的一个重要指标，指现金流入与流出的差额，它反映了企业各类活动形成的现金流量的最终结果，可能是正数，也可能是负数。如果是正数，则为净流入；如果负数，则为净流出。一般来说，现金流入大于现金流出反映了企业现金流量的积极现象和趋势。需要注意的是，企业现金形式的转换不会产生现金的流入和流出，如，企业从银行提取现金，是企业现金存放形式的转换，并未流出企业，不构成现金流量；同样，现金与现金等价物之间的转换也不属于现金流量，比如，企业用现金购买将于三个月内到期的国库券。

三、现金流量的分类

对现金流量进行合理分类，对现金流量进行合理分类，有助于深入地分析企业财务状况变动，预测企业现金流量未来前景。现金流量表会计准则将现金流量分为三类：经营活动产生的现金流量，投资活动产生的现金流量，筹资活动产生的现金流量。

（一）经营活动产生的现金流量

经营活动是指企业投资活动和筹资活动以外的所有交易和事项。也就是说，除归属于企业投资活动和筹资活动以外的所有交易和事项，都可归属于经营活动。

一般来说，经营活动产生的现金流入项目主要有：销售商品、提供劳务收到的现金，收到的税费返还，收到的其他与经营活动有关的现金；经营活动产生的现金流出项目主要有：购买商品、接受劳务支付的现金，支付给职工以及为职工支付的现金，支付的各项税费，支付的其他与经营活动有关的现金。

各类企业由于行业特点不同，对经营活动的认定存在一定差异，在编制现金流量表时，应根据企业的实际情况，对现金流量进行合理的归类。

（二）投资活动产生的现金流量

投资活动是指企业长期资产的购建和不包括在现金等价物范围内的投资及其处置活

动，包括实物资产的投资，也包括金融资产投资。这里的长期资产是指固定资产、无形资产、在建工程、其他资产等持有期限在一年或一个营业周期以上的资产。

需要注意的是，投资活动与投资是两个不同的概念。投资是指企业为通过分配来增加财富，或为谋求其他利益，而将资产让渡给其他单位所获得的另一项资产，它分为短期投资和长期投资。购建固定资产是投资活动，但它却不是一项投资；购买自购买之日起三个月内到期的债券属于短期投资，但它却不是投资活动。

一般来说，投资活动产生的现金流入项目主要有：收回投资所收到的现金，取得投资收益所收到的现金，处置固定资产、无形资产和其他长期资产所收回的现金净额，收到的其他与投资活动有关的现金；投资活动产生的现金流出项目主要有：购建固定资产、无形资产和其他长期资产所支付的现金，投资所支付的现金，支付的其他与投资活动有关的现金。

（三）筹资活动产生的现金流量

筹资活动是指导致企业资本及债务规模和构成发生变化的活动。这里所说的资本，包括实收资本（股本），也包括资本溢价（股本溢价）；这里所说的债务，指对外举债，应付账款、应付票据等商业应付款等属于经营活动，不属于筹资活动。

一般来说，筹资活动产生的现金流入项目主要有：吸收投资所收到的现金，取得借款所收到的现金，收到的其他与筹资活动有关的现金；筹资活动产生的现金流出项目主要有：偿还债务所支付的现金，分配股利、利润或偿付利息所支付的现金，支付的其他与筹资活动有关的现金。

四、现金流量表的基本格式和内容

（一）现金流量表的基本格式

我国现金流量表的基本格式见表11-9。

现金流量表的基本格式 表11-9

项　　目	行　　次	金　　额
一、经营活动产生的现金流量：		
销售商品、提供劳务收到的现金	1	
收到的税费返还	3	
收到的其他与经营活动有关的现金	8	
现金流入小计	9	
购买商品、接受劳务支付的现金	10	
支付给职工以及为职工支付的现金	12	
支付的各项税费	13	
支付的其他与经营活动有关的现金	18	
现金流出小计	20	
经营活动产生的现金流量净额	21	
二、投资活动产生的现金流量：		
收回投资收到的现金	22	

项　目	行　次	金　额
取得投资收益所收到的现金	23	
处置固定资产、无形资产和其他长期资产所收回的现金净额	25	
收到的其他与投资活动有关的现金	28	
现金流入小计	29	
购建固定资产、无形资产和其他长期资产所支付的现金	30	
投资所支付的现金	31	
支付的其他与投资活动有关的现金	35	
现金流出小计	36	
投资活动产生的现金流量净额	37	
三、筹资活动产生的现金流量：		
吸收投资所收到的现金	38	
取得借款所收到的现金	40	
收到的其他与筹资活动有关的现金	43	
现金流入小计	44	
偿还债务所支付的现金	45	
分配股利、利润和偿付利息所支付的现金	46	
支付的其他与筹资活动有关的现金	52	
现金流出小计	53	
筹资活动产生的现金流量净额	54	
四、汇率变动对现金的影响	55	
五、现金及现金等价物净增加额	56	

补　充　资　料	行　次	金　额
1. 将净利润调节为经营活动现金流量：		
净利润	57	
加：计提的资产减值准备	58	
固定资产折旧	59	
无形资产摊销	60	
长期待摊费用摊销	61	
待摊费用减少（减：增加）	64	
预提费用增加（减：减少）	65	
处置固定资产、无形资产和其他长期资产的损失（减：收益）	66	
固定资产报废损失	67	
财务费用	68	
投资损失（减：收益）	69	
递延税款贷项（减：借项）	70	
存货的减少（减：增加）	71	

补 充 资 料	行 次	金 额
经营性应收项目的减少（减：增加）	72	
经营性应付项目的增加（减：减少）	73	
其他	74	
经营活动产生的现金流量净额	75	
2. 不涉及现金收支的投资和筹资活动：		
债务转为资本	76	
一年内到期的可转换公司债券	77	
融资租入固定资产	78	
3. 现金及现金等价物净增加情况：		
现金的期末余额	79	
减：现金的期初余额	80	
加：现金等价物的期末余额	81	
减：现金等价物的期初余额	82	
现金及现金等价物净增加额	83	

（二）现金流量表的内容

1. 经营活动产生的现金流量

（1）经营活动产生的现金流入项目

1）销售商品、提供劳务收到的现金。本项目反映企业销售商品、提供劳务实际收到的现金，包括销售收入和应向购买者收取的增值税销项税额，具体包括：本期销售商品、提供劳务收到的现金，以及前期销售商品、提供劳务本期收到的现金和本期预收的款项，减去本期销售本期退回的商品和前期销售本期退回的商品支付的现金。本项目可根据"现金"、"银行存款"、"应收账款"、"应收票据"、"预收账款"、"主营业务收入"、"其他业务收入"等科目的记录分析填列。

需要注意的是，企业销售材料和代购代销业务收到的现金，也在本项目反映。

2）收到的税费返还。本项目反映企业收到返还的各种税费，如收到的增值税、营业税、所得税、消费税、关税和教育费附加返还款等。本项目可根据"现金"、"银行存款"、"主营业务税金及附加"、"补贴收入"、"应收补贴款"等科目的记录分析填列。

3）收到的其他与经营活动有关的现金。本项目反映企业除上述各项目外，收到的其他与经营活动有关的现金，如罚款收入、流动资产损失中由个人赔偿的现金收入等。其他与经营活动有关的现金如果价值较大的，应单列项目反映。本项目可根据"现金"、"银行存款"、"营业外收入"等科目的记录分析填列。

需要注意的是，修订前的会计准则中的"经营租赁收到的租金"项目，现包括在"收到的其他与经营活动有关的现金"项目中。

（2）经营活动产生的现金流出项目

1）购买商品、接受劳务支付的现金。本项目反映企业购买材料、商品、接受劳务实际支付的现金，包括支付的货款以及与货款一并支付的增值税进项税额，具体包括：本期购买商品、接受劳务支付的现金，以及本期支付前期购买商品、接受劳务的未付款项和本期预付款项。本项目可根据"现金"、"银行存款"、"应付账款"、"应付票据"、"主营业务成本"等科目的记录分析填列。

需要注意的是，本期发生的购货退回收到的现金应从本项目中扣除。

2）支付给职工以及为职工支付的现金。本项目反映企业实际支付给职工的现金以及为职工支付的现金，包括本期实际支付给职工的工资、奖金、各种津贴和补贴等，以及为职工支付的其他费用。不包括支付的离退休人员的各项费用和支付给在建工程人员的工资等。支付的离退休人员的各项费用，包括支付的统筹退休金以及未参加统筹的退休人员的费用，在"支付的其他与经营活动有关的现金"项目中反映；支付的在建工程人员的工资，在"购建固定资产、无形资产和其他长期资产所支付的现金"项目中反映。本项目可根据"现金"、"银行存款"、"应付工资"等科目的记录分析填列。

需要注意的是，企业为职工支付的养老、失业等社会保险基金、补充养老保险、住房公积金；支付给职工的住房困难补助；企业为职工交纳的商业保险金；企业支付给职工或为职工支付的其他福利费用等，应根据职工的工作性质和服务对象，分别在"购建固定资产、无形资产和其他长期资产所支付的现金"和"支付给职工以及为职工支付的现金"项目中反映。

3）支付的各项税费。本项目反映企业按规定支付的各项税费，包括本期发生并支付的税费，以及本期支付以前各期发生的税费和预交的税金，如支付的教育费附加、矿产资源补偿费、印花税、房产税、土地增值税、车船使用税、预交的营业税等。不包括计入固定资产价值、实际支付的耕地占用税等，也不包括本期退回的增值税、所得税。本期退回的增值税、所得税，在"收到的税费返还"项目中反映。本项目可根据"现金"、"银行存款"、"应交税金"等科目的记录分析填列。

4）支付的其他与经营活动有关的现金。本项目反映企业除上述各项目外，支付的其他与经营活动有关的现金，如罚款支出、支付的差旅费、业务招待费、保险费等。其他与经营活动有关的现金如果价值较大的，应单列项目反映。本项目可根据有关科目的记录分析填列。

需要注意的是，修订前的会计准则中的"经营租赁所支付的现金"项目，现包括在"支付的其他与经营活动有关的现金"项目中。

2. 投资活动产生的现金流量

（1）投资活动产生的现金流入项目

1）收回投资所收到的现金。本项目反映企业出售、转让或到期收回除现金等价物以外的短期投资、长期股权投资而收到的现金，以及收回长期债权投资本金而收到的现金。不包括长期债权投资收回的利息，以及收回的非现金资产。本项目可根据"现金"、"银行存款"、"短期投资"、"长期股权投资"等科目的记录分析填列。

需要注意的是，长期债权投资收回的利息，不在本项目中反映，而在"取得投资收益所收到的现金"项目中反映。

2）取得投资收益所收到的现金。本项目反映企业因股权性投资而分得的现金股利，从子公司、联营企业或合营企业分回利润而收到的现金，以及因债权性投资而取得的现金利息收入。股票股利不在本项目中反映，包括在现金等价物范围内的债券性投资，其利息收入在本项目中反映。本项目可根据"现金"、"银行存款"、"投资收益"等科目的记录分析填列。

需要注意的是，修订前的会计准则中的"分得股利或利润所收到的现金"、"取得债券利息收入所收到的现金"项目，现包括在"取得投资收益所收到的现金"项目中。

3）处置固定资产、无形资产和其他长期资产所收到的现金净额。本项目反映企业出售固定资产、无形资产和其他长期资产所取得的现金，减去为处置这些资产而支付的有关费用后的净额。由于处置固定资产、无形资产和其他长期资产所收到的现金和处置活动支付的现金，两者在时间上比较接近，以净额更能反映处置活动对现金流量的影响，且由于金额不大，故以净额反映。由于自然灾害等原因所造成的固定资产等长期资产的报废毁损而收到的保险赔偿收入，也在本项目中反映。本项目可根据"现金"、"银行存款"、"固定资产清理"等科目的记录分析填列。

4）收到的其他与投资活动有关的现金。本项目反映企业除上述各项目外，收到的其他与投资活动有关的现金。其他与投资活动有关的现金，如果价值较大的，应单列项目反映。本项目可根据有关科目的记录分析填列。

（2）投资活动产生的现金流出项目

1）购建固定资产、无形资产和其他长期资产所支付的现金。本项目反映企业购买、建造固定资产，取得无形资产和其他长期资产所支付的现金，包括购买机器设备所支付的现金及增值税款、建造工程支付的现金、支付在建工程人员的工资等现金支出，不包括为购建固定资产而发生的借款利息资本化部分，以及融资租入固定资产所支付的租赁费。为购建固定资产而发生的借款利息资本化部分，以及融资租入固定资产所支付的租赁费，应在"筹资活动产生的现金流量——支付的其他与筹资活动有关的现金"项目中反映，不在本项目中反映。企业以分期付款方式购建的固定资产，其首次付款支付的现金在本项目中反映，以后各期支付的现金在筹资活动产生的现金流量中反映。本项目可根据"现金"、"银行存款"、"固定资产"、"无形资产"、"在建工程"等科目的记录分析填列。

2）投资所支付的现金。本项目反映企业进行权益性投资和债权性投资所支付的现金，包括企业取得的除现金等价物以外的短期股票投资、短期债券投资、长期股权投资、长期债权投资支付的现金，以及支付的佣金、手续费等附加费用。企业购买债券的价款中含有债券利息的，以及溢价或折价购入的，均按实际支付的金额反映。本项目可根据"现金"、"银行存款"、"长期股权投资"、"长期债权投资"、"短期投资"等科目的记录分析填列。

需要注意的是，企业购买股票和债券时，实际支付的价款中包含的已宣告但尚未领取的现金股利或已到付息期但尚未领取的债券利息，应在"支付的其他与投资活动有关的现金"项目中反映；收回购买股票和债券时支付的已宣告但尚未领取的现金股利或已到付息期但尚未领取的债券利息，应在"收到的其他与投资活动有关的现金"项目中反映。

需要说明的是，修订前的会计准则中的"权益性投资所支付的现金"、"债权性投资所支付的现金"项目，现均包括在"投资所支付的现金"项目中。

3）支付的其他与投资活动有关的现金。本项目反映企业除上述各项目外，支付的其他与投资活动有关的现金。其他与投资活动有关的现金，如果价值较大的，应单列项目反映。本项目可根据有关科目的记录分析填列。

3. 筹资活动产生的现金流量

(1) 筹资活动产生的现金流入项目

1) 吸收投资所收到的现金。本项目反映企业收到的投资者投入的现金，包括以发行股票、债券等方式筹集资金实际收到的款项净额(发行收入减去支付的佣金等发行费用后的净额)。本项目可根据"现金"、"银行存款"、"实收资本(或股本)"等科目的记录分析填列。

需要注意的是，以发行股票、债券等方式筹集资金而由企业直接支付的审计、咨询等费用，不在本项目中反映，而在"支付的其他与筹资活动有关的现金"项目中反映。

需要说明的是，修订前的会计准则中的"吸收权益性投资所收到的现金"、"发行债券所收到的现金"项目，现包括在"吸收投资所收到的现金"项目中。

2) 取得借款所收到的现金。本项目反映企业举借各种短期、长期借款而收到的现金。本项目可根据"现金"、"银行存款"、"短期借款"、"长期借款"等科目的记录分析填列。

3) 收到的其他与筹资活动有关的现金。本项目反映企业除上述各项目外，收到的其他与筹资活动有关的现金。其他与筹资活动有关的现金，如果价值较大的，应单列项目反映。本项目可根据有关科目的记录分析填列。

(2) 筹资活动产生的现金流出项目

1) 偿还债务所支付的现金。本项目反映企业以现金偿还债务的本金，包括：归还金融企业的借款本金、偿付企业到期的债券本金等。本项目可根据"现金"、"银行存款"、"短期借款"、"长期借款"等科目的记录分析填列。

需要注意的是，企业偿还的借款利息、债券利息，在"分配股利、利润或偿付利息所支付的现金"项目中反映，不在本项目中反映。

2) 分配股利、利润或偿付利息所支付现金。本项目反映企业实际支付的现金股利、支付给其他投资单位的利润或用现金支付的借款利息、债券利息所支付的现金。本项目可根据"现金"、"银行存款"、"应付股利"、"财务费用"、"长期借款"等科目的记录分析填列。

需要说明的是，修订前的会计准则中的"分配股利或利润所支付的现金"、"偿付利息所支付的现金"项目，现包括在"分配股利、利润或偿付利息所支付的现金"项目中。

3) 支付的其他与筹资活动有关的现金。本项目反映企业除上述各项目外，支付的其他与筹资活动有关的现金。其他与筹资活动有关的现金，如果价值较大的，应单列项目反映。本项目可根据有关科目的记录分析填列。

需要说明的是，修订前的会计准则中的"发生筹资费用所支付的现金"、"融资租赁所支付的现金"、"减少注册资本所支付的现金"项目，现包括在"支付的其他与筹资活动有关的现金"项目中。

4. 汇率变动对现金的影响

反映企业外币现金流量及境外子公司的现金流量折算为人民币时，所采用的现金流量发生日的汇率或平均汇率折算为人民币金额与"现金及现金等价物净增加额"中外币现金净增加额按期末汇率折算为人民币金额之间的差额。

在编制现金流量表时，对当期发生的外币业务，也可不必逐笔计算汇率变动对现金的影响，可以通过会计报表附注中"现金及现金等价物净增加额"数额与报表中"经营活动产生的现金流量净额"、"投资活动产生的现金流量净额"、"筹资活动产生的现金流量净额"三项之和比较，其差额即为"汇率变动对现金的影响"。

5. 现金流量表补充资料——将净利润调节为经营活动现金流量

（1）计提的资产减值准备

本项目反映企业计提的各项资产的减值准备，例如坏账准备、存货跌价准备、短期投资跌价准备、长期投资减值准备、固定资产减值准备、无形资产减值准备等。企业计提的各项资产的减值准备，包括在利润表中，从利润中扣除，但是，却没有发生现金流出。所以，在将净利润调节为经营活动现金流量时，需要进行调节。本项目可根据"管理费用"、"投资收益"、"营业外支出"等科目的记录分析填列。

（2）固定资产折旧

本项目反映企业本期累计提取的折旧。企业计提的固定资产折旧，有的包括在管理费用中，有的包括在制造费用中。计入管理费用中的部分，作为期间费用在计算净利润时从中扣除，但是，却没有发生现金流出，所以，在将净利润调节为经营活动现金流量时，需要予以加回。计入制造费用中的已经变现的部分，在计算净利润时通过销售成本予以扣除，但是，却没有发生现金流出；计入制造费用中的没有变现的部分，由于在调节存货时，已经从中扣除，但是，却不涉及现金收支，所以，在此处将净利润调节为经营活动现金流量时，需要予以加回。本项目可根据"累计折旧"科目的贷方发生额分析填列。

（3）无形资产摊销、长期待摊费用摊销

本项目分别反映企业本期累计摊入成本费用的无形资产的价值及长期待摊费用。企业摊销无形资产时，计入管理费用；长期待摊费用摊销时，有的计入管理费用，有的计入营业费用，有的计入制造费用。计入管理费用、营业费用中的部分，作为期间费用在计算净利润时从中扣除，但是，却没有发生现金流出，所以，在将净利润调节为经营活动现金流量时，需要予以加回。计入制造费用中的已经变现的部分，在计算净利润时通过销售成本予以扣除，但是，却没有发生现金流出；计入制造费用中的没有变现的部分，由于在调节存货时，已经从中扣除，但是，却不涉及现金收支，所以，在此处将净利润调节为经营活动现金流量时，需要予以加回。这两个项目可根据"无形资产"、"长期待摊费用"科目的贷方发生额分析填列。

（4）待摊费用减少（减：增加）

本项目反映企业本期待摊费用的减少。待摊费用减少，表明本期待摊费用的摊销超过了发生的待摊费用。待摊费用摊销时，有的计入管理费用，有的计入营业费用，有的计入制造费用。计入管理费用、营业费用中的部分，作为期间费用在计算净利润时从中扣除，但是，却没有发生现金流出，所以，在将净利润调节为经营活动现金流量时，需要予以加回。计入制造费用中的已经变现的部分，在计算净利润时通过销售成本予以扣除，但是，却没有发生现金流出；计入制造费用中的没有变现的部分，由于在调节存货时，已经从中扣除，但是，却不涉及现金收支，所以，在此处将净利润调节为经营活动现金流量时，需要予以加回。发生待摊费用时，需要支付现金，但是，却没有从净利润中扣除，所以，在将净利润调节为经营活动现金流量时，需要予以扣除。基于此，待摊费用的期末余额超过期初余额的差额，需要在将净利润调节为经营活动现金流量时，予以调节。本项目可根据资产负债表"待摊费用"项目的期初、期末余额的差额填列；期末数大于期初数的差额，以"一"号填列。

(5) 预提费用增加(减：减少)

本项目反映企业本期预提费用的增加。预提费用增加，表明本期发生的预提费用超过了使用的预提费用。发生预提费用时，有的计入制造费用，有的计入营业费用，有的计入管理费用，有的计入财务费用。计入管理费用、营业费用、财务费用中的部分，作为期间费用在计算净利润时从中扣除，但是，却没有发生现金流出，所以，在将净利润调节为经营活动现金流量时，需要予以加回。计入制造费用中的已经变现的部分，在计算净利润时通过销售成本予以扣除，但是，却没有发生现金流出；计入制造费用中的没有变现的部分，由于在调节存货时，已经从中扣除，但是，却不涉及现金收支，所以，在此处将净利润调节为经营活动现金流量时，需要予以加回。使用预提费用时，需要支付现金，但是，却没有从净利润中扣除，所以，在将净利润调节为经营活动现金流量时，需要予以扣除。本项目可根据资产负债表"预提费用"项目的期初、期末余额的差额填列；期末数小于期初数的差额，以"—"号填列。

(6) 处置固定资产、无形资产和其他长期资产的损失(减：收益)

本项目反映企业本期由于处置固定资产、无形资产和其他长期资产而发生的净损失。企业处置固定资产、无形资产和其他长期资产发生的损益，属于投资活动产生的损益，不属于经营活动产生的损益，所以，在将净利润调节为经营活动现金流量时，需要予以调节。本项目可根据"营业外收入"、"营业外支出"、"其他业务收入"、"其他业务支出"等科目所属有关明细科目的记录分析填列；如为净收益，以"—"号填列。

(7) 固定资产报废损失

本项目反映企业本期固定资产盘亏(减：盘盈)后的净损失。企业发生的固定资产报废损益，属于投资活动产生的损益，不属于经营活动产生的损益，所以，在将净利润调节为经营活动现金流量时，需要予以调节。本项目可根据"营业外支出"、"营业外收入"等科目所属有关明细科目中固定资产盘亏损失减去固定资产盘盈收益后的差额填列。

(8) 财务费用

本项目反映企业本期发生的应属于投资活动或筹资活动的财务费用。企业发生的财务费用，可以分别归属于经营活动、筹资活动和投资活动。其中，属于经营活动的部分，本身就应该在计算净利润时予以扣除，所以，在将净利润调节为经营活动现金流量时，不需要调节。与此相对应，属于投资活动、筹资活动的部分，在计算净利润时也从中扣除，但是，这部分发生的现金流出不属于经营活动范畴，所以，在将净利润调节为经营活动现金流量时，需要予以加回。本项目可根据"财务费用"科目的本期借方发生额分析填列；如为收益，以"—"号填列。

(9) 投资损失(减：收益)

本项目反映企业本期投资所发生的损失减去收益后的净损失。企业发生的投资损益，属于投资活动产生的损益，不属于经营活动产生的损益，所以，在将净利润调节为经营活动现金流量时，需要予以调节。本项目可根据利润表中"投资收益"项目的数字填列；如为投资收益，以"—"号填列。

(10) 递延税款贷项(减：借项)

本项目反映企业本期递延税款净增加或净减少。企业发生递延税款贷项，与其相对应的是所得税，在计算净利润时从中扣除，但是，却没有发生现金流出，所以，在将净利润调节为经营活动现金流量时，需要予以加回；同样的道理，企业发生递延税款借项，需要予以扣除。本项目可根据资产负债表中"递延税款借项"、"递延税款贷项"项目的期初、期末余额的差额填列。"递延税款借项"的期末数小于期初数的差额，以及"递延税款贷项"的期末数大于期初数的差额，以正数填列；"递延税款借项"的期末数大于期初数的差额，以及"递延税款贷项"的期末数小于期初数的差额，以"－"号填列。

(11) 存货的减少(减：增加)

本项目反映企业本期存货的减少(减：增加)。在不存在赊购情况下，如果某一期间期末存货比期初存货增加，说明当期购入的存货除耗用外，还余留了一部分，即除了为当期销货成本包含的存货发生支出外，还为增加的存货发生了现金流出，所以，在将净利润调节为经营活动现金流量时，需要从中扣除；反之，如果某一期间期末存货比期初存货减少，说明本期生产过程耗用的存货有一部分是期初的存货，耗用这部分存货并没有发生现金流出，所以，在将净利润调节为经营活动现金流量时，需要予以加回。本项目可根据资产负债表中"存货"项目的期初数、期末数之间的差额填列；期末数大于期初数的差额，以"－"号填列。

(12) 经营性应收项目的减少(减：增加)

本项目反映企业本期经营性应收项目(包括应收账款、应收票据和其他应收款中与经营活动有关的部分以及应收增值税销项税额等)的减少(减：增加)。如果某一期间经营性应收项目期末余额大于经营性应收项目期初余额，说明本期销售收入中有一部分没有收回现金，但是，在计算净利润时这部分销售收入已包括在内，所以，在将净利润调节为经营活动现金流量时，需要从中扣除；反之，如果某一期间经营性应收项目期末余额小于经营性应收项目期初余额，说明本期收回的现金大于利润表中所确认的销售收入，所以，在将净利润调节为经营活动现金流量时，需要予以加回。

(13) 经营性应付项目的增加(减：减少)

本项目反映本期经营性应付项目(包括应付账款、应付票据、应付福利费、应交税金、其他应付款中与经营活动有关的部分以及应付的增值税进项税额等)的增加(减：减少)。如果某一期间经营性应付项目期末余额大于经营性应付项目期初余额，说明本期购入的存货中有一部分没有支付现金，但是，在计算净利润时却通过销售成本包括在内，所以，在将净利润调节为经营活动现金流量时，需要予以加回；反之，如果某一期间经营性应付项目期末余额小于经营性应付项目期初余额，说明本期支付的现金大于利润表中所确认的销售成本，所以，在将净利润调节为经营活动现金流量时，需要从中扣除。

6. 不涉及现金收支的投资和筹资活动

本项目反映企业一定期间内影响资产或负债但不形成该期现金收支的所有投资和筹资活动的信息。这些投资和筹资活动虽不涉及现金收支，但对以后各期的现金流量有重大影响。如融资租赁设备，记入"长期应付款"账户，当期并不支付设备款及租金，但以后各期必须为此支付现金，从而在一定期间内形成了一项固定的现金支出。不涉及现金收支的投资和筹资活动主要有：债务转为资本、一年内到期的可转换公司债券、融资租入固定资产。

五、现金流量表的编制方法

具体编制现金流量表时，可以采用工作底稿法，也可以采T形账户法，还可以直接根据有关账户记录分析填列。

（一）工作底稿法

采用工作底稿法编制现金流量表，就是以工作底稿为手段，以利润表和资产负债表数据为基础，对每一项目进行分析并编制调整分录，从而编制出现金流量表。

在直接法下，整个工作底稿纵向分成三段，第一段是资产负债表项目，其中又分为借方项目和贷方项目两部分；第二段是利润表项目；第三段是现金流量表项目。工作底稿横向分为：在资产负债表部分，第一栏是项目栏，填列资产负债表各项目名称；第二栏是期初数，用来填列资产负债表项目的期初数；第三栏是调整分录的借方；第四栏是调整分录的贷方；第五栏期末数，用来填列资产负债表项目的期末数。在利润表和现金流量表部分，第一栏也是项目栏，用来填列利润表和现金流量表名称；第二栏空置不填；第三、第四栏分别是调整分录的借方和贷方；第五栏是本期数，利润表部分这一栏数字应和本期利润表数字核对相符，现金流量表部分这一栏的数字可直接用来编制正式的现金流量表。

采用工作底稿法编制现金流量表的程序是：

（1）将资产负债表的期初数和期末数过入工作底稿的期初数栏和期末数栏。

（2）对当期业务进行分析并编制调整分录。调整分录大体有这样几类：第一类涉及利润表中的收入、成本和费用项目以及资产负债表中的资产、负债及所有者权益项目，通过调整，将权责发生制下的收入费用转换为现金基础；第二类是涉及资产负债表和现金流量表中的投资、筹资项目，反映投资和筹资活动的现金流量；第三类是涉及利润表和现金流量表中的投资和筹资项目，目的是将利润表中有关投资和筹资方面的收入和费用列入到现金流量表投资、筹资现金流量中去。此外，还有一些调整分录并不涉及现金收支，只是为了核对资产负债表项目的期末期初变动。

在调整分录中，有关现金和现金等价物的事项，并不直接借记或贷记现金，而是分别记入"经营活动产生的现金流量"、"投资活动产生的现金流量"、"筹资活动产生的现金流量"有关项目，借记表明现金流入，贷记表明现金流出。

（3）将调整分录过入工作底稿中的相应部分。

（4）核对调整分录，借贷合计应当相等，资产负债表项目期初数加减调整分录中的借贷金额以后，应当等于期末数。

（5）根据工作底稿中的现金流量表项目部分编制正式的现金流量表。

（二）T形账户法

采用T形账户法，就是以T形账户为手段，以利润表和资产负债表数据为基础，对每一项目进行分析并编制调整分录，从而编制出现金流量表。采用T形账户法编制现金流量表的程序如下：

（1）为所有的非现金项目（包括资产负债表项目和利润表项目）分别开设T形账户，并将各自的期末期初变动数过入各该账户。

（2）开设一个大的"现金及现金等价物"T形账户，每边分为经营活动、投资活动和筹资活动三个部分，左边记现金流入，右边记现金流出。与其他账户一样，过入期末期初变动数。

（3）以利润表项目为基础，结合资产负债表分析每一个非现金项目的增减变动，并据此编制调整分录。

（4）将调整分录过入各 T 形账户，并进行核对，该账户借贷相抵后的余额与原先过入的期末期初变动数应当一致。

（5）根据大的"现金及现金等价物" T 形账户编制正式的现金流量表。

思 考 题 与 习 题

1. 什么是会计报表？它有什么作用？

2. 会计报表如何分类？它有哪些编制要求？

3. 什么是资产负债表？简述它的结构与编制方法。

4. 什么是利润表和利润分配表？简述它的结构和编制方法。

5. 什么是现金流量表？如何对现金流量进行分类？各类包含些什么内容？

6.（1）资料：某物业管理企业 5 月份的有关账户发生额资料如下：

经营收入	3256000元
经营成本	1830000元
经营税金及附加	170050元
其他业务收入	263000元
其他业务支出	208650元
财务费用	−3250元
管理费用	21500元
营业费用	9800元
营业外收入	1020元
营业外支出	2700元
所得税	386000元

（2）要求：

根据上述资料编制该企业的月度利润表。

第十二章 物业筹资管理

第一节 物业管理企业筹资概述

一、筹资的概念及分类

（一）筹资的概念及要求

物业管理企业作为具有独立法人资格的经济实体，其生存与发展离不开资金的筹措，其财务活动是以筹集企业必需的资金，作为先决条件的。物业管理企业的筹资是指物业管理企业在国家宏观控制和指导下，根据其物业管理和多种经济活动、对外投资及调整资金结构的需要，通过不同渠道，用各种筹资方式，经济有效地筹集所需资金的过程。

在市场经济条件下，筹资活动是通过资金市场进行的，企业能否吸收资金，主要取决于企业的自身条件，因此，物业管理企业筹资必须为投资人创造良好的投资环境并做到：

（1）遵守国家政策法规的规定。

（2）符合市场的需要，提供良好的物业管理和服务，发展前景好。

（3）资产配置合理，有较好的财务状况和信誉，并有连续盈利的记录。

（4）企业员工素质要好，工作效率要高，有现代企业管理的意识和观念。

（二）筹资的分类

企业筹集的资金可按不同的标准进行分类，现介绍两种主要的分类方式：

（1）按所筹资金的期限长短分为短期资金和长期资金。

短期资金是指使用期限在一年以内的资金。它是由于企业在经营过程中短期性的资金周转需要引进的，主要通过短期借款、商业信用方式筹集。其资金成本相对较低，但导致的财务风险较高。

长期资金是使用期限在一年以上的资金。长期资金主要通过吸收直接投资、发行股票、发行长期债券、长期银行借款、融资租赁等形式筹资。长期资金因其占用时间长，筹资成本较高，但因其能够被企业长期而稳定占用，对降低经营风险与短期财务风险有好处。

（2）按资金的来源渠道分为权益资金和负债资金。

权益资金又称主权资金或自有资金。它是企业依法筹集并长期拥有、自主支配的资金，主要包括资本金、资本公积金和未分配利润等内容。权益资金的筹资成本较高，但没有固定利息负担，没有固定到期日，不用偿还，筹资风险小，能增加公司的信誉。

负债资金，又称债务资金或借入资金。它是企业依法筹措并按合同要求使用、按期偿还的资金，主要包括银行或非银行金融机构的各种借款、应付债券、应付票据等内容。负债资金的筹资成本较低，筹资速度快，可借助其提高收益和企业价值，但因其还本付息的压力同时提高了财务风险。

二、筹资的原则

为了提高筹资的综合效益，有效地筹集企业所需资金必须要遵循以下原则：

（一）坚持以需定筹的原则

即企业在筹资过程中，无论通过何种渠道，采用何种方式，都必须科学地确定筹资数量，使筹资数量与需要量相互平衡，防止筹资不足而影响企业经营活动的正常运行，同时也要防止资金筹集过多，造成资金闲置，增加筹资成本。

（二）筹措及时原则

即企业按照投资机会来把握筹资时间，确定合理的筹资计划与筹资时间，适时获取所需资金。避免资金取得过早而造成闲置，或者资金取得相对滞后而错过资金投放的最佳时间。

（三）结构合理，降低风险原则

即合理安排各种资金来源占全部资金来源的比重，以及各类资金来源之间的比例关系，选择最佳的资金结构来筹集资金，降低筹资风险。如合理地安排权益资金与负债资金的结构，防止负债过多增加财务风险；防止在公司息税前利润较多、增长幅度较大时，又不充分利用负债经营，而使权益资金的收益水平降低。

（四）降低成本的原则

即企业在筹资过程中，必须认真研究各种筹资方式，进行分析、对比，选择经济、可行的筹资方式，使企业的筹资成本降低，从而提高筹资效益。

三、物业管理公司资金来源渠道

公司的资金都是从一定渠道取得的。筹资渠道是指筹措资金的来源方向与通道，结合物业管理公司的特点，其渠道主要有：

（一）国家财政资金

指国家通过财政拨款的方式投入企业的资金。随着改革的深化，国家的投资方式将趋向多样化，国家可采用入股方式对新组建的物业管理公司进行投资。此外，为鼓励我国物业管理事业的发展，加强城市市政设施的建设、维修与绿化，加快旧城区及城市危旧房改造，以及改善城市居民的工作和生活环境，国家或地方政府将给予一定的投资优惠政策补助或增加投资，物业管理公司可以凭借自身优势，根据当地的具体情况，争取国家和地方政府的财政投资。

（二）银行信贷投资

指物业管理公司向商业银行贷款。各商业银行通过基本建设贷款、流动资金贷款、贴现和各种专项贷款等形式为物业管理公司提供各种商业贷款。这是物业管理公司十分重要的资金来源。

（三）非银行金融机构资金

指物业管理企业从非银行金融机构例如保险公司、租赁公司和信托投资公司等筹集的资金。民间金融组织也可提供贷款。

（四）企业自留资金

物业管理企业的累积利润在交纳所得税后，留存一部分收益以扩充资本，而不是全部分配给股东，所以留存收益也是企业的长期资金的重要来源。

（五）其他企业资金

指物业管理企业利用其他企业从生产经营过程中游离出来的暂时闲置资金。

（六）居民个人资金

企业职工和居民个人的结余货币，企业可通过直接融资的方式取得，如发行债券、股票等。随着我国经济发展和人民生活水平的提高，居民个人资金已成为企业不可忽视的重要资金来源之一。

（七）外商资金

主要指外国银行信贷、外国政府信贷、国际金融机构信贷、外国企业及我国港、澳、台地区的外商投入的资金。它是中外合资、中外合作物业管理企业的重要资金来源。物业管理企业通过与外商合作开办相应的合资、合作物业管理企业，既解决了资金不足问题，又引进和学习了国外先进的物业管理经验。

四、物业管理企业筹资方式及与筹资渠道的对应关系

筹资方式是指物业管理企业在筹措资金时选用的具体筹资形式。目前，物业管理企业可采用的筹资方式主要有以下几种：①吸收直接投资；②发行股票；③企业留存收益；④发行债券；⑤向银行借款；⑥向非银行金融机构借款；⑦融资租赁；⑧商业信用。

筹资渠道解决的是资金来源问题，筹资方式则解决通过何种方式取得资金的问题，它们之间存在一定的对应关系（表 12-1）。

筹资方式与筹资渠道的对应关系　　　　　　　　表 12-1

筹资方式 / 筹资渠道	吸收直接投资	发行股票	企业留存收益	发行债券	向银行借款	向非银行金融机构借款	融资租赁	利用商业信用
国家财政资金	√	√						
银行信贷资金					√			
非银行金融机构	√	√				√	√	
其他企业资金	√	√		√			√	√
居民个人资金	√	√						
企业自留资金	√		√					
外商资金	√	√		√			√	

<h2 align="center">第二节　资金成本和资金结构</h2>

一、资金成本的概念

资金成本是指物业管理企业为筹集和使用资金所付出的代价。资金成本包括筹资费用和用资费用两部分。筹资费用是指企业在筹措资金过程中为获取资金而付出的费用，如借款手续费、发行债券、股票的发行费等。用资费用是指企业在生产经营、投资过程中因使用资金而付出的代价，如向股东支付的股利，向债权人支付的利息等。

资金成本可以用绝对数表示，也可以用相对数表示，但在财务管理中，一般用相对数表示。其通用计算公式为：

资金成本＝每年的用资费用/筹资净额（筹资净额＝筹资数额－筹资费用）

（一）个别资金成本

1. 银行借款成本

167

其计算公式为：

$$K_I = \frac{I(1-T)}{L(1-f)} \times 100\% \quad \text{或} \quad K_I = \frac{i(1-T)}{(1-f)} \times 100\% \qquad (12\text{-}1)$$

式中　K_I——银行借款成本；

　　　L——银行借款筹资总额；

　　　T——所得税税率；

　　　i——银行借款利息率；

　　　f——银行借款筹资费率；

　　　I——银行借款年利息。

由于银行借款的手续费很低，上式中的筹资费率通常可以忽略不计，上面公式可简化为：

$$K_I = i(1-T) \qquad (12\text{-}2)$$

【例 12-1】　某物业管理企业从银行取得长期借款 30 万元，年利率为 10%，期限为 3 年，每年付息一次，到期一次还本，筹资费用率为 0.4%，企业所得税税率为 33%，该项借款的资金成本为多少？

【解】

$$K_I = \frac{30 \times 10\% \times (1-33\%)}{30 \times (1-0.4\%)} \times 100\% = 6.73\%$$

2. 债券成本

其计算公式为：

$$K_B = \frac{I(1-T)}{B(1-f)} \times 100\% \quad \text{或} \quad K_B = \frac{b \times i(1-T)}{B(1-f)} \times 100\% \qquad (12\text{-}3)$$

式中　K_B——债券成本；

　　　I——债券每年支付的利息；

　　　b——债券面值；

　　　i——债券票面利率；

　　　B——按发行价格确定的债券筹资总额；

　　　f——债券筹资费率。

【例 12-2】　某物业管理企业发行一笔期限为 8 年的债券，债券面值为 500 万元，票面利率为 12%，每年付一次利息，筹资费率为 3%，所得税税率为 40%，债券按面值等价发行。则该债券的资金成本为：

$$K_B = \frac{500 \times 12\% \times (1-40\%)}{500 \times (1-3\%)} \times 100\% = 7.42\%$$

3. 优先股成本

其计算公式为：

$$K_S = \frac{D}{P(1-f)} \qquad (12\text{-}4)$$

式中　K_S——优先股成本；

　　　D——优先股每年的股利；

　　　P——发行优先股总额；

　　　f——筹资费率。

【例 12-3】　某物业股份有限公司拟发行优先股 80 万元，筹资费用率为 3%，每年向优先股股东支付 11％的固定股利。则优先股的成本为：

$$K_S = \frac{80 \times 11\%}{80(1 - 3\%)} \times 100\% = 11.34\%$$

4. 普通股成本

普通股成本的计算，存在多种不同的方法，其主要方法为估价法。这种方法是利用估价普通股现值的公式，来计算普通股成本的一种方法。普通股现值的计算公式为：

$$V_0 = \sum_{i=1}^{n} \frac{D_i}{(1 + K_P)^i} + \frac{V_n}{(1 + K_P)^n} \tag{12-5}$$

由于股票没有到期日，那么 $n \to \infty$ 时，$\dfrac{V_n}{(1 + K_P)^n} \to 0$，所以股票的现值为：$\sum_{i=1}^{n} \dfrac{D_i}{(1 + K_P)^i}$

式中　K_P——普通股的成本；

　　　D_i——第 I 期支付的股利；

　　　V_n——普通股终值；

　　　V_0——普通股现值，即发行价格。

如果每年股利固定不变，则可视为永续年金，其计算公式可简化为：

$$K_P = \frac{D}{V_0} \tag{12-6}$$

普通股筹资费用率为 f 时，则有：

$$K_P = \frac{D}{V_0(1 - f)} \tag{12-7}$$

假设公司的股利是不断增加的，且增长率为 g，则普通股成本的计算公式简化为：

$$K_P = \frac{D_1}{V_0(1 - f)} + g \tag{12-8}$$

式中　D_1 第 1 年的股利。

【例 12-4】　某物业管理企业发行普通股 110 万股，每股面额为 10 元，发行费用率为 3％，预计第一年的股利额为每股 1 元，预计以后每年股利增长率为 7％。则普通股成本为：

$$K_P = \frac{110 \times 1 \times 100\%}{110 \times 10 \times (1 - 3\%)} + 7\% = 17.31\%$$

5. 留存收益成本

企业留存收益，等于股东对企业进行追加投资，股东对这部分投资与以前缴给企业的股本一样，也要求有一定的报酬，因此留存收益也要计算成本，其计算公式为：

$$K_e = D/V_0 \text{ 或 } K_e = D_1/V_0 + g \tag{12-9}$$

式中　K_e——留存收益的成本；

　　　D——普通股年股利；

　　　V_0——普通股的现值，即发行价格；

　　　D_1——预计第 1 年的股利；

　　　g——预计以后每年固定增长率。

（二）加权平均资金成本

企业加权平均资金成本是以各种资金占全部资金的比重为权数计算出来的综合资金成

本，其计算公式为：

$$K_w = \Sigma W_j K_j \qquad\qquad (12\text{-}10)$$

式中　K_w——加权平均的资金成本；

　　　W_j——第 j 种资金占总资金的比重；

　　　K_j——第 j 种资金的成本。

【例 12-5】　某物业管理企业共有资金 1000 万元，其中债券 300 万元，优先股 100 万元，普通股 500 万元，留存收益 100 万元，其成本分别为 6％，12％，15.5％，15％。则该企业的加权平均资金成本为：

$$K_w = \frac{300}{1000} \times 6\% + \frac{100}{1000} \times 12\% + \frac{500}{1000} \times 15.5\% + \frac{100}{1000} \times 15\% = 12.25\%$$

二、最优资金结构

（一）最优资金结构的概念

资金结构是指物业管理企业各种资金的构成及其比例关系。所谓最优资金结构是指在一定条件下使企业加权平均资金成本最低、企业价值最大的资金结构。

从资金成本和筹资风险的分析可以看出，负债筹资具有节税，降低资金成本，使权益资金利润率提高等杠杆作用和功能。因此，对外负债是企业采用的主要筹资方式。但是，随着负债筹资比例的不断扩大，负债利率趋于上升、破产风险加大，破产成本也趋于提高。因此，如何找出最优的负债点（即最优资金结构），使得负债筹资的优点得以充分发挥，同时又避免其不足，是筹资管理的关键。

（二）最优资金结构的确定方法

1. 比较资金成本法

是通过企业在作出筹资决策之前，先拟定若干个备选方案，分别计算各种方案下的加权平均资金成本，并以此为标准，选择其中使得加权平均资金成本最低的资金结构。它以资金成本高低作为确定最优资金结构的惟一标准。

【例 12-6】　某物业管理企业拟筹资 500 万元。有三个备选方案，其资金结构分别是：方案一：普通股 150 万元、长期借款 100 万元、债券 250 万元；方案二：普通股 250 万元、长期借款 80 万元、债券 170 万元；方案三：普通股 100 万元、长期借款 150 万元、债券 250 万元。相对应的个别资金成本见表 12-2。

相对应个别资金成本表　　　　　　　　　　　　表 12-2

筹资方式	方 案 一		方 案 二		方 案 三	
	筹资额(万元)	资金成本(%)	筹资额(万元)	资金成本(%)	筹资额(万元)	资金成本(%)
普 通 股	150	15	250	15	100	15
长期借款	100	6	80	6.5	150	7
长期债券	250	9	170	7.5	250	8
合 计	500	—	500	—	500	—

计算各方案的加权资金成本：

方案一：$\dfrac{150}{500} \times 15\% + \dfrac{100}{500} \times 6\% + \dfrac{250}{500} \times 9\% = 10.20\%$

方案二：$\dfrac{250}{500}\times15\%+\dfrac{80}{500}\times6.5\%+\dfrac{170}{500}\times7.5\%=11.09\%$

方案三：$\dfrac{100}{500}\times15\%+\dfrac{150}{500}\times7\%+\dfrac{250}{500}\times8\%=9.10\%$

通过以上计算可以看出，方案三的加权平均资金成本最低。因此，选择普通股100万元、长期借款150万元、长期债券250万元的资金结构最为可行。

2. 因素分析法

因素分析法是企业财务管理人员根据以往的经验来确定最优资金结构，这是一种定性的分析方法。

影响企业资金结构的基本因素有：

(1) 销售的稳定性

销售是否稳定对企业的资金结构有重要影响。如果企业的销售和盈余比较稳定，则可较多地负担固定的财务费用；如果销售和盈余有周期性，则负担固定的财务费用将冒较大的财务风险，因此，企业负债筹资不能太多。

(2) 利率水平的变动趋势

利率水平的变动趋势也会影响到企业的资金结构。如果公司财务人员认为利率暂时较低，但不久的将来有可能上升的话，便会大量发行长期债券，从而在若干年内把利率固定在较低水平上。

(3) 企业的财务状况

获利能力越强，财务状况越好，变现能力越强的企业，就越有能力负担财务上的风险。因而，随着企业变现能力、财务能力、财务状况和盈利能力的增长，举债融资就越有吸引力。

(4) 企业的风险程度

企业的风险程度对融资方式有很大的影响。经营风险大的企业，采用权益资金方式筹资比较理想，因为不用按时偿还本金及定期支付利息，以使用较为稳固的财务基础来抵消部分经营风险。因此，风险大的企业，负债资金所占的比例一般较小。

(5) 资产结构

资产结构会以多种方式影响企业的资金结构：

1) 拥有较多流动资产的企业，利用流动负债来筹集资金；

2) 拥有大量固定资产的企业主要通过长期负债和发行股票筹集资金；

3) 以技术研究开发为主的公司则负债较少；

4) 资产适用于抵押贷款的公司举债额较多。

(6) 企业销售的增长情况

预计未来销售的增长率，决定财务杠杆在多大程度上扩大每股利润率，如果销售以7%～9%或更高的速度增长，使用具有固定财务费用的债务筹资，就会提高普通股的每股利润。

3. 息税前利润——每股利润分析法

负债的偿还能力是建立在未来盈利能力基础之上的。企业的盈利能力一般用息税前利润（$EBIT$）表示企业的盈余能力。负债筹资是通过它的杠杆作用来增加股东财富的。每股利润

(EPS)用来表示股东财富。把这两方面联系起来，分析资金结构与每股利润之间的关系，进而确定合理的资金结构的方法，叫息税前利润—每股利润分析法。简写为 $EBIT—EPS$ 分析法。这种方法因为要确定每股利润的无差异点，所以又叫每股利润无差异点法。

【例 12-7】 某物业管理企业目前的资金总额为 100 万元，其结构为：债券 20 万元，权益资金 80 万元，普通股数 4 万股(面值 20 元/股)，现准备追加 20 万元，有两种追加筹资方式，①增加负债；②增加权益资金。已知：增资前的负债利率为 10%，若采用负债增资方案，则负债利率提高到 12%。公司所得税税率 40%，增加资金后息税前利润率可达到 18%。比较并选择两种方案。

【解】 根据题意，可列表分析如下：

预计不同资金结构下的每股利润　　资金单位：万元　表 12-3

项　　　目	增加权益资金	增加负债
预计息税前利润($EBIT$)	250000	250000
减：利息	20000	40000
税前利润	230000	210000
减：所得税(40%)	92000	84000
净利润	138000	126000
普通股股数	50000(40000＋10000)	40000
每股利润(EPS)	2.76	3.15

由上表计算可得，在息税前利润为 250000 元时，采用负债筹资比追加权益资金筹资可行。

表 12-3 所计算的结果是息税前利润为 250000 元时的情况。那么息税前利润达到哪一点时，采用哪种方法都是无差异的呢？这可通过计算来确定。其计算公式为：

$$\frac{(EBIT-I_1)\times(1-T)-D_1}{N_1}=\frac{(EBIT-I_2)\times(1-T)-D_2}{N_2} \tag{12-11}$$

式中　$EBIT$——每股利润无差异点处的息税前利润；

I_1，I_2——两种筹资方案下的年利息；

D_1，D_2——两种筹资方案下的优先股股利；

A，B——两种筹资方案下的流通在外的普通股股数；

T——所得税税率。

现将有关数据代入上面公式

$$\frac{[(EBIT-20\times10\%)\times(1-40\%)-0]}{50000}=\frac{[(EBIT-40\times10\%)\times(1-40\%)-0]}{40000}$$

求得：$EBIT=120000$(元)

在此点：$EPS_1=EPS_2=1.2$(元)

它表明：①当息税前利润大于 120000 元时，利用负债筹资更为有利；②当息税前利润等于 120000 元时，利用权益资金筹资与利用负债筹资都是一样的；③当息税前利润小于 120000 元时，利用权益资金筹资更为有利。

这种分析方法只考虑了资金结构对每股利润的影响，并假定每股利润最大，股票价格也就最高，但把资金结构对风险的影响置之度外，是不全面的。因为随着负债的增加，投资者的风险加大，股票价格和企业价值也会有下降的趋势，所以，单纯地用 $EBIT—EPS$ 分析法有时会做出错误的决策，每股利润的增加也的确有利于股票价格的上升。

4. 资金结构的调整方法

资金结构的调整方法主要有：

(1) 增量调整。即是在债务资金相对较高时，追加权益资金，而当权益资金过高时，追加负债筹资规模。

(2) 减量调整。即是在权益资金过高时，通过减资降低其比重；债务资金过高时，利用税后留存收益还债，减少债务比重。

(3) 存量调整。即在负债资金过高时，将部分债务资金转化为权益资金或将长期债务收兑或提前偿还。筹集相应的权益资金，在权益资金过高时，通过减资并增加相应的负债额来调整资金结构。

第三节　负债资金的筹集

负债筹资是指物业管理企业通过负债来筹集资金。它是物业管理企业最主要的筹资形式之一，按照筹资使用期限的长短，负债筹资可分为短期负债筹资和长期负债筹资，长期负债筹资又分为银行借款和债券筹资等。

一、短期负债筹资

短期负债筹资最主要的形式为短期借款和商业信用。

(一) 短期借款

短期借款是指物业管理企业向银行或其他非银行金融机构借入的期限在一年以内的借款。

1. 短期借款的分类

(1) 按借款的条件分为信用借款和抵押借款。

(2) 按参与企业资金周转时间的长短具体用途可分为流动资金借款、卖方信贷、临时借款、生产周转借款和结算借款。

(3) 按利息支付方法的不同可分为贴现法借款、收款法借款和加息法借款。

2. 短期借款的利率及利息支付方法

(1) 短期借款的利率：①浮动优惠利率，是一种随其他短期利率的变动而浮动的优惠利率，即随市场条件的变化而随时调整变化的优惠利率；②优惠利率，即是银行向财力雄厚经营状况好的公司贷款时收取的名义利率，为贷款利率的最低限；③非优惠利率，即是银行贷款给一般企业时收取的高于优惠利率的利率，这种利率经常在优惠利率的基础上加一定的百分比。

(2) 借款利息的支付方法：①贴现法，是银行向公司发放贷款时，先从本金中扣除利息部分，而到期时借款公司则要偿还贷款全部本金的一种方法；②收款法，即是在借款到期时向银行支付利息的方法；③加息法，是银行发放分期等额偿还贷款时采用的利息收取方法，银行根据名义利率计算出的利息加到本金上，要求公司在贷款期限内分期偿还本息和的金额。

3. 短期借款的优缺点

短期借款的优点：借款弹性好，便于灵活使用。

短期借款的缺点：限制条款多，筹资数额有限。

二、长期借款筹资

长期借款筹资是物业管理企业向银行或其他非银行金融机构借入的使用时间超过一年的借款。

（一）长期借款的分类

（1）按是否提供担保分为信用借款和抵押借款。

信用借款是凭借公司的信用或其保证人的信用而发放的贷款。抵押借款的抵押品通常是应收账款、股票、债券等有价证券，也可以是房屋、机器设备等实物资产。

（2）按照提供贷款的机构分为政策性银行贷款、商业银行贷款等，企业还可以从信托投资公司取得实物或货币形式的信托投资贷款，从财务公司取得各种中长期贷款等。

（二）长期借款偿还方式

（1）到期一次性偿还。

（2）贷款期限内定期、不定期支付等额款。

前者到期的还款压力大，加重还款时的财务负担，增加公司的拒付风险，但可建立偿债基金；后者实际利率会大于名义利率，但偿债压力较小，银行希望采用此种方式。

（三）长期借款的保护性条款

长期借款的期限长、风险大，银行为了保证能按时收回本息，保护其自身利益，对借款公司提出了有助于保证贷款按照足额偿还的条件。这些条件为：

（1）特殊性保护条款。其主要内容包括：贷款的专款专用；限制高级管理人员的工资和奖金支出；不准过多地对外投资等。

（2）例行性保护条款。其主要内容包括：公司必须定期向银行提交财务报表；不得为其他单位或个人提供担保；限制租赁固定资产规模，以防止过多的租金支付；不准在正常情况下出售较多资产，以保持企业正常的生产经营能力；及时清偿到期债务等。

（3）一般性保护条款。其主要内容包括：限制现金股利的支付；持有一定的现金及其他流动资产；保持合理的流动性及偿还能力；限制资本支出的规模；限制借入其他长期借款。

（四）长期借款筹资的优缺点。

长期借款筹资的主要优点有：①筹资速度快；②借款弹性大；③借款成本低。

其主要缺点有：①限制性条款较多；②财务风险大；③数量有限。

三、债券筹资

债券是物业管理企业为筹集资金而发行的，用以记载和反映债权债务关系的有价证券。

（一）债券的种类

（1）按利率的不同分为浮动利率债券和固定利率债券。

浮动利率债券的利率水平在发行债券之初不固定，利率随基本利率（一般是国库券利率）变动而变动的债券。固定利率债券的利率在发行债券时已确定并载于债券票面。

（2）按有无抵押担保分为抵押债券和信用债券。抵押债券是指有指定的财产作为担保品的债券，又可分为动产抵押债券、不动产抵押债券和证券抵押债券。

（3）按债券上是否记名，分为记名债券和无记名债券。债券上记有持券人姓名或名称；同时在发行公司的债权人名册上进行登记的债券，为记名债券。反之为无记名债券。记名债券便于公司掌握债券持有人的情况，也便于提高持券人的持券安全；但从转让角度看，无记名债券便于持券人之间的相互转让，降低转让成本。

（4）按是否可转换为公司股票，分为可转换债券和不可转换。

（5）按偿还方式分为分期债券和到期一次债券。一次发行而分期付息，到期一次偿还本金的债券为分期债券；发行公司于债券到期日一次集中支付利息和本金的债券为到期一次债券。

（二）债券的发行

1. 发行债券的资格

如果物业管理企业为股份有限公司、国有独资公司或两个以上的国有企业或者其他两个以上的国有投资主体投资设立的有限责任公司，就有资格申请发行公司债券。

2. 发行债券的条件

我国《公司法》规定，发行公司债券，必须具备以下条件：

（1）股份有限公司的净资产额不低于人民币 3000 万元，有限责任公司的净资产额不低于人民币 6000 万元。

（2）累计债券总额不超过公司净资产额的 40%。

（3）最近三年平均可分配利润足以支付公司债券一年的利息。

（4）所筹集的资金的投向符合国家产业政策。

（5）债券的利率不得超过国务院限定的水平。

（6）国务院规定的其他条件。

另外，发行公司债券所筹集的资金，必须符合审批机关审批的用途，不得用于弥补亏损和非生产性支出，否则会损害债权人的利益。

（三）债券的发行价格

债券由于票面利率与市场利率的差异，债券的发行价格有三种：等价发行、溢价发行和折价发行。当票面利率等于市场利率时，按等于面值的价格发行，即等价发行；当票面利率高于市场利率时，按高于面值的价格发行，即溢价发行。当票面利率低于市场利率时，按低于面值的价格发行，即折价发行。

（1）按期付息，到期一次还本，且不考虑发行费用的情况下，债券发行价格的计算公式如下：

$$\text{债券的发行价格} \quad P = \frac{F}{(1+K)^n} + \sum_{t=1}^{n} \frac{i \cdot F}{(1+K)^t}$$

$$= \frac{F}{(1+K)^n} + \sum_{t=1}^{n} \frac{I}{(1+K)^t}$$

$$= F \cdot (P/F, K, n) + I \cdot (P/A, K, t) \qquad (12\text{-}12)$$

式中　P——债券价格；

　　　i——债券票面利率；

I——债券每年的利息；

F——债券面值；

K——市场利率或投资人要求的必要收益率；

n——债券的期限；

t——付息期数。

（2）如果公司发行不计复利，到期一次还本付息的债券，其发行价格计算公式如下：

$$P=\frac{F+F \cdot i \cdot n}{(1+K)^n}=(F+F \cdot i \cdot n) \cdot (P/F, K, n) \tag{12-13}$$

（四）债券发行的方式

债券的发行方式通常分为私募发行和公募发行两种。

（1）私募发行。是指向特定的少数投资者发行债券。

（2）公募发行。是以不特定的多数人为募集对象而公开发行债券。公募发行有直接公募和间接公募之分。我国规定，公司发行公司债券，应当由证券机构承担，即间接募集。

（五）债券筹资的优缺点

1. 债券筹资的优点

（1）筹资成本低。同股票筹资相比，税前支付利息，具有节税功能，成本相对较低。

（2）可发挥财务杠杆作用。因债券的利息固定，能为股东带来杠杆效益，增加股东和公司的财富。

（3）保证控制权。债券持有人无权干涉发行公司的管理决策，发行债券筹资，不会减少公司所有者对企业的控制权。

2. 债券筹资的缺点

（1）筹资数额有限。

（2）筹资财务风险高。

（3）限制条件多。

四、代管基金

代管基金是指公司接受业主管理委员会或物业产权人，使用人委托代管的房屋共用部位维修基金和共用设施设备维修基金。

房屋共用部位维修基金是指专用于房屋共用部位大修理的资金。房屋共用部位是指承重结构部位（包括楼盖、屋顶、梁、柱、内外墙体和基础等）外墙面，楼梯间，走廊通道、门厅、楼内存车库等。

共用设施设备维修基金是指专项用于共用设施和共用设备大修理的资金。共用设施设备是指共用的上下水管道、公用水箱、加压水泵、电梯、公用天线、供电干线、共用照明、暖气干线、路灯、沟渠、池、井、游泳池、各类球场等。

代管基金是物业管理企业特有的一项长期负债。

代管基金应当专户存储、专款专用，并定期接受业主管理委员会检查与监督。

代管基金利息净收入，应转作代管基金滚存使用。

五、融资租赁

融资租赁是物业管理企业为解决其对资产的长期需要，与出租人签定的合同，由出租人按照物业管理企业的要求融资购买设备提供给物业管理企业使用的筹资方式。

（一）融资租赁的特点

（1）租金较高；

（2）租期较长；

（3）租赁合同比较稳定，不能任意终止租赁合同；

（4）租赁期满后可按事先约定的方式处置资产，或续租，或退还，或购买。

（二）融资租赁的形式

1. 售后租回

根据协议，物业管理企业，将所购买设备出售给出租人，然后租赁人租回设备并使用。采用这种租赁形式，是先做资产买卖交易，然后再进行资产租赁交易。

2. 直接租赁

是指承租人（物业管理企业）直接向出租人租入所需要的资产，并付出租金。

3. 杠杆租赁

杠杆租赁要涉及承租人、出租人和资金出借者三方当事人。从承担程序看，这种租赁与其他租赁形式无多大差别，所不同的是，对于出租人而言，出租人只垫支购买资产所需的部分资金，如30%款项的支付。因此，在这种情况下，它既是出租人又是借款人，同时拥有对资产的所有权，通过租赁既要收取租金，又要偿付债务。

（三）融资租赁的租金

融资租赁的租金包括租赁设备的购置成本，设备租赁期间的租息，租赁手续费和正常利润构成。

（四）融资租赁的优缺点

融资租赁的优点有：能筹资速度快；限制条款少；设备淘汰风险小；租金可在税前支付，享受抵税的好处。

融资租赁的缺点有：资金成本高；固定的租金支付会加重企业的财务负担。

第四节　权益资金的筹集

权益资金又称自有资金，或主权资本，是物业管理企业长期拥有、自主调配使用的资金。在企业经营期内，投资者不得以任何方式抽回。

一、吸收直接投资

吸收直接投资是指物业管理企业以协议，合同等形式吸收国家、法人、个人和外商等直接投入的资金。投资者可以用现金、厂房、机器设备、材料物资、无形资产等作价出资。它是非股份制企业筹集权益资金最主要的形式。

（一）吸收直接投资的管理

（1）吸收直接投资的数量应当与企业的经营规模相适应。

（2）以合同、协议等方式明确产权关系。

（3）正确选择出资方式，保持合理的出资结构比例，例如：无形资产与企业净资产的比例、流动资产与长期资产的比例。

（二）吸收直接投资的优缺点

吸收直接投资的优点主要有：有利于增强企业信誉；筹资速度快；有利于降低财务风险。

吸收直接投资的缺点主要表现在：筹资成本较高；容易分散企业控制权。

二、股票筹资

股票是物业管理股份有限公司为筹集自有资金而发行的有价证券，是公司签发的证明股东所持股份的凭证，它代表了股东对股份制公司的所有权。

（一）股票的分类

（1）按股票有无记名，可分为记名股和不记名股。

记名股票是在股票和公司股东册上注明持有人姓名的股票。这种股票除了股票上所记载的股东外，其他人不得行使其股权，且股份的转让、继承需办理过户手续。我国《公司法》规定，向发起人、国家授权投资的机构、法人发行的股票，应为记名股票；向社会公众发行的股票，可以是记名股票，也可以为无记名股票。无记名股票是票面上不记载股东姓名或名称的股票。公司只记载股票数量、编号和发行日期。无记名股票的转让、继承比较自由、方便，不需办理过户手续，只要将股票交给受让人，就可发生转让效力，移交股权。记名股票和无记名股票的区别主要体现在买卖活动上和行使股东权利方面，后者的股份权利完全依附于股票，失去了股票就失去了权利；而前者的股份权利并不完全依附于股票。

（2）按股票所代表的权利不同，可分为普通股和优先股。

普通股股东所享有的权利与承担的义务最为广泛，完全符合一般权利的基本标准，是公司最基本的、数量最多的股份。优先股则是比普通股具有某些特权，同时又有很多限制的股票。优先股的"优先"是相对普通股而言的，主要是优先分配股利和公司剩余财产，而参与公司管理的权限是有严格限制，其权利大大小于普通股。

（3）按股票是否标明金额，可分为面值股和无面值股

面值股票是在票面标有一定金额的股票。持有这种股票的股东，对公司享有的权利和承担义务的大小，依其所持有的股票票面金额占公司发行在外股票总额面值的比例而定。

无面值股票是不在股票票面记载每股金额的股票，只载明所占公司股本总额的比例或股份数的股票。目前，我国《公司法》不承认无面值股票，规定股票应记载股票的面额，并且其发行价格不得低于票面金额。

（4）按投资主体不同，股票分为国家股、法人股、个人股、外资股等。

国家股是有权代表国家投资的部门或机构以国有资产投资而形成的股份；法人股是指企业法人和具有法人资格的事业单位或社会团体以其可支配的资产投入而形成的股份；个人股是社会个人或本公司职工以个人合法的财产投入而形成的股份；外资股是指外国和我国港、澳、台地区投资者购买的人民币特种股票。

（5）按发行对象和上市地区不同分A股、B股、H股、N股。A股是指我国个人或法人买卖的以人民币标明票面金额，并以人民币认购和交易的股票；B股、H股和N股是专供外国和我国港、澳、台地区投资者买卖的，以人民币标明其面值而以外币认购和交易的股票。B股在上海、深圳上市，H股在香港上市，N股在纽约上市。

（二）股票的特点

（1）股票是一种票式证券，票面应记载规定的事项，须由公司董事长签名和发行公司盖章。

（2）从法律方面讲，股票持有人即股东与股票的权利和义务不可分离，股票转让就是

股东权利和义务的转移，股票转让后，股东就失去了相应的权利和义务。

（3）股票是财产所有权证书，而不是债权债务凭证，但股东一般只有所有权而无支配权，即股票不是债权凭证，而是所有权凭证。

（三）优先股筹资

优先股是物业管理股份公司筹集资本时给予投资者某些优惠权利的股票。

1．优先股的分类

（1）累积优先股与非累积优先股。

累积优先股是指公司的盈利不足以支付优先股股息时，对于所欠部分，由以后营业年度一起支付的优先股股票。非累积优先股是指当年公司无力支付股息时，以后将不在补付，即仅按当年利润分取股息，而不累积补付的优先股股票。

（2）可转换优先股与不可转换优先股。

可转换优先股是股东可在一定时期内按比例将其转换成公司普通股的优先股，由于一般优先股股息固定，当公司营业发展时，其所得利益远较普通股少，为使优先股更具吸引力，公司往往在章程中允许优先股转换为普通股，但通常对转换期限加以限制，转换比例由公司章程规定。不能转换成普通股的优先股即为不可转换优先股。

（3）参加优先股与非参加优先股。

参加优先股是指不仅能取得固定股息，还可同普通股一同参与额外股利分配的优先股。非参加优先股是指不能参加剩余利润分配，只能取得固定股利的优先股。

（4）可赎回优先股与不可赎回优先股

可赎回优先股是指股份公司可以按一定价格收回的优先股票，反之为不可赎回优先股。

2．优先股的特点

（1）优先股有优先分派股息和公司剩余财产的权利。当公司在支付了负债利息和所得税后仍有盈余时，须首先支付优先股股息。当公司破产清算时，出售资产所得收入，优先股位于债权人的求偿之后，但先于普通股。

（2）优先股股息固定，不受公司经营状况和盈利水平的影响。多数优先股具有累积特征，即任何一年未支付的股息必须加以累积，在以后年度一并支付。

（3）优先股部分管理权。优先股股东的管理权限是有严格限制的，通常情况下，优先股没有参与管理的权利，只有在特殊情况下，优先股股东才有权参加股东大会。

3．优先股筹资的优缺点

利用优先股筹资的优点：

（1）优先股没有固定到期日，不用偿还本金。发行优先股筹集资金，事实上等于使用的是一笔无限期的长期贷款，公司不承担偿还本金的义务，也无需再做筹资计划。

（2）股利的支付既固定，又有一定的弹性。一般而言，优先股都采用固定股利，但固定股利的支付并不构成公司的法定义务。如果财务状况不佳，就可暂时不支付优先股股利。

（3）有利于增强公司信誉。从法律上讲，优先股属于自有资金，扩大了公司权益基础，可适当增加公司的信誉，加强公司的借款能力。

利用优先股筹资的缺点：

(1) 筹资成本高，优先股的筹资成本低于普通股，但一般比债券的成本高。

(2) 筹资的限制条款多。发行优先股，通常有许多限制条款，例如对普通股股利支付上的限制，对公司借债的限制等。

(3) 财务负担较重。优先股需要支付固定股利，但又不能在税前扣除，当盈利下降时，优先股的股利会成为一项较重的财务负担，有时不得不延期支付。

(四) 普通股筹资

普通股是物业股份管理公司发行的无特殊权利的股份，是最常见、最基本的股份。

1. 普通股的特点

普通股除具有股票的一股特征外，还具有以下特征：

(1) 普通股股息不固定。普通股股息完全取决于公司在支付了全部费用、债务利息、税金及优先股股息之后所剩余的利润及其分配政策。一般而言，公司经营状况好，盈利多，股息可能就高；反之，股息就低。如果公司经营亏损，普通股股息甚至为零。

(2) 普通股享有的权利最广泛。主要有：出席或委托代理人出席股东大会，并依照公司章程的规定行使表决权，这是普通股股东参与公司经营管理的基本方式；股利分配请求权；对公司账目和股东大会决议的审查权；出让股份权，股东持有的股份可以出售和自由转让，但必须符合《公司法》、其他法规和公司章程规定的条件和程序；分配公司剩余的财产权；公司章程规定的其他权利。

(3) 普通股是收益高、风险大的证券。由于普通股对公司剩余利润有分配权利，因此公司经营效益好时，可以获得丰厚的股息，并可因股价上涨而获得资本收益。但与此同时，普通股股息波动，股本不归还和股价波动激烈等因素又使其成为风险大的证券。

2. 普通股的优缺点

普通股的优点：

(1) 没有固定的利息负担。

(2) 发行普通股筹集的资金没有固定到期日，不用偿还。

(3) 筹资风险小。因为普通股没有固定的到期日，不用支付固定利息，即实际上不存在不能偿付的风险，所以风险最小。

(4) 能增加公司信誉。发行普通股筹集的资金是公司最基本的资金来源，体现了公司的实力，可作为其他方式筹资的基础，可为债权人提供保障，增强公司举债能力。

普通股筹资的缺点：

(1) 普通股的资金成本较高，一般来说，普通股筹资的成本要大于债务资金是因为债务资金的利息在税前扣除，可以抵税，而普通股股息在净利润中支付。普通股的发行费用也比较高。

(2) 容易分散控制权。利用普通股筹资、出售新股票、增加新股东，可能分散控制权；另外，新股东对公司已积累的盈余具有分享权，这就会降低普通股的每股净收益，从而可能引起普通股市价的下跌。

(五) 股票的发行

1. 股票发行的规定与条件

(1) 每股金额相等。同次发行的股票，每股的发行条件和价格应当相同。

(2) 股票发行价格可以按面值发行，也可以超过票面金额，但不能低于票面金额。

（3）股票应当载明公司名称，公司登记日期、股票种类、票面金额及代表的股份数、股票编号等主要事项。

（4）向发起人、国家授权投资的机构、法人发行的股票，应当为记名股票；对社会公众发行的股票，可以为记名股票，也可以为无记名股票。

（5）公司发行记名股票，应当置备股东名册，记载股东的姓名或者名称、住所、各股东所持股份、各股东所持股票编号、各股东取得其股份的日期；发行无记名股票的，公司应当记载其股票的数量、编号及发行日期。

（6）公司发行新股，必须具备下列条件：前一次发行的股份已募足，并间隔一年以上；公司在最近三年内连续盈利，并可向股东支付股利；公司在三年内财务会计文件无虚假记载；公司预期利润率可达同期银行存款利率。

（7）公司发行新股，应由股东大会做出有关下列事项的决议：新股种类及数额；新股发行价格；新股发行的起止日期；向原有股东发行新股的种类及数额。

2. 发行股票的程序

（1）提出募集股份申请。

（2）公告招股说明书，制作认股书，签订承销协议和代表股款协议。

（3）招认股份，缴纳股款。

（4）召开创立大会，选举董事会、监事会。

（5）办理设立登记、交割股票。

3. 发行股票的方式

发行股票的方式，指的是公司通过何种途径发行股票。股票的发行方式有两种：

一种是直接发行，指不公开对外发行股票，只向少数特定的对象直接发行，因而不需中介机构承销。这种形式费用较省，但发行范围小，筹集资金时间相对较长。另一种是间接发行，即其股票发行业务委托一家或几家证券经营机构，通过代销、包销方式筹集资金。这种形式筹集资金时间短，但手续繁杂，发行成本高。

4. 股票的销售方式

股票的销售方式，指的是股份有限公司向社会公开发行股票时所采取的股票销售方法。股票的销售方式有两类：委托承销和自销。

（1）自销方式：股票发行的自销方式，是指发行公司直接将股票销售给认购者。

（2）委托承销方式：是指发行公司将股票销售业务委托给证券承销机构代理，承销又分包销和代销两种类型。所谓代销，是证券经营机构代替发行公司代售股票，并由此获取一定的佣金，但不承担股票未募足的风险。所谓包销，是根据承销协议商定的价格，证券经营机构一次性全部购进发行公司公开募集的股份，然后以较高的价格出售给社会上的认购者。对发行公司来说，包销的办法可及时筹足资本，免予承担发行风险；但股票以较低的价格售给承销商会损失部分溢价。

5. 股票的发行价格

股票发行的价格是股票发行时所使用的价格，也就是投资者认购股票时所支付的价格。股票发行的价格通常由发行公司根据股票面额，股市行情和其他有关因素决定。以募集设立方式设立公司首次发行的股票价格，由发起人决定；公司增资发行新股的股票价格，由股东大会做出决议。

（1）等价发行。等价就是以股票的票面额为发行价格，也称为平价发行。等价发行股票容易摊销，但无从取得股票溢价收入。新公司成立时，多采用等价发行，以免受市场行情波动的影响。

（2）时价发行。时价就是以本公司股票在流通市场上买卖的实际价格为基准确定的股票价格。选用时价发行股票，考虑了股票的现行市场价值，对投资者有较大的吸引力。

（3）中间价发行。中间价就是以时价和等价的中间值确定的股票发行价格。

第五节 资本金制度

一、资本金的概念和资本金制度

资本金是指物业管理企业在工商行政管理部门登记的注册资金。它不能小于国家规定的最低资本规模。例如，北京市房屋土地管理局颁布的《关于北京市物业管理企业经营资质审批的规定》中就对资金有明确的规定，即资金不得少于 10 万元人民币。

资本金制度是指国家围绕资本金的筹集和管理以及所有者责权利等方面所作的法律规定。资本金制度的建立有利于明确产权关系，保护所有者权益；有利于现代企业制度的建立，使企业真正实行自负盈亏体制；有利于维护经济秩序。在资本金的确定上通常有三种方法：

1. 实收资本制

即在企业设立时，必须确定资本金总额，并一次性缴足所确定的资本，实收资本与注册资本一致。

2. 授权资本制

即企业成立时，虽要确定资本金总额，但是否一次缴足资本则与企业的成立无关。也就是说，只要缴纳了第一期出资，企业即可成立，没有缴纳的资本部分则授权委托董事会在企业成立以后分期到位。

3. 折衷资本制

它要求企业成立时确定资本金总额，并规定首期出资的数额。它接近于授权资本制，但对第一期出资数额或比例一般要做出限制。

二、资本金的筹集管理

1. 资本金的筹资期限

物业管理企业的资本金可一次或者分期筹集。有限责任公司的股本总额由股东一次认购；外资企业则可分期认购。如果采用一次性筹集，则必须在营业执照签发之日起之后的六个月内筹足；分期认购的，最长期限不得超过三年，其中第一次认缴部分不得低于出资总额的 15%，且第一次出资额应在执照签发日后的三个月内到位。

2. 资本金的筹资方式

物业管理企业筹集资本金，既可以吸收货币资金的投资，也可以吸收实物、无形资产等形式的投资，还可以发行股票筹集。企业吸收的无形资产（不包括土地使用权）一般不超过注册资本的 20%，如果情况特殊，无形资产含有高新技术，确实需要超过 20% 的，应当经过审批部门批准，但最高不得超过 30%。

3. 验资及出资证明

以现金出资按实际收到或存入企业开户银行的日期和金额，作为投入资本的入账依据；对于以实物投资和无形资产投资的，应按合同、协议或评估确认的价值作为投资入账价值，在时间上，实物投资按办理完实物转移的时间确认其投资。投资者投入的资本必须聘请中国注册会计师进行验证，并出具验证报告，作为投资者的出资证明。

4. 投资者的违约责任

投资者因未按有关企业章程、协议或合同的规定，及时足额出资，而出现了影响企业成立的违约行为，企业和其他投资者可依法追究其违约责任。有关管理部门还应根据有关法律法规，对其进行处罚。

三、资本金的分类

资本金按照投资主体分为国家资本金、个人资本金、法人资本金以及外商资本金等。

国家资本金是指有权代表国家投资的政府或机构以国有资产的方式投入企业形成的资本金；法人资本金是指其他法人(包括企业法人和社团法人)以其依法可以支配的资产投入企业所形成的资本金；个人资本金则是社会个人或本企业内部职工以个人合法财产投入企业形成的资本金；外商资本金是国外投资者以及我国港、澳、台地区投资者投入企业形成的资本金。

思考题与习题

1. 企业筹资的渠道与方式有哪些？

2. 企业筹资的基本原则有哪些？

3. 什么是最优资金结构？

4. 最优资金结构确定的方法有哪些？

5. 比较优先股与普通股的优缺点。

6. 融资租赁的形式有哪些？

7. (1)资料：某物业管理企业发行一笔期限为 5 年的债券，债券面值为 400 万元，票面利率为 12%，每年付一次利息，筹资费率为 3%，所得税税率 40%，债券按面值等价发行。

(2)要求：

计算该债券的资金成本。

8. (1)资料：某物业管理企业共有资金 100 万元，其中债券 30 万元，优先股 10 万元，普通股 40 万元，留存收益 20 万元，各种资金的成本为：债券为 6%，优先股为 12%，普通股为 15.5%，留存收益为 15%。

(2)要求：

试计算该企业加权平均资金成本。

9. (1)资料：某公司拟筹资 5000 万元，其中按面值发行债券 2000 万元，票面利率 10%，筹资费率为 2%，发行优先股 800 万元，股利率为 12%，筹资费率为 3%；发行普通股 2200 万元，筹资费率 5%，预计第一年股利率为 12%，以后每年按 4% 递增。所得税税率 33%。

(2)要求：

1)计算债券成本；

2)计算优先股成本；

3)计算普通股成本；

4)计算综合资金成本。

10. (1)资料：某物业管理企业目前的资金结构情况为：资金结构总额 1000 万元，负债资金为 700

万元，权益资金(普通股，每股 1 元)300 万元。为扩大生产经营规模，现准备追加筹资 200 万元，并有两种追加筹资的方案。一种为增加权益(普通股，每股 1 元)资金，另一种为增加负债资金。已知增资前的负债利率为 10%，增资如果为负债，则利率将提高到 15%，公司所得税税率为 40%；增资后息税前利润将增长到 185 万元。

(2) 要求：

试根据以上资料，采用每股利润无差异点法比较选择方案。

第十三章 资金运用的管理

第一节 流动资产的管理

资产管理可分为流动资产和固定资产管理。因为在物业管理企业的日常运用中，固定资产所占的比重不大，所以，本节介绍流动资产的管理。物业管理企业的流动资产包括现金、应收账款、存货。

一、现金管理

现金是指企业在生产过程中暂时停留在货币形态的资产，包括库存现金、银行存款、银行本票和银行汇票等。

现金管理的目标就是以最低的现金持有量，来满足企业对现金的需要，防止资金的滞留，使暂时多余的货币资金产生更多的收入。国家为了维护正常的经济秩序，必须对货币资金及其结算办法和制度进行宏观管理，企业在经济活动中应该熟悉并遵守国家的有关规定。

（一）企业现金的成本

企业现金的成本，通常由以下三个部分组成：

1. 现金持有成本

是指企业因保留一定现金余额而增加的管理费用及丧失的再投资收益，即包括管理成本和机会成本。企业保留现金，对现金进行管理，会发生一定的管理费用，如管理人员的工资及必要的安全措施费等，即为管理成本。再投资收益是企业不能将准备持有的现金进行有价证券的投资所产生的机会成本，这种成本在数额上等同于资金成本。

2. 转换成本

是指公司用现金购入有价证券以及转让有价证券换取现金时付出的交易费用，即现金同有价证券之间相互转换的成本，如委托买卖佣金、证券过户费等。

3. 短缺成本

是指现金持有量不足以及无法通过有价证券变现加以补充而造成的损失，如丧失购买机会，无法及时偿还借款造成信用损失等，由此造成的损失称之为短缺成本。

（二）企业现金的持有动机

企业持有现金主要有以下三方面的动机：

1. 交易动机

是满足企业正常生产经营活动的现金支付需要。企业为了组织日常生产经营活动，如支付工资、缴纳税款等，必须保持一定的现金余额来保证企业的正常运转。

2. 预防动机

是企业存放现金以防紧急情况发生的支付需要。企业通常难以对未来现金流入量与流出量，做出准确的估计和预算，一旦企业发生预料之外的支出，如偶发事件的赔款等，就会对企业的正常经营秩序产生极为不利的影响；因此，企业在正常业务活动现金需要量的基础上，追加一定数量的预防性现金。企业未来现金支出的不确定性越小，持有的预防现金的数额也就越少。

3. 投机动机

是企业存放现金用于不寻常的购买机会，获取较大的利益。如原材料价格不正常下跌，或是购入价格有利的有价证券等。对大多数的企业而言，包括物业管理公司，专为投机性需求而设立现金储备的不多，面临不寻常的投资机会时常通过筹集临时资金来解决现金需求。

（三）最佳现金持有量

最佳现金持有量的确定有多种方法。这里仅介绍物业管理企业较适用的存货模式，又称鲍莫模式。存货模式的着眼点是现金相关总成本最低。在这些成本中，管理费用因其相对稳定，同现金持有数量的多少关系不大，因此在存货模式中将其视为决策无关成本而不予考虑。由于现金是否会短缺、短缺多少、概率多大以及各种短缺情形发生时可能的损失如何，都存在很大的不确定性和无法计量性。因而，在利用存货模式计算现金最佳持有量时，对短缺成本也不予考虑。在存货模式中，只对机会成本和固定性转换成本予以考虑。机会成本和固定性转换成本随着现金持有量的变动而呈现出相反的变动趋向，这就要求企业必须对现金与有价证券的分配比例进行合理安排，从而使机会成本与固定性转换成本保持最佳组合。即是能够使现金管理的机会成本与固定性转换成本之和保持最低的现金持有量，就是最佳现金持有量。

运用存货模式确定最佳现金持有量时，是以下列假设为前提的：

（1）企业预算期内的现金需求总量可以预计。

（2）企业所需要的现金可通过证券变现取得，且证券变现的不确定性很小。

（3）现金的支出比较稳定，波动较小，而且每当现金余额降至零时，都可以通过部分证券变现得以补足。

（4）证券的利率或报酬率以及每次固定性交易费用可以获悉。如果这些条件基本得到满足，企业便可以利用存货模式来确定现金的最佳持有量。

现金管理相关总成本＝持有机会成本＋固定性转换成本

$$=\left(\frac{预算期现金需求总量}{2}\right)\times 有价证券利率＋每次现金转换成本$$

$$\times \frac{预算期现金总量}{最佳现金持有量} \tag{13-1}$$

现金管理相关总成本与持有机会成本、固定性转换成本的关系如图 13-1 所示。

由上图可以看出，持有现金的机会成本与证券变现的交易成本相等时，现金管理的相关总成本最低，此时的现金持有量为最佳现金持有量。

即：

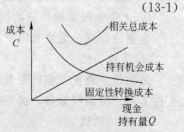

图 13-1　存货模式示意图

最佳持有量$=\sqrt{2\times预算期现金需求总量\times每次现金的转换成本\div有价证券利率}$　（13-2）

将公式(13-2)代入公式(13-1)得，

最低现金管理相关总成本$=\sqrt{2\times预算期现金需求总量\times每次现金的转换成本\div有价证券利率}$

（13-3）

【例 13-1】　　××物业管理企业现金收支状况比较稳定，预计 2003 年全年需 480000 元，现金与有价证券的转换成本为 800 元/次，有价证券利率为 12%，则：

(1) 最佳现金持有量$=\sqrt{\dfrac{2\times480000\times800}{12\%}}=80000$ 元

(2) 转换成本$=480000\div80000\times800=4800$ 元

持有机会成本$=80000\div2\times12\%=4800$ 元

(3) 最低现金管理总成本$=$转换成本$+$持有机会成本$=4800+4800=9600$ 元

或$=\sqrt{2\times480000\times800\times12\%}=9600$ 元

(四) 现金日常管理

现金日常管理主要是现金的收支管理。企业确定了最佳现金持有量后，应采取各种措施，加强现金的收支管理，提高现金使用效率应努力做到以下几方面工作：

(1) 合理利用现金"浮游量"。从企业开出支票，到对方企业收到支票并交入银行，经过银行交换系统，到银行最终将款项划出企业账户，中间需要一段时间，这笔资金就是企业账户上现金余额与银行账户上所示的存款余额之间的差额，就被称为现金浮游量。如果能正确预测浮游量并加以利用，可节约大量现金。

(2) 尽力争取现金流量同步。对于物业管理企业而言，其资金流动同一般的生产企业相比较简单，对于未来现金流入流出的估计比较准确。因为物业管理企业既不涉及产品的生产，也不涉及产品的销售。因此，现金流入与现金流出发生的时间尽量一致，使所持有的交易性现金余额降到最低水平。

(3) 加速收款。主要指缩短应收账款的回收时间。

(4) 推迟支付应付账款。企业可在不影响自己的信誉和经济利益不受损害的情况下，充分利用供货方提供的商业信用，尽可能地推迟应付账款的支付期。

二、应收账款日常管理

这里的应收账款主要是指物业管理费的收缴。物业管理费是物业管理企业的主要收入。有关信用政策的制定一般都沿用行业惯例，相对于一般的生产、商业企业来说比较简单。

一般情况下，收费通知单每月要及时送到业主手中，并由业主签收。当上月费用拖欠时，物业管理企业在第二个月向业主发催款通知单，将上月费用连同滞纳金及本月费用一起通知业主，并以电话催缴。假如第二个月仍拖欠，物业管理企业第三个月发第二次催缴通知单，将此前两个月的费用、滞纳金和当月费用一起通知业主，并限期 3 天内缴清，3 天过后物业管理企业可根据管理公约停止对其服务(如停止供应水、电等)。假如业主经上门催缴后仍拒付，物业管理企业可根据管理制度和相关的法律程序处理。

财会人员应对每月的应收账款进行账龄分析，确定哪些还在付款期限内，哪些欠款已经超过规定的收费时间，对于拖欠的账款应根据不同的情况制定收账政策。对于欠费业主应分别对待：

（1）租户欠缴费：派发催缴通知单，与业主协同催缴。

（2）长期居住境外或者省外的业主：物业管理企业一开始就应对这类业主要有统计，在交楼时与业主商定，是定期回来缴款还是银行定期转账，若业主没有履行约定再发催缴通知单。

（3）长期不缴费的业主：数次派发通知单无效可诉诸法律，采取强硬措施。

（4）过去一直缴费较好，突然某个月欠缴的业主：财务部先要核实是否因自己工作疏忽有漏登漏计现象；其次，了解业主是否突然外出或其他原因忘记，对于这样的业主首先用电话联系，提醒业主尽快缴费，如还拖欠再发催缴通知单。

三、存货日常管理

（一）物业管理企业存货的特点

（1）物业管理企业的存货体现了物业管理服务性的特点。存货能够满足日常维修需要即可，而不必占用太多的资金，库存量可根据该物业公共设备设施质量及已使用年限来核定。

（2）物业管理企业的主要库存为设备维修常用材料、工具备品、清洁用各种清洁剂、清洁用具、办公用品等。

（3）库存量不大，但是品种较多、较复杂，要求有严格的管理制度。

（二）存货经济订货量基本模型

1. 与储备存货有关的成本

包括：

（1）进价成本　进价成本又称购置成本，是指存货本身的价值，等于采购单价与采购数量的乘积。

（2）进货费用　进货费用又称订货成本，是指企业为组织进货而开支的费用（除进价成本），与订货次数相关而同订货量无关。

（3）储存成本　是指储存存货而发生的成本，主要包括存货占用资金应计的利息成本、仓储费用、存货残损霉变损失等。

（4）缺货成本　是指因缺货而给企业造成的损失。

2. 经济进货批量基本模式以如下假设为前提

（1）企业一定时期的进货总量可以比较准确地予以预测；

（2）存货销售比较均衡；

（3）存货的价格稳定，并且不存在数量折扣，进货日期完全由企业自行决定，并且每当存货量降为零时，下一批存货均能马上一次到位；

（4）仓储条件及所需现金不受限制；

（5）不允许出现缺货情形；

（6）所需存货市场供应充足，不会因买不到所需存货而影响其他方面。

基于上述假设，与存货订购批量、批次直接相关的就只有进货费用和储存成本两项。

则有：存货相关总成本＝相关进货费用＋相关储存成本

$$=\frac{存货全年计划进货总量}{每次进货批量}\times 每次进货费用+\frac{每次进货批量}{2}\times 单位存货年储存成本$$

（13-4）

当相关进货费用等于相关储存成本时，存货相关总成本最低，此时的进货批量就是经济进货批量。

即：
$$经济进货批量=\sqrt{2\times 年进货总量\times \frac{每次进货费用}{单位存货年储存费用}} \tag{13-5}$$

【例 13-2】 某企业每年耗用甲种材料 360kg，该材料的单位采购成本 10 元，单位储存成本 4 元，每次进货费用 20 元。求：(1)该种材料的经济批量；(2)存货相关总成本。

【解】 经济批量 $=\sqrt{2\times 360\times \frac{20}{4}}=60kg$

存货相关总成本 $=\frac{360}{60}\times 20+\frac{60}{2}\times 4=240$ 元

第二节 投资的管理

一、资金的时间价值

资金时间价值，是指一定数量的资金在使用过程中随时间的推移发生的增值。等量的资金在不同时点上的价值量是不一样的，也就是说，今天的 1 元钱和将来的 1 元钱不等值，前者要比后者的价值大。假如银行存款利率为 10%，我们把 100 元钱存入银行，1 年以后可以收回 110 元钱，这增加的 10 元钱就是这 100 元在一年中的时间价值。在长期投资决策中，资金的时间价值是一个必须考虑的因素，其实质是一种机会成本。

资金时间价值的计算，目前有两种计算方式，即单利和复利。现代财务管理中一般用复利方式计算终值和现值。

为了计算方便，先设定如下常用符号：I 为利息；P 为现值或本金；F 为本金与利息之和，终值；i 为利率；n 为计算利息的时间。

(一)复利终值和现值

1. 复利的终值

复利是指在一定期间按一定利率将本金产生的利息加上本金再计算利息，即"利上加利"，也就是说，它既涉及到本金上的利息，也涉及到利上所生的利息。复利终值是指一定数量的本金按复利计算若干期后的本息之和。其计算公式为：
$$F=P\cdot(1+i)^{n} \tag{13-6}$$
式中 $(1+i)^{n}$ 为复利终值系数，可以通过查阅"1 元复利终值系数表"求得有关数值。

【例 13-3】 某人将 10000 元按复利 10% 的年利率存入银行，求第三年末的本利和？

【解】 $F=10000\cdot(1+10\%)^{3}=13310$ 元

2. 复利现值

复利现值是指今后某一特定时间收到或付出的一笔款项，按折现率(i)计算所得的现在时点的价值。其计算公式为：
$$P=F\cdot(1+i)^{-n} \tag{13-7}$$
式中 $(1+i)^{-n}$ 被称为复利现值系数，可通过查阅"1 元复利现值系数表"求得有关数值。

【例 13-4】 某人希望在 3 年后获得本利和 13310 元，按复利 10% 的年利率计算，现在应存入银行多少钱？

【解】　　$P = 13310 \times (1+10\%)^{-3} = 10000$ 元

(二)普通年金终值与现值

年金是指一定时期内每次等额收付且间隔相同时间的系列款项，如保险金、养老保险等。年金的形式有多种：每期期末等额收付的普通年金、每期期初等额收付的即付年金、也可以在最初几期不付款，其后几期才开始付款的递延年金等。

1. 普通年金终值（已知年金 A，求年金终值 F）

普通年金终值：指在复利计算的情况下，各期收支等额的货币资金终值的总和，又称后付年金。其计算公式为：年金终值＝年金×年金终值系数 (i, n)，即：

$$F = A \cdot \frac{(1+i)^n - 1}{i} \tag{13-8}$$

式中 A 为每期支付的年金。

$\frac{(1+i)^n - 1}{i}$ 是普通年金终值系数，记作：$(F/A, i, n)$，可通过查阅"普通年金终值系数表"求得有关数值。

【例 13-5】　假设某项目在 6 年建设期内每年年末从银行借款 200000 元，借款年利率为 10%，则该项目竣工时应付本息的总额为：

【解】　　$F = 200000 \times \frac{(1+10\%)^6}{10\%} = 1543122$ 元

2. 普通年金现值（已知年金 A，求年金现值 P）

年金现值是指一定时内每期期末取得相等金额的款项，现在需要投入的金额。其计算公式为：年金现值＝年金×年金现值系数 (i, n)，即：

$$P = A \cdot \frac{1-(1+i)^{-n}}{i} \tag{13-9}$$

式中 $\frac{1-(1+i)^{-n}}{i}$ 为普通年金现值系数，记作：$(P/A, i, n)$，可通过查阅"普通年金现值系数表"求得有关数值。

【例 13-6】　某人想租入一套房子，每年年末需要支付租金 2000 元，年复利率为 10%，要求现在提前支付 5 年内的租金。其计算为：

$$P = 2000 \times \frac{1-(1+10\%)^{-5}}{10\%} = 7582 \text{ 元}$$

3. 年偿债基金的计算（已知年金终值 F，求年金 A）

偿债基金是指为了在约定的某一时间偿还某笔债务或集聚一定金额的资金而必须分次等额形成的存款准备金。是年金终值的逆运算。其计算公式为：年金＝年金终值×偿债基金系数 (i, n) 或年金终值系数 (i, n) 的倒数，

即　　　　　　　　　$$A = F \cdot \frac{i}{(1+i)^n - 1} \tag{13-10}$$

式中 $\frac{i}{(1+i)^n - 1}$ 为偿债基金系数，记作：$(A/F, i, n)$，可通过查阅"偿债基金系数表"求得；该系数和年金终值系数互为倒数，也可以通过年金终值系数的倒数推算求得。

【例 13-7】　要在 3 年后还清 20000 元的债务，存款利率为 8%，每年需要等额存入多少元？

【解】 年金＝年金终值×偿债基金系数(8%，3)

$$=20000\times\frac{8\%}{(1+8\%)^3-1}=6161\ 元$$

4. 资本回收额的计算(已知年金现值 P，求年金 A)

资本回收是指在给定的年限内等额回收初始投入资本或偿还所欠的债务的价值指标。是年金现值的逆运算。其计算公式为：

资本回收额＝年金现值×资本回收系数$(i，n)$或年金现值系数的倒数$(i，n)$ 即：

$$A=P\cdot\frac{i}{1-(1+i)^{-n}}\tag{13-11}$$

式中 $\frac{i}{1-(1+i)^{-n}}$ 为资本回收系数，记作：$(A/P，i，n)$，可通过查阅"资本回收系数表"求得；该系数和年金现值系数互为倒数，也可以通过年金现值系数的倒数推算求得。

【例 13-8】 某公司现要借得 1000000 元的贷款，在 5 年内以 10% 的利率等额偿还，那么每年应付多少？

【解】 资本回收额＝年金现值×资本回收系数(10%，5)

$$=1000000\times\frac{10\%}{1-(1+10\%)^{-5}}=263783\ 元$$

（三）先付年金的终值和现值

先付年金是指在一定时期内每期期初等额收付的系列款项，又称即付年金。

(1) 先付年金的终值是其最后一期期末时的本利和，是各期收付款项的复利终值的和。其计算公式是：先付年金终值＝普通年金终值·(1+i)或先付年金终值＝年金×先付年金终值系数，即：

$$F=A\cdot\frac{(1+i)^n-1}{i}\cdot(1+i)\ 或\ F=A\cdot\frac{(1+i)^{n+1}-1}{i-1}\tag{13-12}$$

(2) 先付年金现值同普通年金现值的计算相同，只是由于其付款的时间不同，n 期先付年金现值比 n 期普通年金现值少折现一期。其计算公式是：先付年金现值＝普通年金现值·(1+i)或先付年金现值＝年金×先付年金现值系数，即：

$$P=A\cdot\frac{1-(1+i)^{-n}}{i}\cdot(1+i)\ 或\ P=A\cdot\left[\frac{1-(1+i)^{-(n-1)}}{i}+1\right]\tag{13-13}$$

具体计算方法同普通年金相似，此处不再举例。

（四）递延年金

递延年金是指第一次收付款发生时间与第一期无关，而是隔若干期(假设为 s 期，$s\geqslant1$)后才发生的系列等额收付款项。它是普通年金的特殊形式。递延年金的终值与递延期无关，其计算方法同普通年金类似。

递延年金的现值与递延期有关。我们可以把递延年金视为 n 期的普通年金，求出其在递延期末的现值，再将该现值折算成第一期期初的现值，如图 13-2 所示。

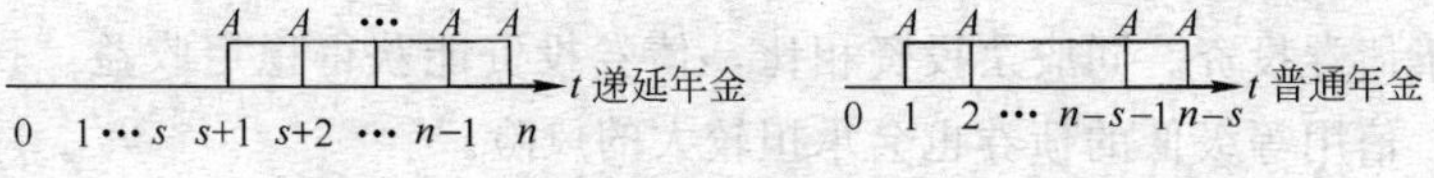

图 13-2　递延年金与普通年金关系示意图

递延年金的现值可按以下公式计算：

$$P=A\cdot(P/A，I，n-s)\cdot(P/F，I，s)\tag{13-14}$$

【例 13-9】 某人在年初存入一笔资金，存满 5 年后每年末取出 500 元，到第 10 年末取完，银行存款利率为 10%。则此人第 1 次应存入多少钱？

【解】 $P = 500 \cdot (P/A，10\%，5) \cdot (P/F，10\%，5)$
$= 500 \times 3.7908 \times 1.6209 \approx 1176$ 元

（五）永续年金

永续年金是无限期收付的年金。可视为普通年金的特殊形式。存本取息可看作永续年金的一个例子。我们常常用永续年金的形式来建立某些基金等。

由于永续年金持续期无限，没有终止的时间，因此没有终值，只有现值。永续年金的现值公式为：

$$P = A/i \tag{13-15}$$

【例 13-10】 某校要建立奖励基金，每年计划从中提取 5000 元来奖励学生，若利率为 12%，现在需要存入多少元？

【解】 $P = 5000/12\% = 41667$ 元

（六）名义利率与实际利率

上面讨论的有关计算均假设利率为年利率，每年复利一次，但在实际上，复利的计息期不一定是 1 年，也可能是半年、1 个季度，甚至是 1 个月等。复利不以年为计息期时，其给出的年利率就是名义利率，而每年只复利一次的利率才是实际利率。在计算终值或现值时先要将名义利率换算为实际利率。其换算公式为：

$$i = (1 + r/m)^m - 1$$

式中 i——实际利率；

     r——名义利率；

     m——每年计息次数。

【例 13-11】 年利率为 10%，半年复利一次，实际利率为多少？

【解】 $(1 + 10\%/2)^2 - 1 = 10.25\%$

二、证券投资

（一）证券投资的概念与分类

1. 证券投资的概念

证券是有价证券的简称，是指票面载有一定金额，代表财产所有权或债权，可以有偿转让的凭证。

证券投资是指以国家或外单位公开发行的有价证券为购买对象的投资行为，是企业投资的重要组成部分。企业进行证券投资的主要目的是为了获得投资收益。

2. 证券投资的分类

根据证券投资的对象，将证券投资分为债券投资、股票投资和组合投资三类。

（1）债券投资是指企业将资金投向各种各样的债券，如购买国库券、企业债券和短期融资券等都属于债券投资。同股票投资相比，债券投资能获得稳定收益，投资风险较低。但投资期限长、信用等级低的债券也会承担较大的风险。

（2）股票投资是指企业将资金投向其他企业所发行的股票，将资金投向优先股、普通股都属于股票投资。企业投资于股票，要承担较大风险，但也能取得较高收益。

（3）组合投资又叫证券投资组合，是指企业将资金同时投资于多种证券，如既投资于国库券，又投资于企业债券，还可以投资于企业股票。组合投资可以有效地分散证券风险，是企业等法人单位进行证券投资时常用的投资方式。

（二）证券投资的风险

证券市场是个充满风险、时刻变化的市场，进行证券投资，必然要承担一定风险。证券投资风险主要来源于以下几方面：

1. 违约风险

证券发行人无法按时支付利息和偿还本金给投资者带来损失的可能性，叫违约风险。一般来说，政府债券违约风险较小，金融债券次之，企业债券的违约风险较大。

2. 利息风险

由于利息率的变动而使证券投资人遭受损失的风险，叫利息率风险。一般来说，银行利息率上升就会导致债券价格的下跌，反之上升。固定利息率的证券无法避免这种风险，并且因期限的不同，利息率风险也不一样，期限越长，风险越大。

3. 购买力风险

由于通货膨胀而使证券到期或出售时所获取货币资金的购买力下降的风险，叫购买力风险。一般来说，随着通货膨胀的发生，变动收益证券比固定收益证券要好。因此，普通股票被认为比企业债券和其他固定收入的证券能更好地避免购买力风险。

4. 变现力风险

指投资者无法在短时期内以合理价格出售证券获取现金的风险，叫变现力风险，又叫流动性风险。在无法变现的这段时期内，投资者可能会遭受降价损失或丧失新的投资机会。

5. 期限性风险

由于期限长而给投资者带来的风险，叫期限性风险。一项投资，到期时间越长，投资者遭受的不确定性因素就越多，承担的风险越大，比如，同一家企业发行的 5 年期债券要比 1 年期债券的风险大，这就是证券的期限性风险。

（三）债券估价

企业进行债券投资时，必须清楚债券价格的计算，这样才知道投资该债券是否划算，现介绍几种常见的估价模型。

1. 一般情况下的债券估价模型

是指按复利方式计算的债券价格的估价公式，即定期支付利息，到期一次归还本金的估价公式。其一般计算公式为：

$$
\begin{aligned}
P &= \frac{F}{(1+K)^n} + \sum_{t=1}^{n} \frac{i \cdot F}{(1+K)^t} \\
&= \frac{F}{(1+K)^n} + \sum_{t=1}^{n} \frac{I}{(1+K)^t} \\
&= F \cdot (P/F, \ K, \ n) + I \cdot (P/A, \ K, \ t)
\end{aligned} \tag{13-16}
$$

式中　P——债券价格；

　　　F——债券面值；

　　　I——每年利息；

　　　K——市场利率或投资者要求的必要收益率；

　　　i——债券票面利息率；

n——债券的期限；

t——付息期数。

【例 13-12】 某债券面值为 1000 元，期限 3 年，票面利率为 10%，某企业要对这种债券进行投资，当前市场利率为 12%，问债券价格为多少时才能进行投资？

【解】 根据公式得：

$$P = 1000 \times (P/F，12\%，3) + 1000 \times 10\% \times (P/A，12\%，3)$$
$$= 1000 \times 0.7118 + 100 \times 2.4018 = 951.98 \text{ 元}$$

2. 一次还本付息且不计复利的债券估价模型

我国很多债券属于一次还本付息且不计复利的债券，即利随本清。其计算公式为：

$$P = (F + F \cdot i \cdot n)/(1+K)^n \tag{13-17}$$

【例 13-13】 A 企业 1999 年 1 月 5 日以 1020 元的价格购买 B 企业发行的利随本清企业债券，该债券面值 1000，期限 3 年，票面利率 10%，不计复利，购买时市场利率 8%，不考虑所得税，要求利用债券估价模型评价 A 企业购买债券是否划算？

【解】 $P = (1000 + 1000 \times 10\% \times 3) \times 1/(1+8\%)^3$
$$= 1031.98 \text{ 元}$$

因为 1020 < 1031.98，所以购买此债券划算。

3. 折现发行时的估价模型

有些债券以折现方式发行，没有票面利率，到期按面值偿还。其估价模型为：

$$P = \frac{F}{(1+K)^n} = F \cdot (P/F，K，n) \tag{13-18}$$

【例 13-14】 某债券面值为 1000 元，期限为 5 年，以折现方式发行，期内不计利息，到期按面值偿还，当日市场利率为 8%，其价格为多少时，企业才能购买：

【解】 $P = 1000 \times (P/F，8\%，5)$
$$= 1000 \times 0.681 = 681 \text{ 元}$$

该债券的价格只有低于 681 元时，才能购买。

（四）股票估价

同进行债券投资一样，企业进行股票投资，也必须知道股票价格的计算方法，现介绍几个常见的股票估价模型。

1. 短时间持有股票、未来准备出售的股票估价模型

在通常情况下，投资者投资股票，不仅希望得到股利收入，而且还希望在未来出售股票时从股票价格的上涨中获得好处。这时的股票估价模型为：

$$V_S = \sum_{t=1}^{n} \frac{d_t}{(1+K)^n} + \frac{V_n}{(1+K)^n} \tag{13-19}$$

式中 V_S——股票内在价值；

V_n——未来出售时预计的股票价格；

d_t——第 t 期的预期股利；

n——预计持有股票的期数；

K——投资者要求的必要收益率。

2. 长时间持有股票，股利稳定不变的股票估价模型

在每年股利稳定不变，投资者持有期间很长的情况下，股票的估价模型可简化为：

$$V_s = d/K_s \qquad\qquad (13\text{-}20)$$

式中 V_s——股票内在价值；

d——每年固定股利；

K_s——投资者要求的必要收益率。

3. 长时间持有股票，股利固定增长的股票估计模型

假如一个公司的股利不断增长，投资者的投资期限又非常长，则股票的估价就更困难了，只能计算近似值。设 d_0 为上年股利，d_1 为第一年的股利，g 为每年股利比上年股利的增长率，则估价模型为：

$$V_s = d_0(1+g)/(K_s-g) = d_1/(K_s-g) \qquad\qquad (13\text{-}21)$$

【例 13-15】 广深公司准备对一种股利固定增长的普通股股票进长期投资，上一年股利为 8 元，估计股利增长率为 4%，该公司期望的收益率为 12%。要求：计算该股票的价值。

【解】 股票的价值 = $8 \times (1+4\%)/(12\%-4\%) = 104$ 元

三、固定资产的投资

物业管理企业是以提供物业管理服务为主的企业。物业管理企业的生产经营性固定资产主要是洗地机、高速抛光机等单位价值不太大、技术要求不很高的设备。但一些规模比较大、经营效益比较好的物业管理企业可能会参与对外的实体投资，如电梯等。这样就会涉及对投资项目可行性和投资回报率的评价问题，因此，在这里简单地介绍一下相关的投资项目评价基本方法。

投资项目评价的基本方法是通过计算各种指标来衡量投资项目的财务可行性。对投资项目评价时使用的指标分为两类：一类是考虑了资金时间价值因素的指标，即贴现指标，主要包括净现值、净现值率、获利指数、内含收益率等；另一类是没有考虑资金时间价值因素的指标，即非贴现指标，主要包括投资回收期、投资利润率等。根据分析评价指标的类别、投资项目评价分析的方法，我们也可以把投资项目评价方法分为贴现的分析评价方法和非贴现的分析评价方法，即贴现法和非贴现法两种。

（一）贴现法

1. 净现值

是指在项目计算期内，该投资方案将来现金流入的现值总额和现金流出的现值总额之间的差额。在计算时，首先将所有未来的现金流入量和流出量按行业基准收益率或预定的贴现率折算为现值，然后用现金流入量现值减去现金流出量现值，两者之间的差额就是该投资项目的净现值。如果净现值为正，则该投资项目的报酬率大于预定的贴现率，该方案可行。如果净现值为负数，则该投资项目的报酬率小于预定的贴现率，该方案不可行。如果净现值为零，则该投资项目的报酬率相当于预定的贴现率，该方案可行。如果几个方案的净现值都大于零，并且投资额也相等，那么净现值最大的方案为最优的方案。

净现值的计算公式为：

$$\text{净现值} = \sum_{t=0}^{n} \frac{O_t}{(1+i)^t} - \sum_{t=0}^{n} \frac{Q_t}{(1+i)^t} \qquad\qquad (13\text{-}22)$$

式中 n——投资涉及的年限；

i——该项目的行业基准折现率或预定贴现率；

Q_t——第 t 年的现金流出量；

O_t——第 t 年的现金流入量。

【例 13-16】　假设有三项投资方案，预定贴现率为 10％，各项目的现金流入量见表 13-1，求净现值。

表 13-1

期　　间	净 现 金 流 量			期　　间	净 现 金 流 量		
	A 方案	B 方案	C 方案		A 方案	B 方案	C 方案
0	(50000)	(50000)	(40000)	2	28000	18000	15000
1	32000	20000	15000	3		26000	15000

净现值$(A)=(32000\times0.9091+28000\times0.8264)-50000=2230.4$

净现值$(B)=(20000\times0.9091+18000\times0.8264+26000\times0.7513)-50000=2591$

净现值$(C)=15000\times2.4869-40000=-2696.5$

通过以上的计算可以看出，A、B 两个方案的净现值都大于零，也就是说其投资报酬率大于预定的贴现率（通常将贴现率设为资金成本率或行业平均收益率），因而都是可行的。因 A、B 方案的投资额又相等，B 方案的净现值大于 A 方案，所以 B 方案是最优的。C 方案的净现值为负，说明该方案的投资报酬率小于预定的贴现率，应予以放弃。

2. 净现值率

是指投资项目的净现值占原始投资现值总额的百分比指标。计算公式为：

$$净现值率＝投资项目净现值/原始投资现值\times100\% \tag{13-23}$$

【例 13-17】　以例 13-16 方案 B 的净现值数据为例，可计算其净现值率如下：

净现值＝2591

原始投资现值＝50000

净现值率$=2591/50000\times100\%=5.18\%$

净现值率是一个折现的相对量评价指标，其优点在于可以从动态的角度反映项目投资的资金投入与净产出之间的关系，其计算相对较容易；其缺点是不能直接反映投资项目的实际收益率。

3. 获利指数

又被称为现值指数，是指投产后按预定折现率折算的各年现金流量的现值合计与原始投资的现值合计之比。其计算公式为：

$$获利指数＝投资项目投产后各年的现值合计/原始投资的现值合计\times100\% \tag{13-24}$$

当原始投资在建设期内全部投入时，获利指数与净现值率有如下关系：

$$获利指数＝1＋净现值率$$

若投资方案的获利指数大于或等于 1，该方案为可行方案；若几个方案的获利指数均大于 1，那么获利指数越大，投资方案越好；若投资方案的获利指数小于 1，该方案为不可行方案。

4. 内部收益率

是指使净现值等于零的贴现率。计算内部收益率的过程比较复杂，需要通过逐次测试逼近法和插值来得到使净现值最接近于零（通常不可能等于零）的贴现率。该方法计算略。

（二）非贴现法

根据评价指标重要性分类，非贴现指标中的投资利润率为辅助指标，起辅助作用，现只介绍一下回收期法。

回收期是指以投资项目经营净现金流量抵偿原始总投资所需要的全部时间。回收年限越短，方案越有利。该指标以年为单位，包括以下两种形式：包括建设期的投资回收期和不包括建设期的投资回收期。

对于原始投资一次支付，每年现金净流入量相等，如例 13-17 中方案 C 的情况，回收期即为：

$$不包括建设期的回收期 = \frac{原始投资额}{每年现金净流入量} \tag{13-25}$$

假如原始投资分几次投入，每年现金流入量又不相等，在一定期间内，累计现金流入量等于累计现金流出量，则该期间就是投资回收期。用公式表示为：

$$包括建设期的投资回收期 = m' + \frac{\left| \sum_{i=0}^{m'} NCF_t \right|}{NCF(m'+1)} \tag{13-26}$$

式中　　m'——净现金流量由负变正的前一年，即现金流量表的"累计净现金"就是

栏中最后一项负值的对应的年数$\left(注：m' 满足以下关系：\sum_{i=0}^{m'} NCF_t < 0, \right.$

$\left. \sum_{i=0}^{m'+1} NCF_t > 0 \right)$；

$\left| \sum_{i=0}^{m'} NCF_t \right|$——第 m' 年末尚未回收的投资额；

$NCF(m'+1)$——第 $(m'+1)$ 年的净现金流量。

［例 13-17］根据例 13-16 的数据，我们可以算出各方案的投资回收期。

方案 A 投资回收期（表 13-2）

方案 B 投资回收期（表 13-3）

单位：万元　**表 13-2**

项目计算期 （第 t 年）	建设期	经 营 期		合　计
	0	1	2	
净现金流量	−5	3.2	3.8	2
累计净现金流量	−5	−1.8	2	—

单位：万元　**表 13-3**

项目计算期 （第 t 年）	建设期	经 营 期			合计
	0	1	2	3	
净现金流量	−5	2	1.8	2.6	1.4
累计净现金流量	−5	−3	−1.2	1.4	—

$$回收期(A) = 1 + \frac{|-1.8|}{3.8} = 1.47 \ 年$$

$$回收期(B) = 2 + \frac{|-1.2|}{2.6} = 2.46 \ 年$$

$$回收期(C) = \frac{40000}{15000} = 2.67 \ 年$$

第三节 成本费用管理

成本费用支出是企业资金运用中最为重要的形式，成本费用的管理也就相应成为资金运用管理中的一个重要环节。由于物业管理企业的收入受到政府规定和收入来源的诸多限制，其最大的特点之一就是微利。通常情况下，物业管理企业的税前净利润率在 3%～10%之间。因此完善有效的成本费用管理对于降低物业管理企业的成本，增加利润，积累资本以实现长期发展是很重要的。

一、成本费用的概念

对于一般的生产性企业而言，成本是企业为生产一定种类数量的产品所发生的直接材料费用、直接人工费用和制造费用的总和。费用是企业在生产经营过程中发生的各种耗费。

物业管理企业的成本费用就是从事物业管理活动中，为物业产权人、使用人提供维修、管理和服务等过程中发生的各项支出。

二、成本费用的控制与考核

（一）成本费用的控制

1. 成本控制的定义

成本控制是指运用以成本会计为主的各种方法，预定成本限额，按限额开支成本和费用，以实际成本和成本限额比较，衡量经营活动的成绩和效果，并以例外管理原则纠正不利差异，以提高工作效率，实现以至于超过预期的成本限额。

2. 成本费用控制的原则

（1）经济原则。成本费用控制应与提供优质的物业管理服务相结合，不能为控制而控制，即不能为降低损耗而不提供或少提供服务。换言之，成本费用控制应以相同服务水平下服务数量与质量最大化为目标。

（2）全面控制原则。成本费用控制应调动全体职工和管理人员的积极性。每个员工都要负有成本责任。成本费用的控制要贯穿于成本费用形成的全过程，而不仅仅是对部分费用的控制。

（3）责权利相结合的原则。成本费用的控制应明确规定各部门和有关人员应承担的责任，赋予其相应的权限，并通过考核其责任履行情况予以相应的奖罚，使成本费用控制的目标及相应的管理措施落到实处。

（4）因地制宜原则。是指成本控制系统必须个别设计适合，特定企业、部门、岗位和成本项目的实际情况，不可照搬别人的做法。

3. 成本费用控制的组织体系

物业管理企业为了有效地进行成本费用控制，必须建立以责任中心为基本控制单元的组织体系。物业管理企业通常将各部门确立为不同类型的责任中心，根据其各自的工作内容，将成本费用预算分解为各责任中心的成本费用预算，并据以进行成本费用的考核。

责任中心是指承担一定经济责任，并享有一定权利和利益的企业内部（责任）单位。根据企业内部责任中心的权责范围及业务活动的特点不同，可分为三种类型：成本中心、利润中心、投资中心。对于物业管理企业而言，成本中心和利润中心较为常用。成本中心指对成本或费用承担责任的责任中心，不对收入、利润或投资负责。利润中心不仅要对成本负责，而且又要对收入负责，可以根据利润的多少来评价该中心的业绩。物业管理企业的机构组织形式不同，对于成本中心和利润中心的划分也不相同。

物业管理企业的成本中心还可以做进一步的划分：凡直接参与提供物业管理服务的部门，可以设置为标准成本中心；不直接参与提供物业管理服务的部门，可以设置为费用中心。两者的区别在于：前者的投入和产出之间有稳定而明确的关系，后者的投入与产出没有密切的关系。

成本费用控制的整个过程都应根据责任中心来展开。企业的成本费用预算应分解到各个责任中心，作为其责任成本。期末应对各责任中心的执行情况进行考核。

考核责任中心成本费用控制业绩的指标为：

$$成本降低额 = 预算额 - 实际发生额 \qquad (13\text{-}27)$$

责任中心在降低成本费用的同时还应努力提高服务质量，因此在进行业绩考核时也要将服务质量考虑在内。物业保值增值率是最具综合性的服务质量评价指标。其具体计算方法如下：

$$物业保值增值率 = \frac{期末物业总值}{期初物业总值} \times 100\% \qquad (13\text{-}28)$$

（二）标准成本

标准成本是事先制定出来的一种成本标准，它是经过仔细调查、分析和技术测定而制定的根据已经达到的技术水平，在有效经营条件下应当发生的成本，实质上就是按成本项目反映的单位目标成本。制定标准成本时，先要将企业发生的成本按成本习性进行分解。通常，我们把成本分为：变动成本、固定成本、混合成本。

变动成本是指其总额随业务量成正比例变化的那部分成本。

固定成本是指其总额在一定时期和一定业务量范围内不随业务量发生任何变动的那部分成本。

需要注意的是，无论是变动成本还是固定成本，都是在一定的相关范围内存在的。例如，某产品在产量小于8000件时的单位变动成本为2元，固定总成本为2000元，当产量超过8000件时，变动成本和固定成本就可能不再是2元和2000元。为了增加产量，企业可能需要添置新设备，需要支付给工人加班费等等，这些都会造成变动成本和固定成本的变化。

混合成本是指有些成本虽然也随业务量的变动而变动，但不成同比例变动，不能简单地归入变动成本或固定成本，这类成本就称为混合成本。这时我们往往要通过各种方法将其分解为变动成本和固定成本。物业管理企业发生的各类成本包括：

直接人工费：企业直接从事物业管理活动的人员的工资、奖金、职工福利费等。

直接材料费：企业在物业管理活动中直接消耗的各种材料、辅助材料、燃料和动力、零件、低值易耗品、包装物等。

间接费用：企业所属物业管理单位管理人员的工资、奖金、固定资产折旧及修理费、水电费、取暖费、办公费、差旅费、邮电通讯费、租赁费、财产保险费、保安费、绿化维护费、低值易耗品摊销及其他费用等。

直接人工费和直接材料费可视为企业提供物业管理服务的变动成本。间接费用还需要进一步分解。有些间接费用，如固定资产折旧，一般不会随业务量的变化而变化，属于固定成本。而有些间接费用，如差旅费、邮电通讯费、保险费等，可能会随业务量的变化而变化，此时就根据其各自的特点划分为变动成本或混合成本，将混合成本再进一步分解为变动和固定成本。

（三）成本费用的日常管理

1. 严格执行预算控制

在日常管理中，为各部门设立记有成本费用控制指标的费用手册。每发生一笔费用，就根据有关凭证核计相应指标，并随时结出指标结存额。这一方法能使责任部门随时了解各项费用支出的数额及指标余额，如发现支出过多，可及时查明原因，采取措施。

2. 建立健全费用开支审批制度

物业管理企业应结合国家有关的法律法规及各个部门费用开支特点，制订自身的开支审批制度，明确各项费用的审批部门和各部门的审批权限。正常的成本费用开支由责任部门审批，而重大支出、预算外支出则由企业最高管理层直至业主大会审批。

3. 建立健全费用报销审批制度

对于每一笔费用的报销都应通过审核原始凭证予以控制。审核的重点一般为凭证的真实性、合理性和完整性。经审核确认无误后方能报销，手续不全的要补办手续，违反制度的则不予报销。

思 考 题 与 习 题

1. 企业现金的成本由哪几部分组成？

2. 企业持有现金的动机的哪些？

3. 存货成本主要包括哪些方面？

4. 物业管理企业营业收入由哪几方面组成？

5. 什么是量本利分析？

6.（1）资料：某物业管理企业预计在一个月内需要用现金 480000 元，现金收支情况比较稳定，现金与有价证券的每次转换成本为 600 元，有价证券的年利率为 12%。

（2）要求：

1）计算最佳现金持有量；

2）计算转换成本、持有机会成本；

3）计算最低现金管理总成本。

7.（1）资料：某企业每年耗用乙种材料 720kg，该材料的单位采购成本 22 元；单位储存成本 4 元，每次进货费用 40 元，

（2）要求：

1）计算存货经济进货批量。

2）计算存货相关总成本。

8.（1）资料：某公司拟购买另一家企业发行的利随本清的企业债券，该债券面值为 1000 元，期限为 5 年，票面利率为 10%，不计复利，当前市场利率为 12%。

（2）要求：

该债券为多少时购买才划算？

9.（1）资料：某人要在 3 年后还清 25000 元的借款，存款利率为 8%。

（2）要求：

计算每年需要等额存入多少元。

10. （1）资料：某人现存入银行一笔现金，计划 8 年后每年年初从银行提取现金 6000 元，连续提取 10 年，在利率为 7％的情况下。

（2）要求：

计算现在应存入银行多少元？

11. （1）资料：年利率为 12％，一季度复利一次，实际利率是多少？某企业每月固定成本 7000 元，生产一种产品，单价 35 元，单位变动成本 22 元，本月计划销售 1200 件。

（2）要求：

计算预期利润。

第十四章 财务分析

第一节 财务分析概述

一、财务分析的概念

财务分析是指以财务报表和其他资料为依据和起点，通过一定的分析方法，系统分析和评价企业的过去和现在的经营成果、财务状况及其变动，揭示有关指标之间的关系、变动情况及其形成原因，以反映企业在经营中的利弊得失，为会计报表的使用者提供相关的和全面的财务信息。财务分析的最基本功能，是将大量的报表数据转换成对特定决策有用的信息，减少决策的不确定性。

财务分析的起点是财务报表，分析使用的数据大部分来源于公开发布的财务报表。因此，财务分析的前提是正确理解财务报表。

财务分析的结果是对企业的偿债能力、盈利能力和抵抗风险能力做出评价，并找出存在的问题。

二、财务分析信息的需求者及其要求

财务分析的目的，是根据企业财务分析的信息，来确定企业的财务状况、获利能力和偿债能力等情况。对于不同的报表使用者其分析的角度、侧重点会有所不同。因此，企业在组织财务分析时，必须考虑到以下有关方面的要求。

（一）企业投资者

投资者或股东，必然高度关心其资本的保值和增值状况，即对企业投资的回报率极为关心；一般投资者则关心企业提高股息、红利的发放；拥有企业控制权的投资者，考虑更多的是如何增强竞争实力，扩大市场占有率，降低财务风险和纳税支出，追求长期利益的持续、稳定增长。

（二）企业债权人

债权人要求企业提供反映是否有足够的支付能力，以保证其债务本息能够及时、足额地得以偿还的财务信息。

（三）企业经营决策者

决策者关心的则是企业的全面的财务状况和经营成果，因为，如果企业财务状况不佳，不能按期偿还债务，势必信用受损，影响其获利能力，同样，如果企业经营成果不理想，或甚至连年亏损，必定会影响声誉，增加筹措资金的困难。

三、财务分析的内容

财务分析的数据主要来源于企业定期编制的各种会计报表。根据报表使用者的目的和侧重点不同，财务分析的内容主要包括：偿债能力分析、营运能力分析、盈利能力分析、发展趋势分析和投资价值分析。

（一）偿债能力分析

是指企业偿还各种短期负债和长期负债能力的分析。企业偿债能力的大小是债权人了解企业清偿债务能力的强弱，自身债权保障程度的大小的关键，而出于企业安全性的考虑，也受到管理者与股东的普遍关注。

（二）营运能力分析

是对企业总资产或部分资产使用效率和周转情况所做的分析，常用一系列周转率来衡量。一般来说，资产的周转速度越快，反映企业资产流动性好，资产的使用效率越高，则资产营运能力越强；反之营运能力越差。

（三）盈利能力分析

是对企业获取利润的能力和盈利分配情况所做的分析，包括利润的目标分析、构成分析和质量分析等。盈利能力分析是企业财务分析的重要内容之一，是企业有关各方都关注的；债权人关心其本金和利息能否收回而得到企业盈利的保障；投资者关心能否获取最大回报，企业管理者通过盈利来衡量业绩，评价得失。

（四）发展趋势分析

是通过会计报表进行多期比较、企业间比较、目标分析以及各种综合分析，来研究企业的财务状况和经营成果的发展趋势，帮助企业管理者规划未来，为投资者和债权人提供决策依据。

（五）投资价值分析

对于投资者或潜在的投资者来说，一个企业是否具有投资价值是至关重要的。短期投资者关心企业股利支付能力和股票市价，而长期投资者更关心企业的发展能力。投资价值分析就是为满足这些需求，为指导投资和评价投资行为所做的分析。

四、财务分析的方法

财务分析的方法主要包括比率分析法、因素分析法、趋势分析法。

（一）比率分析法

比率分析法是指在同一期会计报表上，将不同项目、不同类别或不同报表的有关项目之间，用比率来反映它们的相互关系，并据以分析企业的财务状况和经营成果。

比率分析的具体方法很多：

1. 按比较对象分类（和谁比）

（1）与本企业历史比，即不同时期（2～10 年）指标相比，也称"趋势分析法"。

（2）与同类企业比，即与行业平均数或竞争对手比较，也称"横向比较"。

（3）与计划比，实际执行结果与计划指标比较，也称"差异分析"。

2. 按比较内容分类（比什么）

（1）比较会计要素的总量

总量是指报表项目的总金额，例如总资产、净资产、净利润等，有时也用于同行业对比，看企业的相对规模和竞争地位。

（2）比较结构百分比

把损益表、资产负债表、现金流量表转换成结构百分比报表。例如以收入为 100%，看损益表各项目的比重。

（3）比较财务比率

财务比率是各会计要素的相互关系,反映其内在联系。比率的比较是最重要的分析。它们是相对数,排除了规模的影响,使不同比较对象建立起可比性。财务比率的计算是比较简单的但对它进行解释和说明是相当复杂和困难的。

（二）趋势分析法

趋势分析法又称水平分析法,是通过对比两期或连续数期财务报表中相同指标,确定其增减变动的方向、数额和幅度,来说明企业财务状况和经营成果的变动趋势的一种方法。采用趋势分析法可用绝对指标,也可用相对指标。

（三）因素分析法

因素分析法是依据分析指标和影响因素的关系,从数量上确定各因素对指标的影响程度。

因素分析的方法具体分为:

1. 差额分析法

例如固定资产净值变化的原因分析,可分解为原值变化和折旧变化两部分。

2. 指标分解法

例如总资产净利率,可分解为主营业务净利率和资产周转率的乘积。

3. 连环替代法

依次用分析值替代标准值,测定各因素对财务指标的影响,例如影响成本降低的因素分析。

4. 定基替代法

分别用分析值替代标准值,测定各因素对财务指标的影响,例如标准成本的差异分析。

在实际的分析中,各种方法是结合使用的。

五、财务分析的原则

财务报表分析的原则是:

（1）要从实际出发,坚持实事求是,反对主观臆断、结论先行,搞数字游戏。

（2）要注重事物的联系,坚持相互联系地看问题,反对孤立地看问题。要注重局部与全局的关系、偿债能力与盈利能力的关系、报酬与风险的关系。

（3）要全面看问题,坚持一分为二,反对片面地看问题。

（4）要发展地看问题,反对静止地看问题。

（5）要定量分析与定性分析结合,坚持定量为主。

六、财务分析的一般步骤

（1）明确分析的目的;

（2）收集有关的信息;

（3）根据分析目的把整体的各个部分分割开来,给以适当安排,使之符合需要;

（4）深入研究各部分的特殊本质;

（5）进一步研究各个部分的联系;

（6）解释结果,提供对决策有帮助的信息。

第二节 财务指标分析

总结和评价企业财务状况与经营成果的分析包括偿债能力指标分析、营运能力指标分析、盈利能力指标分析、发展能力指标分析、投资价值分析。

一、偿债能力指标分析

偿债能力是指企业偿还到期债务(包括本息)的能力。根据债务到期时间的长短分为短期偿债能力分析和长期偿债能力分析。

(一)短期偿债能力指标分析

短期偿债能力是指对流动负债及时足额偿还能力的比率,因为短期债务多以现金偿还,故又称为变现能力比率。企业短期偿债能力的衡量指标主要有流动比率、速动比率和现金流动负债率三项。

1. 流动比率

流动比率是流动资产与流动负债的比率。它是衡量企业短期偿债能力最常用的比率。其计算公式为:

$$流动比率 = 流动资产 \div 流动负债 \tag{14-1}$$

【例 14-1】   根据表 11-4 资料所示,某物业管理企业 2003 年流动比率的计算为:

$$年初流动比率 = 149265 \div 116100 = 1.286$$
$$年末流动比率 = 163665 \div 55785.57 = 2.934$$

流动比率表明了企业的短期债务可由企业流动资产偿债的能力。一般情况下,流动比率越高,反映企业短期偿债能力越强,债权人的权益越有保证。通常认为,流动比率在 2:1 左右即属适宜。这是因为流动资产中变现能力最差的存货金额约占流动资产总额的一半,剩下的流动性较大的流动资产至少要等于流动负债,企业的短期偿债能力才会有保证。但实际上,应根据企业的营业周期而异。一般情况下,营业周期短,流动比率相应就低;营业周期长,流动比率就需相应增加。然而,流动比率高,虽然对债权人来说有保障,但从企业看未必是好现象。因为过高的流动比率,可能意味着存货的滞销积压,也可能表示拥有过多货币资金而没有充分利用。另外,在判断企业短期偿债能力时,还应将流动比率与其他指标结合考虑。

2. 速动比率

速动比率是从流动资产中扣除变现能力较差且不稳定的存货、待摊费用、待处理流动资产损失等后,再除以流动负债的比值。其计算公式为:

$$速动比率 = 速动资产(流动资产 - 存货等) \div 流动负债 \tag{14-2}$$

【例 14-2】   根据表 11-4 资料所示,该物业管理企业 2003 年速动比率的计算为:

$$年初速动比率 = (149265 - 11800) \div 116100 = 1.184$$
$$年末速动比率 = (163665 - 69530) \div 55785.57 = 1.687$$

通常认为正常的速动比率为 1,低于 1 的速动比率被认为是短期偿债能力偏低。但在不同行业会有所不同,因此没有统一标准的速动比率,各行业应参照一般历史水平,予以判断和评价。

3. 现金流动负债比率

现金流动负债比率是货币资金和短期证券之和与流动负债的比值，是衡量企业在紧急情况下，对短期债务的偿付能力。其计算公式为：

$$现金流动负债比率＝(货币资金＋短期证券)÷流动负债 \qquad (14\text{-}3)$$

【例 14-3】 根据表 11-4 资料所示，该物业管理企业 2003 年现金流动负债比率的计算为：

$$现金流动负债比率＝(59630＋15000)÷55785.57＝1.338$$

现金流动负债比率在评价企业短期偿债能力时的重要性不及流动比率和速动比率。它只能说明企业在特殊情况下的应急能力。该指标较大，表明企业经营活动产生的现金净流量较多，能够保障企业按时偿还到期债务。但也不是越大越好，太大则表示企业流动资金利用不充分，收益能力不强。

（二）长期偿债能力指标分析

长期偿债能力比率是指企业偿还长期负债的能力的比率。需要指出，与分析短期偿债能力不同，分析长期偿债能力时，还要充分考虑到企业的盈利能力，因为对于长期债务而言，债权人关心企业的长期成长性，如果企业具有足够的盈利能力，即使当前支付能力不足，今后也能从盈利中获取足够的现金，而不必担心其偿付能力。长期偿债能力比率主要有资产负债率、产权比率、已获利息倍数、有形净值债务率、所有者权益比率等。

1. 资产负债率

资产负债率是企业负债总额除以资产总额的百分比，也就是负债总额与资产总额的比例关系，又称负债比率。资产负债率是反映在总资产中有多大比例的资产是通过借债来筹资的，也可衡量企业在清算时保护债权人利益的保障程度。其计算公式为：

$$资产负债率＝负债总额÷资产总额×100\% \qquad (14\text{-}4)$$

公式中的负债总额不仅包括长期负债，还包括短期负债。这是因为，短期负债作为一个整体，企业总是长期占用着，可以视同长期性资本来源的一部分。例如，一个应付账款明细科目可能是短期性的，但企业总是长期性地保持一个相对稳定的应付账款总额。这部分应付账款可以成为企业长期性资本来源的一部分。

公式中的资产总额是扣除累计折旧后的净额。

【例 14-4】 根据表 11-4 资料所示，该物业管理企业 2003 年资产负债率的计算为：

$$资产负债率＝175785.57÷413465×100\%＝43\%$$

资产负债率是衡量企业长期偿债能力的一个主要指标。对于债权人来说，一般希望资产负债比率越低越好，以求债权的安全；从股东的立场看，在全部资本利润率高于借款利息率时，负债比率越大越好，否则反之；从经营者的立场看，如果举债很大，超出债权人心理承受程度，企业就借不到钱，如果企业不举债或者负债比率很小，说明企业畏缩不前，对前途信心不足，利用债权人资本进行经营活动的能力很差；从企业管理角度看，企业应当审时度势，全面考虑，在利用资产负债率制定借入资本决策时，必须充分估计预期的利润和增加的风险，在二者之间权衡利害得失，做出正确决策。一般认为，该比率不大于 50% 较安全。

2. 产权比率

产权比率是指负债总额与所有者权益的比率，是企业财务结构稳健与否的重要标志，也称资本负债率。是将企业债权人权益和所有者权益结合起来，通过两者权益结构的比较，衡量企业的长期偿债能力。其计算公式为：

$$产权比率＝负债总额÷所有者权益总额×100\%$$ (14-5)

【例 14-5】 根据表 11-4 资料所示，该物业管理企业 2003 年产权比率的计算为：

$$产权比率＝175785.57÷237679.43×100\%＝74\%$$

产权比率与负债比率对评价偿债能力有着相同的作用，它表明债权人权益受到所有者权益的保障程度。主要区别是：资产负债率侧重于分析债务偿付安全性的物质保障程度，产权比率则侧重于揭示财务结构的稳健程度以及自有资金对偿债风险的承受能力。从企业长期偿债能力出发，这个指标越低越好。

3. 已获利息倍数

已获利息倍数是指企业息税前利润与利息费用的比率，用以衡量企业偿付借款利息的能力，也叫利息保障倍数。其计算公式为：

$$已获利息倍数＝息税前利润÷利息费用×100\%$$ (14-6)

公式中的"息税前利润"是指损益表中未扣除利息费用和所得税之前的利润。它可以用"利润总额＋利息费用"来测算。由于我国现行利润表中"利息费用"没有单列，而是混在"财务费用"之中，外部报表使用者只好用"利润总额加财务费用"来估计。

公式中的"利息费用"是指本期发生的全部应付利息，不仅包括财务费用中的利息费用，还包括计入固定资产成本的资本化利息。资本化利息虽然不在利润表中扣除，但仍然是要偿还的。利息保障倍数的重点是衡量企业支付利息的能力，只要已获利息倍数足够大，企业就有充足的能力偿付利息，否则反之。

【例 14-6】 根据表 11-6 资料所示，该物业管理企业 2003 年的利润总额 24649 元，假设利息费用为 13000 元，则该公司已获利息倍数的计算为：

$$已获利息倍数＝(24649＋13000)÷13000＝2.90$$

4. 长期债务与营运资金比率

长期债务与营运资金的比率是指长期负债与营运资金的比率。其计算公式为：

$$长期负债与营运资金比率＝长期负债÷(流动资产－流动负债)$$ (14-7)

【例 14-7】 根据表 11-4 资料所示，该物业管理企业 2003 年长期负债与营运资金比率的计算为：

$$长期负债与营运资金比率＝120000÷(163665－55785.57)＝1.112$$

一般情况下，长期债务不应超过营运资金。长期债务会随时间延续不断转化为流动负债，并需动用流动资产来偿还。保持长期债务不超过营运资金，就不会因这种变化而造成流动资产小于流动负债，从而使长期债权人和短期债权人感到贷款有安全保障。

5. 有形净值债务率

有形净值债务率是企业负债总额与有形净值的百分比。有形净值是所有者权益减去无形资产净值后的净值。其计算公式为：

$$有形净值债务率＝负债总额÷(所有者权益－无形资产净值)×100\%$$ (14-8)

【例 14-8】 根据表 11-4 资料所示，该物业管理企业 2003 年有形净值债务率的计算为：

$$有形净值债务率＝175785.57÷(237679.43－19800)×100\%＝81\%$$

有形净值债务率指标实质上是产权比率指标的延伸，它更为谨慎、保守地反映企业在清算时债权人投入的资本受到所有者权益的保障程度。所有者权益减去无形资产被称为有形资产。之所以进一步考察负债对有形资产的比例关系，是因为无形资产具有很大的不确定性，在企业清算时经常不能用来偿债。从长期偿债能力来讲，该比率越低越好。

6. 所有者权益比率

所有者权益比率是投资者最为关心的一项指标。它是所有者权益总额与资产总额的比率。其计算公式为：

$$所有者权益比率＝所有者权益总额÷资产总额×100\% \tag{14-9}$$

【例14-9】 根据表11-4资料所示，该物业管理企业2003年所有者权益比率的计算为：

$$所有者权益比率＝237679.43÷413465×100\%＝57\%$$

一般来说，在企业经营利润率高于借款利息率的情况下，投资者可获得超额利润。这时，所有者权益比率越小，对投资者越有利。所有者权益比率高，是高风险、高报酬的财务结构，所有者权益比率低，是低风险、低报酬的财务结构。企业如何将所有者权益比率和负债比率保持在适当的水平，还需在预期利润和增加风险这两者之间权衡利害得失。所有者权益比率与资产负债比率之和应该等于100%。

二、营运能力指标分析

营运能力分析主要是通过营运能力指标来分析的。营运能力指标比率是反映企业管理者对现有资产的管理水平和使用效率，体现各种资产的运转能力的比率。营运能力的分析包括人力资源营运能力的分析和生产资料营运能力的分析。

（一）人力资源营运能力的分析

人，作为生产力的主体和企业财富的原始创造者，其素质水平的高低对企业营运能力的形成状况具有决定性作用。而分析和评价人力资源营运能力的着眼点在于如何充分调动劳动者的积极性、能动性，从而提高其经营效率。通常采用劳动效率指标进行分析：

劳动效率是指企业主营业务收入净额或净产值与平均职工人数（可以视不同情况具体确定）的比率，其计算公式为：

$$劳动效率＝主营业务收入净额或净产值÷平均职工人数 \tag{14-10}$$

（二）生产资料营运能力的分析

企业拥有或控制的生产资料表现为各项资产占用。因此，生产资料的营运能力实际上就是企业的总资产及其各个组成要素的营运能力。营运能力比率主要包括：存货周转率、应收账款周转率、流动资产周转率、营运资金周转率和总资产周转率。另外，营业周期也能反映企业的营运能力。

1. 营业周期

营业周期是指从取得存货开始到经营存货并收回现金为止的这段时间。营业周期的长短取决于存货周转天数和应收账款周转天数。营业周期的计算公式为：

$$营业周期＝存货周转天数＋应收账款周转天数 \tag{14-11}$$

把存货周转天数和应收账款周转天数加在一起算出来的营业周期，是指需要多长时间能将期末全部存货变为现金。一般情况下，营业周期短，说明资金周转速度快；营业周期长，说明资金周转速度慢。

2. 存货周转率

存货周转率是反映一定时期存货资产的周转次数，是衡量和评价企业购入存货、投入生产、销售收回等各环节管理状况的综合性指标。它是主营业务成本与平均存货的比值。其计算公式为：

$$存货周转率＝主营业务成本÷平均存货 \tag{14-12}$$

$$平均存货＝（期初存货余额＋期末存货余额）÷2 \tag{14-13}$$

$$存货周转天数＝360÷存货周转率或＝平均存货×360÷销售成本 \tag{14-14}$$

【例 14-10】 假设某物业管理企业 2003 年度主营业务成本为 200000 元，期初存货为 32000 元，期末存货为 26000 元，则该企业 2003 年度存货周转指标的计算为：

$$存货平均余额＝（32000＋26000）÷2＝29000 元$$

$$存货周转率＝200000÷29000＝6.90$$

$$存货周转天数＝360÷6.9＝52.17 天$$

存货周转率与企业的获利能力有直接关系。一般来讲，存货周转率越高越好，存货周转率越高，表明其变现的速度越快，周转额越大，资金占用水平越低，在成本利润相同的情况下，其获利就越大。

通常认为，存货周转速度越快，存货周转速度越快，存货的占用水平越低，流动性越强，存货转换为应收账款、现金的速度越快。提高存货周转率可以提高企业的变现能力，而存货周转速度越慢则变现能力越差。

3. 应收账款周转率

应收账款周转率是指年度内应收账款转为现金的平均次数，它说明应收账款流动的速度。它是主营业务收入与应收账款平均余额的比值。其计算公式为：

$$应收账款周转率＝主营业务收入÷应收账款平均余额 \tag{14-15}$$

$$应收账款平均余额＝（期初应收账款＋期末应收账款）÷2 \tag{14-16}$$

$$应收账款周转天数＝（360×平均应收账款）÷主营业务收入 \tag{14-17}$$

公式中，应收账款应是扣除估计坏账损失后的净额。

【例 14-11】 假如某物业管理企业 2003 年度主营业务收入为 260000 元，期初应收账款为 12200 元，期末应收账款为 17300 元，则该企业 2003 年度应收账款周转率的计算为：

$$应收账款平均余额＝（12200＋17300）÷2＝14750 元$$

$$应收账款周转率＝260000÷14750＝17.63$$

一般来讲，应收账款周转率越高越好，平均收现期越短，说明客户信用良好，不易发生坏账损失，也表明企业收账效率较高，偿债能力较强。否则，说明客户拖欠较久，信用欠佳，或催收工作不得力，使企业的营运资金会过多地呆滞在应收账款上，影响资金的正常周转，应采取措施加以改进。

4. 流动资产周转率

流动资产周转率是流动资产的平均占用额与主营业务收入之间的比率，是反映企业流动资产周转速度的指标。其计算公式为：

$$流动资产周转率＝主营业务收入净额÷平均流动资产总额 \tag{14-18}$$

$$平均流动资产总额＝（期初流动资产总额＋期末流动资产总额）÷2 \tag{14-19}$$

$$流动资产周转天数＝（平均流动资产总额×360）÷主营业务收入净额 \tag{14-20}$$

【例 14-12】 假如某物业管理企业 2003 年度主营业务收入为 29000 元，期初流动资产为 5800 元，期末流动资产为 7300 元，则该企业 2003 年度流动资产周转率的计算为：

$$平均流动资产＝(5800＋7300)÷2＝6550 元$$

$$流动资产周转率＝29000÷6550＝4.43$$

$$流动资产周转天数＝(6550×360)÷29000＝81.3 天$$

在一定时期内，流动资产周转次数越多，表明以相同的流动资产完成的周转额越多，流动资产利用效果越好。流动资产周转率用周转天数表示时，周转一次所需要的天数越少，表明流动资产在经历生产和销售各阶段时所占用的时间越短。

5. 固定资产周转率

固定资产周转率是指企业年销售收入净额与固定资产平均净值的比率。是反映企业固定资产周转情况，从而衡量固定资产利用效率的一项指标。其计算公式为：

$$固定资产周转率＝主营业务收入净额÷固定资产平均净值 \qquad (14-21)$$

$$固定资产平均净值＝(期初固定资产平均净值＋期末固定资产平均净值)÷2 \quad (14-22)$$

【例 14-13】 假如某物业管理企业 2003 年度主营业务收入净值为 200000 元，年初固定资产净值为 116000 元，年末固定资产净值为 138000 元，则该企业 2003 年度固定资产周转率的计算为：

$$固定资产平均净值＝(116000＋138000)÷2＝127000 元$$

$$固定资产周转率＝200000÷127000＝1.57$$

固定资产周转率高，表明企业固定资产利用充分，也能同时表明企业固定资产投资得当，固定资产结构合理，能够充分发挥效率。反之，假如固定资产周转率不高，则表明固定资产使用效率不高，提供的生产成果不多，企业的营运能力不强。

6. 总资产周转率

总资产周转率是企业主营业务收入净额与资产总额的比值，它可用来反映企业全部资产的利用效率。其计算公式为：

$$总资产周转率＝主营业务收入净额÷平均资产总额 \qquad (14-23)$$

$$平均资产总额＝(期初资产总额＋期末资产总额)÷2 \qquad (14-24)$$

【例 14-14】 假如某物业管理企业 2003 年度主营业务收入为 260000 元，期初资产总额为 80510 元，期末资产总额为 97600 元，则该企业 2003 年度总资产周转率的计算为：

$$平均资产总额＝(80510＋97600)÷2＝89055 元$$

$$总资产周转率＝260000÷89055＝2.92$$

一般来讲，总资产周转率越高说明企业资金使用效率越高；如果该比率较低，说明使用效率较差，最终会影响企业的盈利能力。但该指标应与企业历史水平和行业的平均水平加以比较，才能做出正确的评价。

三、盈利能力指标分析

盈利能力分析主要是通过盈利能力比率来反映的。是反映企业一定时期获取利润的能力的比率。主要有销售净利率、销售毛利率、成本利润率、资产净利率、净资产收益率、资本保值增值率、资本收益率、资产报酬率等。

1. 销售净利率

销售净利率是指净利润与销售收入的百分比，这里的销售收入是指的主营业务收入，反映企业主营业务收入的获利能力，即每一元主营业务收入可以获得的利润。其计算公式为：

$$销售净利率＝净利润÷销售收入×100\% \tag{14-25}$$

【例 14-15】 根据表 11-6 资料所示，该物业管理企业 2003 年销售净利率的计算为：

$$销售净利率＝16514.83÷78200×100\%＝21.12\%$$

2. 销售毛利率

销售毛利率是毛利占销售收入的百分比，这里的销售收入是指主营业务收入，其中毛利是指主营业务收入与主营业务成本的差。销售毛利率，表示一元主营业务收入扣除经营成本后，有多少钱可以用于各项期间费用和形成盈利。其计算公式为：

$$销售毛利率＝(主营业务收入－主营业务成本)÷主营业务收入×100\% \tag{14-26}$$

【例 14-16】 根据表 11-6 资料所示，该物业管理企业 2003 年销售毛利率的计算为：

$$销售毛利率＝(78200－38440)÷78200×100\%＝50.84\%$$

3. 成本利润率

成本利润率是指每元成本可以获得的利润水平，是净利润与全部成本、费用的比值。该比率反映了企业所得与所耗之间的关系，比率越大，表明经济效益越好，反之，经济效益就越差。其计算公式为：

$$成本利润率＝净利润÷全部成本、费用×100\% \tag{14-27}$$

【例 14-17】 根据表 11-6 资料所示，该物业管理企业 2003 年成本利润率的计算为：

$$全部成本、费用＝38440＋2000＋11910＝52350$$

$$成本利润率＝16514.83÷52350×100\%＝31.55\%$$

4. 资产净利率

资产净利率是企业净利润与平均资产总额的百分比。其计算公式为：

$$资产净利率＝净利润÷平均资产总额×100\% \tag{14-28}$$

$$平均资产总额＝(期初资产总额＋期末资产总额)÷2 \tag{14-29}$$

【例 14-18】 根据表 11-5 资料所示，某物业管理企业 2003 年资产净利率的计算为：

$$资产净利率＝16514.83÷420865×100\%＝3.92\%$$

这一指标还可以分解为销售净利率和资产周转率两个指标。即：

$$资产净利率＝销售净利率×资产周转率$$

$$＝(净利润/销售收入)×(销售收入/平均资产总额)×100\%$$

资产净利率能够将经营情况与资产周转情况结合起来，综合反映企业的获利能力。同时，企业的管理者可以通过指标的分解，进一步分析影响获利水平的原因，从而寻找经营管理中的薄弱环节，制定出有针对性的改进措施。

5. 净资产收益率

净资产收益率是净利润与平均净资产(实收资本)的百分比，也叫权益报酬率或净值报酬率。其计算公式为：

$$净资产收益率＝净利润÷平均净资产×100\% \tag{14-30}$$

$$平均净资产＝(所有者权益年初数＋所有者权益年末数)÷2 \tag{14-31}$$

该公式的分母是"平均净资产"，也可以使用"年末净资产"

【例 14-19】 根据表 11-6 资料所示，该物业管理企业 2003 年净资产收益率的计算为：

$$平均净资产＝(222165＋237679.43)÷2＝229922.22$$

$$净资产收益率＝16514.83÷229922.22×100\%＝7.18\%$$

净资产收益率越高，说明投资者投入资本的效益越好；反之，越差。

6. 资本保值增值率

资本保值增值率是指期末所有者权益总额与期初所有者权益总额的比值。其计算公式为：

$$资本保值增值率＝期末所有者权益总额÷期初所有者权益总额 \qquad (14-32)$$

【例 14-20】 根据表 11-4 资料所示，该物业管理企业 2003 年资本保值增值率的计算为：

$$资本保值增值率＝237679.43÷222165＝1.07$$

资本保值增值率是衡量投资者投入企业资本的完整性、保全性和增值性的重要指标。当该指标等于 1 时，说明资本保值；当该指标小于 1 时，说明资本减值；当该指标大于时，说明资本增值，而且越大越好。

7. 资本收益率

资本收益率是反映企业运用投资者投入资本获取收益能力的指标，是净利润与实收资本的比率。其计算公式为：

$$资本收益率＝净利润÷实收资本×100\% \qquad (14-33)$$

【例 14-21】 根据表 11-6 资料所示，该物业管理企业 2003 年资本收益率的计算为：

$$资本收益率＝16514.83÷200000×100\%＝8.26\%$$

资本收益越高，说明投资者投入资本的效益较好；反之，则较差。

8. 资产报酬率

资产报酬率是用来衡量企业全部资产获利能力的指标，是一定时期内获得的报酬总额与平均资产总额的百分比。其计算公式为：

$$资产报酬率＝(利润总额＋利息费用)÷平均资产总额×100\% \qquad (14-34)$$

【例 14-22】 根据表 11-6 资料所示，某物业管理企业 2003 年资产报酬率的计算为：

$$资产报酬率＝24649÷420865×100\%＝5.86\%$$

资产报酬率越高，说明资产的利用率越高，获利能力越强。

四、发展能力指标分析

发展能力是企业在生存的基础上，扩大规模，壮大实力的潜在能力。在分析企业发展能力时，主要考察销售(营业)增长率、资本积累率、固定资产成新率、总资产增长率等指标。

1. 销售(营业)增长率

销售(营业)增长率是指企业本年销售(营业)收入增长额同上年销售(营业)收入总额的比率。这里的销售(营业)收入是指企业的主营业务收入。其计算公式为：

$$销售(营业)增长率＝本年销售(营业)增长额÷上年销售(营业)收入总额×100\%$$

$$(14-35)$$

该指标是衡量企业经营状况和市场占有能力、预测企业经营业务拓展趋势的重要标志，也是企业扩张增量和存量资本的重要前提。该指标如果大于零，表明企业本年的销售(营业)收入有所增长，该指标值越高，表明增长速度越快，企业市场前景越好；如果该指标小于零，则说明企业或是产品不适销对路、质次价高，或是在售后服务等方面存在问题，产品销售不出去，市场份额萎缩。该指标在实际操作时，应结合企业历年的销售（营业）水平、企业市场占有情况、行业未来发展及其他影响企业发展的潜在因素进行前瞻性预测，或者结合企业前三年的销售（营业）收入增长率作出趋势性分析判断。

2. 资本积累率

资本积累率是指企业本年所有者权益增长额同年初所有者权益的比率，它可以表示企业当年资本的积累能力，是评价企业发展潜力的重要指标。其计算公式为：

$$资本积累率＝本年所有者权益增长额÷年初所有者权益×100\% \qquad (14-36)$$

资本积累率是企业当年所有者权益总的增长率，反映了企业所有者权益在当年的变动水平，该指标反映了投资者投入企业资本的保全性和增长性，该指标越高，表明企业的资本积累越多，企业资本保全性越强，应付风险、持续发展的能力越大。该指标如果是负值，表明企业资本受到侵蚀，所有者利益受到损害，应予充分重视。

3. 固定资产成新率

固定资产成新率是企业当期平均固定资产净值同平均固定资产原值的比率。其计算公式为：

$$固定资产成新率＝平均固定资产净值÷平均固定资产原值×100\% \qquad (14-37)$$

$$平均固定资产净值＝（年初固定资产净值＋年末固定资产净值）÷2 \qquad (14-38)$$

$$平均固定资产原值＝（年初固定资产原值＋年末固定资产原值）÷2 \qquad (14-39)$$

该指标反映了企业所拥有的固定资产的新旧程度，体现了企业固定资产更新的快慢和持续发展的能力。该指标高，表明企业固定资产比较新，对扩大再生产的准备比较充足，发展的可能性比较大。运用该指标分析固定资产新旧程度时，应剔除企业应提未提折旧对房屋、机器设备等固定资产真实状况的影响。

4. 总资产增长率

总资产增长率是企业本年总资产增长额同年初资产总额的百分比，它可以衡量企业本期资产规模的增长情况，评价企业经营规模总量上的扩张程度。其计算公式为：

$$总资产增长率＝本年总资产增长额÷年初资产总额×100\% \qquad (14-40)$$

该指标是从企业资产总量扩张方面衡量企业的发展能力，表明企业规模增长水平对企业发展后劲的影响。该指标越高，表明企业一个经营周期内资产经营规模扩张的速度越快。但实际操作时，应注意资产规模扩张的质与量的关系，以及企业的后续发展能力，避免资产盲目扩张。

五、投资价值分析

投资价值分析指标主要有每股净资产、市净率、每股股利、每股收益、股利收益率、股利支付率、市盈率、股利保障倍数、留存盈利比率等财务比率。

1. 每股净资产

每股净资产是期末净资产（即股东权益）与年末普通股份总数的比值。其计算公式为：

$$每股净资产＝年度末股东权益÷年度末普通股份数 \qquad (14-41)$$

这里的"年度末股东权益"是指扣除优先股权益后的余额。

该指标反映发行在外的每股普通股所代表的净资产成本即账面权益。该值越高，表明企业的发展潜力与股票的投资价值越大。但在投资分析时，只能有限地使用这个指标，因其是用历史成本计量的，既不反映净资产的变现价值，也不反映净资产的产出能力。

2. 市净率

市净率是反映每股市价和每股净资产关系的比率，是市场对公司资产质量的评价。其计算公式为：

$$市净率＝每股市价÷每股净资产 \qquad (14-42)$$

市净率可用于投资分析。每股净资产是股票的账面价值，它是用成本计量的；每股市价是这些资产的现在价值，是证券市场上交易的结果。投资者认为，市价高于账面价值时企业资产的质量好，有发展潜力；反之则资产质量差，没有发展前景。一般认为，市净率达到 3 时可以树立较好的公司形象。

3. 每股股利

每股股利是反映发放股利总额与流通股数的比值（这里只考虑普通股的情况）。其计算公式为：

$$每股股利＝股利总额÷流通股数 \qquad (14-43)$$

每股股利的大小不仅取决于企业盈利水平的高低，同时还受制于企业发放股利的方针。它是投资者十分关心的问题。

4. 每股收益

每股收益是指本年净收益与年末普通股份总数的比值。其计算公式为：

$$每股收益＝净利润÷年末普通股份总数 \qquad (14-44)$$

每股收益是衡量上市公司盈利能力最重要的财务指标。指标越大，说明股票的获利能力越大，投资价值越大，投资收益就越高。

5. 股利支付率

股利支付率是指普通股净收益中股利所占的比重，它反映了企业的股利分配政策和支付股利的能力。其计算公式为：

$$股利支付率＝普通股每股股利÷普通股每股净收益×100\% \qquad (14-45)$$

股利支付率是投资者非常关心的指标，不同的投资者对股利支付率的要求是不一致的，有的投资者期望近期获利，多得股利；而有的投资者则愿意将利润用于企业发展，以便获得更多的股利。在实际工作中，股利支付率一般应根据企业经营发展，资金需要量的具体情况而定。

6. 市盈率

市盈率是指普通每股市价为每股收益的倍数。其计算公式为：

$$市盈率＝普通股市价÷普通股每股收益 \qquad (14-46)$$

市盈率反映投资人对每元净利润所愿支付的价格，可以用来估计股票的投资报酬和风险。在市价确定的情况下，每股收益越高，市盈率越低，投资风险越小；反之亦然。在每股收益确定的情况下，市价越高，市盈率越高，风险越大；反之亦然。仅从市盈率高低的横向比较看，高市盈率说明公司能够获得社会信赖，具有良好的前景；反之亦然。

7. 股利保障倍数

股利保障倍数是股利支付率的倒数，倍数越大，支付股利的能力越强。其计算公式为：

$$股利保障倍数＝普通股每股净收益÷普通股每股股利 \qquad (14-47)$$

该指标是一种安全性指标，可以看出净利润减少到什么程度，公司仍能按目前水平支付股利。

8. 留存盈利比率

留存盈利比率是指净利润扣除应付股利(优先股股利和普通股股利)后的余额与净利润的比值。反映投资者取得当前收益与留存收益之间的关系。其计算公式为：

$$留存盈利比率＝(净利润－应付股利)÷净利润×100\% \tag{14-48}$$

留存盈利比率的高低，反映企业的理财方针。一般情况下，在企业初创阶段出于经济发展、扩大规模的考虑，可能此项比率会相对高些；待企业发展到一定阶段，资金积累到一定水平，可能会相对低一些。

思 考 题 与 习 题

1. 财务分析有哪些内容和方法？
2. 财务分析的原则有哪些？
3. 财务指标分析包括哪些内容？
4. 偿债能力分析、营运能力分析、盈利能力分析、发展能力分析、投资价值分析分别包括哪些指标及其计算公式？
5. (1) 某企业 2001 年的财务报表的主要资料如下(单位：千元)：

资 产 负 债 简 表

资　　产	年 初 数	年 末 数	负债及所有者权益	年 初 数	年 末 数
现金	1146	1246	应付账款	774	774
应收账款	1734	1734	应付票据	504	554
存货	1050	1050	其他流动负债	702	702
固定资产净额	1755	1755	长期负债	1539	1589
			实收资本	2166	2166
资产总额	5685	5785	负债及所有者权益合计	5685	5785

该企业 2001 年的主营业务收入为 9645000 元，主营业务成本为 8355000 元，管理费用 870000 元，利息费用 147000 元，所得税为 108000 元，实现的净利润为 165000 元。

(2) 要求：计算下列财务指标：1)流动比率；2)资产负债率；3)已获利息倍数；4)存货周转率；5)应收账款周转期；6)固定资产周转率；7)总资产周转率；8)主营业务利润率；9)总资产报酬率；10)净资产收益率。

附录一

财政部关于印发
《物业管理企业财务管理规定》的通知

财基字 [1998] 7 号

国务院各部门、各直属机构，各省、自治区、直辖市、计划单列市财政厅(局)：

为了规范物业管理企业财务行为，根据《企业财务通则》，结合物业管理企业的经营特点，我们制定了《物业管理企业财务管理规定》，现予印发，请遵照执行。执行中有何问题，请及时向我部反映。

附件：物业管理企业财务管理规定。

物业管理企业财务管理规定

第一章　总　则

第一条　为了规范物业管理企业财务行为，有利于企业公平竞争，加强财务管理和经济核算，结合物业管理企业的特点及其管理要求，制定本规定。

除本规定另有规定外，物业管理企业执行《施工、房地产开发企业财务制度》。

第二条　本规定适用于中华人民共和国境内的各类物业管理企业(以下简称企业)，包括国有企业、集体企业、私营企业、外商投资企业等各类经济性质的企业；有限责任公司、股份有限公司等各类组织形式的企业。

其他行业独立核算的物业管理企业也适用本规定。

第二章　代　管　基　金

第三条　代管基金是指企业接受业主管理委员会或者物业产权人、使用人委托代管的房屋共用部位维修基金和共用设施设备维修基金。

房屋共用部位维修基金是指专项用于房屋共用部位大修理的资金。房屋的共用部位，是指承重结构部位(包括楼盖、屋顶、梁、柱、内外墙体和基础等)、外墙面、楼梯间、走廊通道、门厅、楼内存车库等。

共用设施设备维修基金是指专项用于共用设施和共用设备大修理的资金。共用设施设备是指共用的上下水管道、公用水箱、加压水泵、电梯、公用天线、供电干线、共用照明、暖气干线、消防设施、住宅区的道路、路灯、沟渠、池、井、室外停车场、游泳池、各类球场等。

第四条　代管基金作为企业长期负债管理。

代管基金应当专户存储、专款专用，并定期接受业主管理委员会或者物业产权人、使用人的检查与监督。

代管基金利息净收入应当经业主管理委员会或者物业产权人、使用人认可后转作代管基金滚存使用和管理。

第五条 企业有偿使用业主管理委员会或者物业产权人、使用人提供的管理用房、商业用房和共用设施设备，应当设立备查账簿单独进行实物管理，并按照国家法律、法规的规定或者双方签订的合同、协议支付有关费用(如租赁费、承包费等)。

管理用房是指业主管理委员会或者物业产权人、使用人向企业提供的办公用房。

商业用房是指业主管理委员会或者物业产权人、使用人向企业提供的经营用房。

第六条 企业支付的管理用房和商业用房有偿使用费，经业主管理委员会或者物业产权人、使用人认可后转作企业代管的房屋共用部位维修基金；企业支付的共用设施设备有偿使用费，经业主管理委员会或者物业产权人、使用人认可后转作企业代管的共用设施设备维修基金。

第三章 成本和费用

第七条 企业在从事物业管理活动中，为物业产权人、使用人提供维修、管理和服务等过程中发生的各项支出，按照国家规定计入成本、费用。

第八条 企业在从事物业管理活动中发生的各项直接支出，计入营业成本。营业成本包括直接人工费、直接材料费和间接费用等。实行一级成本核算的企业，可不设间接费用，有关支出直接计入管理费用。

直接人工费包括企业直接从事物业管理活动等人员的工资、奖金及职工福利费等。

直接材料费包括企业在物业管理活动中直接消耗的各种材料、辅助材料、燃料和动力、构配件、零件、低值易耗品、包装物等。

间接费用包括企业所属物业管理单位管理人员的工资、奖金及职工福利费、固定资产折旧费及修理费、水电费、取暖费、办公费、差旅费、邮电通讯费、交通运输费、租赁费、财产保险费、劳动保护费、保安费、绿化维护费、低值易耗品摊销及其他费用等。

第九条 企业经营共用设施设备，支付的有偿使用费，计入营业成本。

第十条 企业支付的管理用房有偿使用费，计入营业成本或者管理费用。

第十一条 企业对管理用房进行装饰装修发生的支出，计入递延资产，在有效使用期限内，分期摊入营业成本或者管理费用。

第十二条 企业可以于年度终了，按照年末应收账款余额的 0.3%～0.5%计提坏账准备金，计入管理费用。

企业发生的坏账损失，冲减坏账准备金。收回已核销的坏账，增加坏账准备金。

不计提取坏账准备金的企业，发生的坏账损失，计入管理费用。收回已核销的坏账，冲减管理费用。

第四章 营业收入及利润

第十三条 营业收入是指企业从事物业管理和其他经营活动所取得的各项收入，包括主营业务收入和其他业务收入。

第十四条 主营业务收入是指企业在从事物业管理活动中，为物业产权人、使用人提供维修、管理和服务所取得的收入，包括物业管理收入、物业经营收入和物业大修收入。

物业管理收入是指企业向物业产权人、使用人收取的公共性服务费收入、公众代办性服务费收入和特约服务收入。

物业经营收入是指企业经营业主管理委员会或者物业产权人、使用人提供的房屋建筑物和共用设施取得的收入，如房屋出租收入和经营停车场、游泳池、各类球场等共用设施收入。

物业大修收入是指企业接受业主管理委员会或者物业产权人、使用人的委托，对房屋共用部位、共用设施设备进行大修取得的收入。

第十五条 企业应当在劳务已经提供，同时收讫价款或取得收取价款的凭证时确认为营业收入的实现。

物业大修收入应当经业主管理委员会或者物业产权人，使用人签证认可后，确认为营业收入的实现。

企业与业主管理委员会或者物业产权人、使用人双方签订付款合同或协议的，应当根据合同或者协议所规定的付款日期确认为营业收入的实现。

第十六条 企业利润总额包括营业利润、投资净收益、营业外收支净额以及补贴收入。

第十七条 补贴收入是指国家拨给企业的政策性亏损补贴和其他补贴。

第十八条 营业利润包括主营业务利润和其他业务利润。

主营业务利润是指主营业务收入减去经营税金及附加，再减去营业成本、管理费用及财务费用后的净额。

经营税金及附加包括营业税、城市维护建设税和教育费附加。

其他业务利润是指其他业务收入减去其他业务支出和其他业务缴纳的税金及附加后的净额。

第十九条 其他业务收入是指企业从事主营业务以外的其他业务活动所取得的收入，包括房屋中介代销手续费收入、材料物资销售收入、废品回收收入、商业用房经营收入及无形资产转让收入等。

商业用房经营收入是指企业利用业主管理委员会或者物业产权人、使用人提供的商业用房，从事经营活动取得的收入，如开办健身房、歌舞厅、美容美发屋、商店、饮食店等经营收入。

第二十条 其他业务支出是指企业从事其他业务活动所发生的有关成本和费用支出。

企业支付的商业用房有偿使用费，计入其他业务支出。

企业对商业用房进行装饰装修发生的支出，计入递延资产，在有效使用期限内，分期摊入其他业务支出。

第五章 附　则

第二十一条 本规定自 1998 年 1 月 1 日起施行。

第二十二条 本规定由财政部负责解释和修订。

财 政 部 文 件

财会字〔1999〕44 号

关于物业管理企业执行《房地产开发企业会计制度》
有关问题的通知

国务院各有关部委，各省、自治区、直辖市、计划单列市财政厅（局），新疆生产建设兵团：

为了规范和加强物业管理企业的会计核算工作，现就物业管理企业执行《房地产开发企业会计制度》有关问题通知如下：

一、本通知所指物业管理企业，是指经工商行政管理机关登记注册、具有独立法人资格的物业管理企业。

二、物业管理企业的会计核算，应在《房地产开发企业会计制度》的基础上，再按照"物业管理企业会计核算补充规定（试行）"执行（见附件）。

三、本通知自 2000 年 1 月 1 日起执行。

附件：物业管理企业会计核算补充规定（试行）

一九九九年十二月一日

主题词：物业　企业　会计　通知

抄　送：财政部驻各省、自治区、直辖市、计划单列市财政监察专员办事处

附件

物业管理企业会计核算补充规定

（试行）

一、会计科目及使用说明

第 204 号科目　预收账款

1. 本科目核算企业按合同规定向有关单位和个人预收的款项，如企业为物业产权人、使用人提供的公共卫生清洁、公用设施的维修保养和保安、绿化等预收的公共性服务费等。

2. 企业向有关单位和个人预收的款项，借记"银行存款"科目，贷记本科目；收入实现时，借记本科目，贷记"经营收入"、"其他业务收入"科目。有关单位和个人补付的款项，借记"银行存款"等科目，贷记本科目；退回多付的款项，作相反会计分录。

预收账款情况不多的公司，也可以将预收的款项直接记入"应收账款"科目的贷方，不设本科目。

3. 本科目应按有关单位和个人设置明细账。

4. 本科目期末贷方余额，反映企业向有关单位和个人预收的款项；期末如为借方余额，反映应由有关单位和个人补付的款项。

第 205 号科目　代收款项

1. 本科目核算企业因代收代交有关费用等应付给有关单位的款项，如代收的水电费、煤气费、有线电视费、电话费等。

企业受物业产权人委托代为收取的房租等，也在本科目核算。

2. 企业收到代收的各种款项时，借记"银行存款"等科目，贷记本科目；交给有关单位时，借记本科目，贷记"银行存款"等科目。收取代办手续费等服务收入时，借记本科目，贷记"经营收入"科目。

3. 本科目应按代收代交费用种类设置明细账。

4. 本科目贷方余额，反映企业尚未支付的代收款项。

第 209 号科目　其他应付款

1. 本科目核算企业应付、暂收其他单位或个人的款项，如物业产权人、使用人入住时或入住后准备进行装修时，企业向物业产权人、使用人收取的可能因装修而发生的毁损修复、安全等方面费用的保证金等。

2. 发生的各种应付、暂收款项，借记"银行存款"等科目，贷记本科目，支付时，借记本科目，贷记"银行存款"等科目。

3. 本科目应按债权人或应付、暂收款项的类别设置明细账。

4. 本科目期末余额，反映企业尚未支付的其他应付款。

第281号科目　代管基金

1. 本科目核算企业接受委托管理的房屋共用部位、共用设施设备维修基金。

2. 企业收到代管基金时，借记"银行存款——代管基金存款"科目，贷记本科目。

企业收到银行计息通知，属于代管基金存款的利息收入，借记"银行存款——代管基金存款"科目，贷记本科目。

企业有偿使用产权属全体业主共用的商业用房和共用设施设备，应负担的有关费用，如租赁费、承包费、有偿使用费等，应按受益对象，借记"经营成本"、"管理费用"、"其他业务支出"科目，贷记本科目。

代管基金按规定用途使用，应分别以下两种情况进行处理：

由本企业承接房屋共用部位、共用设施设备大修、更新、改造任务的，实际发生的工程支出，借记"物业工程"科目，贷记"银行存款"、"库存材料"等有关科目；工程完工，其工程款经业主委员会或者物业产权人、使用人签证认可后进行转账，借记本科目，贷记"经营收入——物业大修收入"科目；结转已完物业工程成本，借记"经营成本"科目，贷记"物业工程"科目。

由外单位承接大修任务的，工程完工，其工程款经业主委员会或者物业产权人、使用人签证认可后与承接单位进行结算，借记本科目，贷记"银行存款"等科目。

3. 本科目应按单幢房屋设置明细账。

4. 本科目期末贷方余额，反映代管基金的结余。

第411号科目　物业工程

1. 本科目核算企业承接物业工程所发生的各项支出。

企业对业主委员会或者物业产权人、使用人提供的管理用房、商业用房进行装饰装修发生的支出，也在本科目核算。

2. 企业承接的房屋共用部位、共用设施设备大修、更新、改造工程发生的各项支出，借记本科目，贷记"银行存款"、"库存材料"等科目。工程完工，其工程款经业主委员会或者物业产权人、使用人签证认可后进行转账，借记"代管基金"科目，贷记"经营收入——物业大修收入"科目；结转已完物业工程成本，借记"经营成本"科目，贷记本科目。

企业对业主委员会或者物业产权人、使用人提供的管理用房、商业用房进行装饰装修发生的支出，借记本科目，贷记"银行存款"、"库存材料"等有关科目，工程完工结转成本，借记"递延资产"科目，贷记本科目。

3. 本科目应按工程项目设置明细账。

4. 本科目期末借方余额，反映在建工程的实际成本。

5. 企业可以根据实际业务需要，增设相应的科目。

第 501 号科目 经营收入

1. 本科目核算企业在物业管理（主营业务）活动中，为物业产权人使用人提供维修、管理和服务等劳务而取得的各项收入，包括物业管理收入、物业经营收入和物业大修收入。

物业管理收入是指企业向物业产权人、使用人收取的公共性服务费收入、公众代办性服务费收入和特约服务收入。

物业经营收入是指企业经营业主委员会或者物业产权人、使用人提供的房屋、建筑物和共用设施取得的收入，如房屋出租收入和经营停车场、游泳池、各类球场等共用设施收入。

物业大修收入是指企业接受业主委员会或者物业产权人、使用人的委托，对房屋共用部位、共用设施设备进行大修取得的收入。

2. 企业取得的各项收入，应按下列原则确认：

企业应当在劳务已经提供，同时收讫价款或取得收取价款的凭证时确认为营业收入的实现。

物业大修收入应当经业主委员会或者物业产权人、使用人签证认可后，确认为营业收入的实现，企业与业主委员会或者物业产权人、使用人双方签订付款合同或协议的，应当根据合同或者协议所规定的付款日期确认为营业收入的实现。

3. 企业为物业产权人、使用人提供公共性服务、公众代办性服务以及特约服务而取得的物业管理收入，借记"银行存款"、"应收账款"等科目，贷记本科目。

企业经营业主委员会或者物业产权人、使用人提供的房屋、建筑物和共用设施取得的物业经营收入，借记"银行存款"、"应收账款"等科目，贷记本科目。

企业承接房屋共用部位、共用设施设备大修工程，工程完工，其工程款经业主委员会或者物业产权人、使用人签证认可后进行转账，借记"代管基金"科目，贷记本科目。

4. 本科目应按经营收入的种类设置明细账，如"物业管理收入"、"物业经营收入"、"物业大修收入"等，其中"物业管理收入"，企业可以根据实际管理需要，按照物业管理收入的组成内容（如来源渠道等）设置明细账，进行明细核算。

5. 期末，应将本科目的余额转入"本年利润"科目，结转后本科目应无余额。

第 502 号科目 经营成本

1. 本科目核算企业物业管理、物业经营、物业大修等应结转的经营成本。

企业所属物业管理单位在经营中发生的管理人员的工资、奖金及职工福利费、固定资产折旧费及修理费、水电费、取暖费、办公费、差旅费、邮电通讯费、交通运输费、租赁费、财产保险费、劳动保护费、保安费、绿化维护费、低值易耗品摊销及其他费用等间接费用，记入"管理费用"科目，不在本科目核算。

2. 企业为物业产权人、使用人提供公共性服务、公众代办性服务及特约服务所发生的直接费用，直接记入本科目，借记本科目，贷记"银行存款"、"库存材料"、"应付账款"等科目。

企业经营物业应付给物业产权人、使用人的租赁费、承包费等，直接记入本科目，借记本科目，贷记"代管基金"或"应付账款"科目。

月份终了，企业应及时结转已完物业工程成本，借记本科目，贷记"物业工程"科目。

3. 本科目的明细核算应与经营收入的明细核算相对应。

4. 期末，应将本科目的余额转入"本年利润"科目，结转后，本科目应无余额。

第 511 号科目　其他业务收入

1. 本科目核算企业除主营业务以外的其他业务活动所取得的收入，包括房屋中介代销手续费收入、材料物资销售收入、废品回收收入、商业用房经营收入及无形资产转让收入等。

商业用房经营收入是指企业利用业主委员会或者物业产权人、使用人提供的商业用房，从事经营活动取得的收入，如开办健身房、歌舞厅、美容美发商店、饮食店等经营收入。

其他业务收入的确认原则，与主营业务收入确认原则相同。

2. 企业取得的各项其他业务收入，借记"银行存款"、"应收账款"等科目，贷记本科目。

3. 本科目应按其他业务的种类设置明细账，如"房屋中介代销手续费收入"、"物资销售收入"、"废品回收收入"、"商业用房经营收入"等。

4. 期末，应将本科目的余额转入"本年利润"科目，结转后本科目应无余额。

第 512 号科目　其他业务支出

1. 本科目核算企业除主营业务以外的其他业务所发生的各项支出，包括为销售商品、提供劳务而发生的相关成本、费用、以及相关税金及附加等。

2. 企业发生的其他业务支出，借记本科目，贷记"应付工资"、"银行存款"、"应交税金"、"其他应交款"、"代管基金"等科目。

3. 本科目应按其他业务的种类设置明细账，如"房屋中介代销手续费支出"、"物资销售成本"、"废品回收成本"、"商业用房经营支出"等。

4. 期末，应将本科目的余额转入"本年利润"科目，结转后本科目应无余额。

二、会计报表的编制说明

1. 在资产负债表"住房周转金"项目下增设"代管基金"项目，反映企业接受委托管理的房屋共用部位、共用设施设备维修基金的结余。本项目应根据"代管基金"科目的期末贷方余额填列。

2. "物业工程"科目的期末余额，在资产负债表"存货"项目中反映。

3. "代收款项"科目的期末余额，在资产负债表"其他流动负债"项目中反映。

参 考 文 献

1. 王文华. 物业会计与财务管理. 上海：立信会计出版社，2002

2 李敏. 中等物业会计. 上海：立信会计出版社，2000

3 应唯. 中级会计实务（一）. 北京：中国财政经济出版社，2003

4 中华人民共和国财政部. 企业会计制度. 北京：经济科学出版社，2001

5 中华人民共和国财政部. 物业管理企业财务管理规定，1998

6 中华人民共和国财政部. 关于物业管理企业执行《房地产开发企业会计制度》有关问题的通知，2000

7 刘增田. 物业管理员（师）国家职业资格培训教程. 北京：北京中央广播电视大学出版社，2002

8 刘明辉. 财务管理. 北京：中国财政经济出版社，2001

9 财政部注册会计师考试委员会办公室. 财务成本管理. 北京：经济科学出版社，2003